U0617715

BLUE BOOK

智 库 成 果 出 版 与 传 播 平 台

北京基层治理蓝皮书

BLUE BOOK OF BEIJING GRASSROOTS GOVERNANCE

北京接诉即办改革发展报告

（2023~2024）

ANNUAL REPORT ON BEIJING'S SWIFT RESPONSE TO
PUBLIC COMPLAINTS REFORM AND DEVELOPMENT (2023-2024)

组织编写／北京市政务服务和数据管理局
主　　编／沈彬华
副 主 编／迟行刚　唐行安　胡雪峰

社会科学文献出版社
SOCIAL SCIENCES ACADEMIC PRESS（CHINA）

图书在版编目（CIP）数据

北京接诉即办改革发展报告 . 2023~2024 / 沈彬华
主编；迟行刚，唐行安，胡雪峰副主编.--北京：社
会科学文献出版社，2024.7
（北京基层治理蓝皮书）
ISBN 978-7-5228-3627-0

Ⅰ.①北…　Ⅱ.①沈…　②迟…　③唐…　④胡…　Ⅲ.
①地方政府-行政管理-研究报告-北京-2023-2024
Ⅳ.①D625.1

中国国家版本馆 CIP 数据核字（2024）第 092180 号

北京基层治理蓝皮书

北京接诉即办改革发展报告（2023~2024）

主　　编 / 沈彬华
副 主 编 / 迟行刚　唐行安　胡雪峰

出 版 人 / 冀祥德
责任编辑 / 仇　扬
文稿编辑 / 张苏琴
责任印制 / 王京美

出　　版 / 社会科学文献出版社·文化传媒分社（010）59367004
　　　　　　地址：北京市北三环中路甲 29 号院华龙大厦　邮编：100029
　　　　　　网址：www.ssap.com.cn
发　　行 / 社会科学文献出版社（010）59367028
印　　装 / 三河市东方印刷有限公司

规　　格 / 开　本：787mm×1092mm　1/16
　　　　　　印　张：24.75　字　数：368 千字
版　　次 / 2024 年 7 月第 1 版　2024 年 7 月第 1 次印刷
书　　号 / ISBN 978-7-5228-3627-0
定　　价 / 168.00 元

读者服务电话：4008918866

主要编撰者简介

沈彬华 现任北京市人民政府副秘书长，北京市政务服务和数据管理局党组书记、局长。研究方向：执政党建设理论与实践、基层社会治理、京津冀协同发展。

摘　要

　　2023 年是全面贯彻党的二十大精神的开局之年，也是接诉即办改革扎实推进的一年。北京市以接诉即办为主抓手，服务保障学习贯彻习近平新时代中国特色社会主义思想主题教育；加强韧性热线建设，助力防汛救灾提升应急处置水平；深化主动治理，标本兼治破解高频共性难题；深入落实《北京市接诉即办工作条例》，提升接诉即办规范化制度化水平；推动多元参与，打造共建共治共享的社会治理格局，走出一条以市民诉求驱动超大城市现代化治理之路。

　　为总结社会各界对接诉即办实践价值、理论价值开展的持续性研究成果，北京市政务服务和数据管理局联合北京市相关政府部门、高校、科研机构和智库专家推出《北京接诉即办改革发展报告（2023~2024）》。本书分为总报告、分报告、专题报告、典型案例和大事记五部分，综合运用大数据分析、定量分析、定性分析、比较分析和可视化技术，对接诉即办改革工作进行全面的梳理总结，深入开展对超大城市治理北京模式的研究，为进一步深化改革创新、推进城市治理现代化建言献策。

　　关键词： 接诉即办　主动治理　北京模式　中国式现代化

目 录

Ⅰ 总报告

Ⅱ 分报告

Ⅲ 专题报告

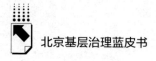
Ⅳ　典型案例

附 录

皮书数据库阅读**使用指南**

总报告

B.1

接诉即办改革蕴含的
中国式现代化城市治理思维革命

李文钊*

摘　要：　从 2019 年 1 月开始，北京市以 12345 市民服务热线为主渠道，开启接诉即办改革，针对市民诉求快速回应、高效办理、及时反馈和主动治理、未诉先办，形成了市民诉求驱动超大城市治理的新范式。接诉即办改革是中国式现代化城市治理的革命，从认知选择的视角看，接诉即办是一场治理思维革命，它用新的治理思维取代旧的治理思维，从而开启中国式现代化的治理革命，实现治理范式变迁。从接诉即办改革的实践看，接诉即办的治理思维革命主要体现在十个方面：（1）从官本思维到民本思维；（2）从高层思维到基层思维；（3）从迟缓思维到敏捷思维；（4）从经验思维到科学思维；（5）从领地思维到协同思维；（6）从应付思维到主动思维；（7）从

---

* 李文钊，中国人民大学首都发展与战略研究院副院长，公共管理学院党委副书记、纪委书记，教授，研究方向为治理理论、政府改革、制度分析、公共政策、政策评估等。

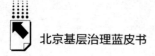
文字思维到数字思维；（8）从局部思维到系统思维；（9）从守旧思维到创新思维；（10）从人治思维到法治思维。从本质上看，接诉即办的治理思维革命贯彻了习近平新时代中国特色社会主义思想的世界观和方法论，不仅对诉求办理工作具有指导意义，还可以用于更广泛的治理实践，具有可复制、可推广和可借鉴的价值。

关键词： 中国式现代化　接诉即办　治理思维　思维革命

接诉即办改革作为一项治理实践，会受到设计者的观念影响，改革的过程就是一种治理思维取代另一种治理思维，从本质上看是一场治理思维革命。治理思维涉及治理的认知选择，它强调用什么观念、价值和推理来选择治理方式和指导治理实践，它是人们对治理规律的认知，也是治理规范的探究过程，属于治理哲学中认识论范畴。一旦探究接诉即办改革背后的治理思维，我们就会加深对这项治理实践的认知，并且有可能实现从具体到一般的抽象，在更大范围内践行接诉即办逻辑，这是提升接诉即办外部效度的有效路径。

接下来安排如下。首先从理论上讨论接诉即办的治理思维范式问题，并列举出接诉即办治理思维范式变革的框架结构；其次具体分析接诉即办改革背后的治理思维范式变迁路径，重点讨论接诉即办的十种治理思维，即民本思维、基层思维、敏捷思维、科学思维、协同思维、主动思维、数字思维、系统思维、创新思维和法治思维。最后进一步分析接诉即办改革治理思维范式的扩展意义，认为这些治理思维可以在更广泛的治理中适用。

一　从认知选择的视角理解接诉即办改革

作为一项治理人工品，接诉即办改革会受到设计者的理念和认知影响。从认知选择的视角看，接诉即办改革涉及用一种治理思维取代另一种治理思维，本质上是治理思维范式变迁。根据文森特·奥斯特罗姆的看法，认知选择就是在解决问题的模式中，对于所使用和据以行动的概念、诊断和信息的选择。[①] 由此可见，认知选择背后是观念、思想、推理、概念、假设、信息等选择，语言在认知选择中发挥重要作用，没有语言就没有认知选择。认知选择需要以语言为载体，通过语言来指称事项，并且使用语言进行推理，最终以语言方式呈现论断和结论。这些论断和结论会指导人类的选择，并通过行为实现从观点到现实的转化。行为所形成的结果会进一步强化或者修改人类的认知，对于一些取得良好效果的认知会以习惯、制度、程序等方式传承，实现从认知到制度转化，并最终从主观观念转化为制度化事实。正是因为人类设想并非都能够转化为预期效果，这使得学习成为可能，人类通过经验来学习以提升对世界的认知和行动能力，并最终改善自身的福祉。通过引入认知选择和治理思维，我们对治理的理解就可以形成一个完整的链条，即认知选择—治理思维—治理行为—治理绩效—认知反馈（见图1）。

图1 基于认知选择的治理模式

资料来源：作者自制。

接诉即办改革涉及治理思维选择，其核心是用什么样的观念来认识和指导市民诉求的回应、办理、反馈和主动治理实践。治理作为一种问题解决的科学，它需要通过治理思维为问题解决提供方案和选择，不同的治理思维会形成不同的问题解决模式，或者说每一种问题解决模式背后包含着隐含的治

---

① Vincent Ostrom, "Epistemic Choice and Public Choice", *Public Choice*, 1993, 77 (1): 163-176.

理思维。例如，有实践者认为集权是解决问题的方法，那么这种集权的治理思维会使等级制组织成为问题解决的方案选择。实践者如何看待问题、如何看待解决方案，都会受到他们的治理思维影响。很多时候，治理模式选择是一个"理性化过程"，即先有治理观念，后有治理模式选择，治理模式选择并非基于理性推理的过程，而是一个寻求合法性的过程。当一种治理思维不能够取得预期成果，但是行动者长期坚持时，就可能进入"治理思维陷阱"，治理也会陷入治理思维危机。要改变这种状态，就需要进行治理思维革命，通过新的治理思维取代旧的治理思维，从而为新的治理模式选择提供思想支撑。

对于接诉即办改革所包含的治理思维，我们可以从其治理实践中进行探究。对于接诉即办工作，它的起点是民众诉求，关键是政府和其他部门一起能够快速回应、高效办理和及时反馈。此外，政府部门还可以在诉求回应和办理时，基于诉求治理所产生的数据来谋划前瞻性治理，这是接诉即办工作的主动治理过程。这样，我们可以基于如何看待诉求、如何办理诉求、如何主动治理、如何优化治理体系等对接诉即办改革所体现的治理思维进行总结，至少可以形成民本思维、基层思维、敏捷思维、科学思维、协同思维、主动思维、数字思维、系统思维、创新思维和法治思维十种重要治理思维（见表1）。对于接诉即办改革而言，它首先涉及如何看待民众诉求，只有对民众诉求持有正面评价和偏好，政府才可能快速回应、高效办理和及时反馈。因此，民本思维对于接诉即办改革而言非常重要，它是整个改革的起点。与此同时，治理系统一旦认真对待民众诉求，就有可能使治理主体树立基层思维。对于诉求回应、办理和反馈而言，这使治理主体需要具有敏捷思维、科学思维和协同思维。对于主动治理而言，这使治理主体需要具有主动思维和系统思维，要从源头上去发掘问题。对于治理体系而言，这使治理主体需要具有数字思维、创新思维和法治思维。

表1　接诉即办改革的治理思维类型

治理实践（治理本体）	治理思维（治理认知）
民众诉求	民本思维 基层思维
诉求回应、办理和反馈	敏捷思维 科学思维 协同思维
主动治理（"每月一题"、"治理类街乡镇"整治）	主动思维 系统思维
治理体系	数字思维 创新思维 法治思维

资料来源：作者自制。

二　接诉即办的十种治理思维

（一）接诉即办的民本思维

接诉即办始于市民诉求，没有诉求，就不会有办理，诉求是驱动整个治理活动的诱因，这使如何看待市民诉求成为认知选择的首要问题。对于市民诉求在治理活动中重要性的认知，就会形成针对市民诉求的不同治理思维。如果不重视市民诉求，就不会有后面的治理活动。是否认真对待市民诉求，其背后是如何对待市民、如何思考市民与政府之间的关系，最终涉及治理价值选择、治理应该服务谁、谁应该在治理中处于主导地位。任何一种公共管理理论都要思考民众在公共管理中的角色，不同的治理模式涉及政府和民众关系调整，体现了不同的治理思维。官僚制理论强调政府和民众之间的等级关系，官僚机构提供服务，民众按照官僚程序获得服务。新公共管理理论强调顾客思维，认为政府机构要有顾客导向，以满足民众需求为首要目标。新公共服务理论强调公民权理论，认为公民是主体而不是顾客，是委托人而不是顾客或者消费者，政府作为代理人需要为委托人服务。合作生产理论强调政府和民众之间的伙伴关系，民众和政府一道解决问题、提供服务和实现价值共创，民众从"他者"向"在场"转变。民众在治理关系中的角色变化涉及对民众在治理角色中的重新定位，更涉及民众和政府关系的调整，其背后是治理思维范式变迁。随着民众在治理模式中重要性和作用的增强，民主的治理范式或者以人民为中心的治理范式逐渐取代等级的治理范式或者以政府为中心的治理范式，治理范式实现了从政府本位向人民本位转型。

北京市推行接诉即办改革，其关键是实现了从官本思维向民本思维转变，将民众的诉求作为公共管理的核心议题，实现注意力分配变化，将更多的注意力分配给民众，认真回应民众诉求，解决他们所面临的问题，向以人民为中心的治理范式转型。回应市民诉求比一般治理更为困难，因为这些诉求类型具有差异性，它需要政府针对每个诉求提供不同的解决方案，传统上政府为所有人提供一种公共服务或者供给一种公共物品，公共服务或者公共物品没有体现差异性。从 2019 年开始，北京市以 12345 市民服务热线（以下简称 12345 热线）为主渠道，实施接诉即办改革，认真回应市民诉求，并调动各种资源来实现高效办理和及时反馈。截至 2023 年 12 月 31 日，北京市已经累计受理市民诉求 1.3 亿件，其中 2023 年 1 月 1 日 0 时至 2023 年 12 月 31 日 24 时，12345 热线共受理群众反映 2143.8 万件。从这一组数据看，北京市要回应的市民诉求量大，涉及议题广泛，其中有合理的诉求，也有不合理的诉求。如果没有治理的民本思维，各级政府部门不会认真对待这些诉求，诉求也不可能得到高水平办理。事实上，正是因为民众认识到接诉即办机制管用，市民诉求总量才逐年上升。当前，北京市市民诉求量基本上稳定在每年 2000 万件左右，在这些诉求中，涉及诉求办理的有 1080 万件。根据北京市 2023 年国民经济和社会发展统计公报，2023 年末，全市常住人口 2185.8 万人，这意味着北京市 12345 热线的诉求量基本为人均 1 个电话，而诉求办理为人均 0.5 个。

民本思维是中国共产党治国理政思维的重要组成部分，它是对中国共产党的初心和使命的回归，更是对中国传统治国思想的继承、发展和创新。党的十九大报告指出，中国共产党人的初心和使命，就是为中国人民谋幸福，为中华民族谋复兴。① 人民幸福和民族复兴需要内化为治理思维，通过治理实践来实现，在行动中不断形成思维自觉，并且不断地进一步指导治理实践。民本思维是接诉即办改革初心和使命的连接器，初心和使命通过影响治理主体的治理思维，最终转化为治理行动和取得治理效果。从这个意义上看，接诉即办的民本思维也可以说是对中国共产党的民本思维的继承和发展，它是中国共产党的民本思维在接诉即办领域的体现。与此同时，接诉即办改革的民本思维也是对中国古代治国思想的继承和发展，接诉即办是一种创新的实现方式。孟子提出"民为贵，社稷次之，君为轻"，意在表达将人民放在第一位，国家其次，君在最后，这就是中国古代的民本思想。民本思想并不一定会成为治理思维，即便成为治理思维，也不一定会转化为治理实践。

（二）接诉即办的基层思维

接诉即办改革强调要到基层一线解决问题，形成大抓基层的鲜明导向，这构成了治理的基层思维。治理有范围和层级，会涉及高层和基层，而如何看待治理中的高层和基层，以及如何处理治理高层和基层之间的关系，这是治理研究的重要议题。治理的基层思维至少包括三层含义，即高层重视基层治理、高层赋能基层治理和高层参与基层治理。治理的基层思维首先需要认识到基层治理的重要性，尤其是基层治理在国家治理体系中的地位和作用，突出基层治理是国家治理的基石。只有认识到基层治理的重要性，各级治理主体才会加强基层政权建设，并引导不同主体参与基层治理，切实提升基层治理水平。一旦高层治理主体认识到基层治理的重要性，他们就会通过资源下沉、权力授予等方式对基层治理赋能。要提升基层治理水平，高层治理主体就需要针对基层治理存在的问题，实现制度供给、资源供给和能力供给，帮助基层治理的各类主体学习技能，并切实帮助他们推动问题解决。高层治理主体除了对基层治理赋能之外，还需要到基层一线解决问题，实现基层问

---

① 《习近平著作选读》第二卷，人民出版社，2023，第1页。

题的提级解决。这就意味着，问题可能在基层，但是问题的根源可能在高层，要解决基层面临的问题，需要高层采取措施。高层重视基层治理、高层赋能基层治理和高层参与基层治理三者之间相互促进、层层递进和有机统一，这些不同的举措正是基层思维的实现方式。

接诉即办改革强调治理要从高层思维向基层思维转变，通过治理重心下移、夯实治理的基层和基础提升治理能力，促进问题在基层得到解决，民众在基层有获得，推动基层治理体系和治理能力现代化。接诉即办的基层思维体现在以市民诉求为抓手，让基层政权快速回应民众，并尽可能使问题在基层一线解决。2020 年 10 月，北京市委、市政府发布《中共北京市委　北京市人民政府关于进一步深化"接诉即办"改革工作的意见》，提出要"建立机制完备、程序规范、标准清晰、法治保障的'接诉即办'制度体系和基层统筹、条块结合、多方参与、共建共管的'接诉即办'工作体系，健全基层治理的应急机制、服务群众的响应机制和打通抓落实'最后一公里'的工作机制，推动首都基层治理体系和治理能力现代化"。① 这说明，接诉即办改革将首都基层治理体系和治理能力现代化作为推进改革的重要方向，并且重点突出应急机制、响应机制和工作机制三个机制建设，最终实现"小事不出社区、大事不出街乡、难事条块一起办"。为了让基层能够快速回应市民诉求，北京市委、市政府推动了街道改革，切实通过"赋权、下沉、增效"来提升基层治理能力，这也是接诉即办改革的基础性制度建设。此外，北京市还通过"吹哨报到"机制推动市直部门、区委区政府、区委办局与街道、乡镇一起来解决问题，切实提升问题解决的潜能。这些改革设想与上面讨论的"高层重视基层治理、高层赋能基层治理和高层参与基层治理"等具有内在一致性，并且找到了一条实现上述理念的路径。

基层思维是中国共产党治国理政思维的重要组成部分，它与新时代"枫桥经验"、"四下基层"、党的群众路线等所体现的治理思维具有内在契

---

① 《中共北京市委 北京市人民政府关于进一步深化"接诉即办"改革工作的意见》（2020 年 10 月 28 日），北京市人民政府网站，https：//www.beijing.gov.cn/zhengce/zhengcefagui/202011/t20201105_ 2129024.html，2020 年 11 月 5 日。

合性，都是中国共产党治国理政的基层思维的生动实践。新时代的"枫桥经验"强调问题在基层解决，突出人民群众在解决问题的主体性，也可以说是治理的基层思维的一种实现形式。"四下基层"强调领导干部"宣传党的路线、方针、政策下基层，调查研究下基层，信访接待下基层，现场办公下基层"，是习近平同志在福建宁德地委工作时身体力行、大力倡导并培育形成的工作方法和工作制度，其核心是突出高层决策者要深入基层一线去宣讲政策、下访接访、调查研究和现场办公，更是治理基层思维的生动阐述。中国共产党强调坚持党的群众路线，强调"一切为了群众，一切依靠群众，从群众中来，到群众中去，把党的正确主张变为群众的自觉行动"，这也体现了治理的基层思维，其认识到基层的力量、群众的力量和人民的力量。从这个意义上看，接诉即办改革、"枫桥经验"和"四个基层"具有共同的特征，都是践行党的群众路线，都是突出治理的基层思维。

（三）接诉即办的敏捷思维

接诉即办改革强调对民众诉求快速回应和及时办理，从回应性和速度的角度对治理提出要求，让各级治理主体与民众需求快速匹配，这体现了治理的敏捷思维。敏捷思维应用于治理，并得到最大限度的实现，就构成敏捷治理范式。当然，即便治理范式不发生变化，也可以使用敏捷思维的要素，通过敏捷思维来改造现有治理模式，从而提高其敏捷程度。厦门大学于文轩等学者对敏捷治理的范式进行了回顾，认为敏捷治理起源于2001年17位计算机学者所倡导的计算机软件开发的"敏捷方法"，这种方法包含四项基本价值和十二项原则，随后"敏捷方法"开始在商业领域被用于改造商业组织，而公共领域则先是从电子政务领域开始使用"敏捷方法"，当前其正在成为公共管理领域的一个重要治理理论。在国内，清华大学薛澜等学者最早将"敏捷治理"引入公共管理学术领域，并将敏捷思维用于超大城市治理，提出当前超大城市变革的技术路径和制度路径存在缺陷，可以通过超大城市敏捷治理来回应复杂问题和不确定性，从而提升超大城市效能。他们认为，针对城市问题的敏捷治理，要逆向实现在官僚制组织中嵌入敏捷文化，在基层公共事务管理方面形成敏捷的思维定式与敏捷的应对机制，这样才能真正推动城市治理范式的转变。为此，赵静、薛澜等学者从治理对象、治理节奏、治理方式、治理关系四个维度，探讨超大城市敏捷治理，其核心主张包括：（1）用户导向、以人为本；（2）快速回应、尽早介入；（3）灵活应变、渐进迭代；（4）注重合作、双向互动。① 于文轩等学者将敏捷治理引入超大城市治理时，提出了包含 10 个构成要素的概念框架，即在维持稳定性的同时又可以保持组织灵活的模糊灵敏（ambidextrous），在集权的同时进行分权；快速动员利益相关方合作的能力；跨部门合作；自我组织的能力和自组织的养成；复杂性的分解；灵活的基础设施；拥抱变化；充分沟通；信息的开放与共享；容错的组织学习。② 应该说，治理的敏捷思维以及敏捷治理仍在发展过程中，它是否可以成为一种治理范式需要时间来检验。但是，无论是敏捷思维还是敏捷治理，都为治理改革和治理实践指明了方向，提供了行动指南。

接诉即办改革之所以能够取得成功，在一定程度上体现为其使用了治理的敏捷思维。于文轩等学者将"敏捷治理"引入对北京市接诉即办改革的研究，尝试以此为基础来分析和预测接诉即办改革的未来。他们认为，从"吹哨报到"到"接诉即办"，再到"主动治理、未诉先办"，接诉即办改革通过以人民为中心、拥抱变化、构建稳定性与灵活性兼具的模糊灵敏组织形态、跨部门合作、灵活的基础设施等多重敏捷治理机制，共同构筑了接诉即办改革驱动超大城市有效治理的内在逻辑。此外，他们还认为北京市接诉即办改革在"敏捷治理"的一些要素方面需要加强，比如组织的灵活适应性、复杂任务的分解以及社会组织的发育等。③ 我们认为，北京市接诉即办改革非常接近"敏捷治理"的治理范式，正在从基于敏捷思维的治理向敏

---

① 赵静、薛澜、吴冠生：《敏捷思维引领城市治理转型：对多城市治理实践的分析》，《中国行政管理》2021 年第 8 期，第 49~54 页。

② 于文轩、刘丽红：《北京"接诉即办"的理论基础和发展方向：敏捷治理的视角》，《中国行政管理》2023 年第 4 期，第 38~45 页。

③ 于文轩、刘丽红：《北京"接诉即办"的理论基础和发展方向：敏捷治理的视角》，《中国行政管理》2023 年第 4 期，第 38~45 页。

捷治理转型，至少体现在回应的敏捷性、结构的敏捷性和适应的敏捷性三个方面。回应的敏捷性是北京市接诉即办改革的初衷，它要快速回应市民诉求。结构的敏捷性则是诉求有效办理的基础，它要求结构能够快速适应问题解决的需求，这是一个治理结构匹配治理问题的过程。适应的敏捷性则是强调治理主体能够适应环境的动态演化，并且能够提前采取应对措施，北京市推行"每月一题"等就是尝试通过预防来提升对环境的适应能力。总而言之，北京市接诉即办改革已经包含了敏捷治理的很多要素，而称之为敏捷治理范式，可能还需要通过深化改革来推动。与此同时，敏捷治理范式本身也是一个过程，它既是一个需要达到的过程，也是一个需要不断维持的过程，没有一劳永逸的敏捷治理。

（四）接诉即办的科学思维

接诉即办改革非常强调通过闭环管理、周期管理和绩效管理等来实现诉求的高效处置，切实提升问题解决的能力，这体现了治理的科学思维。自从泰勒倡导科学管理以来，科学管理一直是企业提升效率的重要方法。把科学的方法应用于管理，形成了管理的计划、组织、指挥、协调、控制等基本功能，企业管理成为提升企业运营效率的重要方法，企业管理为企业成长作出了重要贡献。此后，管理学理论和企业实践一直在协同演进，两者相互支撑、共同进步和共同发展。随后，科学管理的思维在整个社会扩展，社会需要按照科学的逻辑进行组织，科学管理成为推动人类社会进步的重要引擎。在很多时候，科学甚至成为一种"迷思"，没有科学似乎没有合法性。公共管理学者也开始认识到科学对于公共管理的重要性，在引进科学管理的逻辑之后，对行政管理的核心职能进行了建构，如古利特提出了POSDCORB，即计划、组织、人事、指挥、协调、报告、预算等，尝试以科学思维来重新改造公共管理实践。这意味着，要提升公共管理的科学化水平，就需要按照公共管理的核心职能来进行组织，这些核心职能被认为是效率提升的保证。此后，公共管理学者进一步发展了科学管理的逻辑，并且开始引入其他学科的知识，尝试建构公共管理学的知识体系。在公共管理的多种途径中，管理途径仍然是最重要的途径，它要求政府遵循科学管理的逻辑，通过科学管理提升政府效率，节省经费和资源。由此可见，科学思维是公共管理的重要思维，科学方法成为改进公共管理的重要手段，提升政府管理的科学化水平也一直是政府改革的重要方向。

接诉即办改革在具体的运行过程中，遵循了治理的科学思维，将科学管理的逻辑应用到改革的全过程。科学管理既体现在接诉即办的系统设计上，也体现在每一个环节的操作程序中，系统设计、运行和要素管理等都需要遵循科学逻辑。一方面，北京市接诉即办改革按照科学管理的逻辑，对接诉即办的整体流程和环节等进行科学划分，形成了接、派、办、评、督等全闭环的管理流程，这些管理流程的划分是科学管理的基础。事实上，科学化、精细化、规范化的闭环管理流程是诉求得到高效办理的前提，更是接诉即办的科学运行细节，没有闭环管理就没有诉求办理的科学化。简而言之，任何重要的价值都需要通过具体的管理手段来落实，否则价值可能就不会得到实现。另一方面，北京市接诉即办改革的一些重要环节体现了科学逻辑，没有科学支撑，整个系统运行就不会顺畅。为了对诉求进行科学统计，并为后续决策参考提供支撑，北京市对诉求进行了科学分类，形成了包含多个层级系统的 2000 多个分类指标。与此同时，为了更好地派单，北京市政务服务和数据管理局也与编办进行合作，对各个部门和各级政府的职责进行清晰划分，使不同类型的诉求都能够找到其对应的责任部门。精准派单是高效办理的前提，它要求科学匹配诉求和政府部门，实现问题和解决方案的协同。科学管理的逻辑也体现在对办理效果的考评上，北京市不断地调整绩效考核指标，就是希望能够对各级政府进行科学考核，切实提升绩效考评的有效性。事实上，科学化仍然是接诉即办改革进一步深化的方向，更是提升接诉即办改革水平和能力的手段。

科学思维也是中国共产党治国理政的重要治理思维，是其保持先进性的重要基础。中国共产党追求的社会主义是科学社会主义，社会主义建立在科学基础之上，科学性是社会主义的应有之义。科学发展观也是我们推动经济社会高质量发展的指导思想，它要求发展需要遵循科学规律，使用科学方法来推动发展、进行改革和改善治理。超大城市治理也需要遵循科学规律。2018 年 11 月 6 日，习近平总书记在浦东新区城市运行综合管理中心考察时强调，一流城市要有一流治理，要注重在科学化、精细化、智能化上下功夫。既要善于运用现代科技手段实现智能化，又要通过绣花般的细心、耐心、巧心提高精细化水平，绣出城市的品质品牌。① 从这个意义上看，接诉即办改革也是中国共产党治国理政科学思维在超大城市治理领域的实践，最终需要通过科学化走出一条中国特色超大城市治理的新路。

（五）接诉即办的协同思维

接诉即办改革非常强调在诉求处理和问题解决过程中不同层级政府和部门之间的合作，以及政府与社会之间的合作，这体现了治理的协同思维。随着治理理论的兴起，协同就是治理的应有之义。治理的最初含义就是政府要放弃对公共领域的垄断，让不同主体参与到公共事务的治理中，共同行动是治理所追求的价值目标。共同行动的过程就是不同主体协同和合作的过程，它要求从独自打保龄球到集体行动，调整更多的力量参与公共事务治理。一些学者将治理的协同思维进一步深化和发展，提出了合作公共管理、合作治理和网络治理的理论范式。合作公共管理、合作治理和网络治理等是对协同不同主体、层级和内容的强调，其核心是协同的主体，重点仍然是协同的内容。对于合作公共管理而言，协同更多强调政府部门之间共同行动。而对于合作治理和网络治理而言，协同则更多强调政府与社会之间共同行动。一些学者对网络的类型作了区分，根据任务将其划分为服务执行网络、信息扩散网络、问题解决网络、社区能力建构网络等，这些不同类型的网络为协同提供了场景，协同是为了解决政府部门所面临的集体行动难题。对于协同而言，需要解决不同组织间的责任、信任、合法性、领导力、冲突处理、设计等议题，最终是为了解决协同所面临的契约达成和利益分配等"协同难题"。

---

① 《习近平关于城市工作论述摘编》，中央文献出版社，2023，第 156 页。

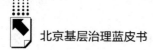

接诉即办改革对诉求受理和诉求办理都实现了协同，通过协同提升服务质量。从某种程度上看，诉求受理和办理本身就是一个大协同系统，而这一大协同系统又由不同子协同系统构成，子系统之间协同成为大系统得以协同的关键。没有北京市委主要领导的强力推动，整个系统就不会具有协同性，不具有协同性就不能够应对市民每年近 2000 万件的诉求。系统的协同性更体现为每一个环节都需要不同部门协同，诉求受理、派单、办理、考评、反馈、应用等每一环节都需要很多不同主体的协同。对于诉求受理，北京市通过对 12345 热线进行整合，以 12345 热线为渠道，网络、人民来信、网上意见收集等所有其他类型的受理渠道都由市民服务热线中心来统一处理，真正实现一号响应，这是诉求受理渠道协同的过程。对于咨询类事项，需要让不同部门提供政策和法规信息，实现知识库协同，只有知识库协同，才能够快速回应市民的咨询问题。对于诉求办理，北京市调动了各级各类治理主体来回应民众需求，解决他们所面临的问题。有一些问题职责清晰，可以由单一部门来处理，而还有很多问题需要跨部门、跨层次和跨领域的政府和部门来解决，此时就需要通过协同机制来解决。

协同思维也是中国共产党治国理政的重要治理思维，是调动各方力量的基础。中国共产党在很多治理实践中都有协同思维，民主集中制、集思广益、政治协商制、统一战线等都包含协同思维。民主集中制和集思广益体现为个体层面的协同，它强调通过集中众人智慧和协同不同人利益来促进问题解决，并最终实现共同发展。政治协商制和统一战线体现为组织层面的协同，它强调通过协调党派、团体和社会各界的利益、观念和价值，最终向共同目标迈进。协同是求同存异的过程，也是通过沟通来促进理解、信任从而共同行动的过程。事实上，中国共产党在援助、区域发展等方面都体现了协同思维，它要求一方有难、八方支援，更强调不同区域之间协同发展。

（六）接诉即办的主动思维

接诉即办改革的一项重大突破就是从诉求办理向主动治理和未诉先办转变，它强调治理主体需要举一反三、未雨绸缪和见微知著，将诉求作为信号来推动治理变革，从而实现诉求办理和治理变革的双轮驱动，这体现了治理的主动思维。治理的主动思维强调发挥治理主体的主观能动性和创造性，西方学者对公共服务动机的强调和创造公共价值的战略管理等，其实与治理的主动思维具有内在契合性。事实上，只有具有公共服务动机的行动者才可能在公共领域主动作为，并且推动公共服务变革，满足民众需求。根据佩里等学者的研究，公共服务动机可以被理解为对主要或独特的基于公共机构和组织动机反应的倾向性，它是个人服务公共机构的期望或兴趣，其目的是复兴在政府工作的主动性。① 一般认为公共服务动机包括理性、规范和情感三个维度，理性强调对参与政策制定的意愿，规范强调对公共利益的认可或承诺，情感强调对他人的同情以及愿意进行个人自我牺牲等。一旦治理主体具有公共服务动机，他们更可能主动作为，这是主动思维的动机基础。创造公共价值理论是莫尔提出的政府战略管理理论，他认为政府需要通过定义公共价值、管理外部关系和运营管理的"战略三角形"来创造公共价值，创造公共价值的过程就是主动治理的过程，这与治理的主动思维具有一致性。② 有公共服务动机，并通过战略管理的方法，治理主体更可能主动谋划和回应问题，切实提升治理效能。

接诉即办改革通过一系列改革举措，将主动思维转化为治理实践，实现从治理的主动思维向主动治理实践转变。为了激发街道和基层参与治理的积极性和主动性，切实对基层赋权，北京市通过"吹哨报到"改革来赋予基层权力，实现街道、乡镇和区直部门协同，以解决条块分割问题，从而让问题在基层得到解决。北京市通过治理的主动思维进行治理创新的典型还有"每月一题"机制的建构，以及"治理类街乡镇"的整治，前者关注议题和系统，后者关注区域和空间，而无论是"每月一题"还是"治理类街乡镇"整治，都是将市民诉求数据作为推动治理变革的基础和支撑。对于一些共性

---

① J. L. Perry, "Measuring Public Service Motivation: An Assessment of Construct Reliability and Validity", *Journal of Public Administration Research and Theory*, 1996, 6 (1): 5-22.

② M. H. Moore, *Creating Public Value: Strategic Management in Government*, Harvard University Press, 1997.

问题和系统问题，北京市则通过"每月一题"机制实现跨部门协同，这些议题通常是来自市民诉求中的高频问题，它需要很多部门通力合作。为此，北京市在建立"每月一题"机制时，非常重视自上而下的行政整合，通过更高层级的领导来促进多个政府部门合作解决老旧小区治理、物业管理、房产证办理等难题，合作解决治理难题成为主动治理的重要方法。除了以问题来驱动主动治理之外，北京市实施"治理类街乡镇"整治，通过区域来驱动主动治理，通过发现诉求多和治理薄弱的区域，推动多层级、多部门共同行动，切实提升治理落后区域的水平。

主动思维也是中国共产党治国理政思维的重要组成部分，历史主动性是其哲学基础。2021 年，党的十九届六中全会指出："以习近平同志为核心的党中央，以伟大的历史主动精神、巨大的政治勇气、强烈的责任担当，统筹国内国际两个大局，贯彻党的基本理论、基本路线、基本方略，统揽伟大斗争、伟大工程、伟大事业、伟大梦想，坚持稳中求进工作总基调，出台一系列重大方针政策，推出一系列重大举措，推进一系列重大工作，战胜一系列重大风险挑战，解决了许多长期想解决而没有解决的难题，办成了许多过去想办而没有办成的大事，推动党和国家事业取得历史性成就、发生历史性变革。"[①] 这是历史主动精神首次被正式提出。此后，历史自信、历史主动、历史自觉、历史担当等开始成为治国理政的哲学。2022 年，党的二十大报告开篇指出"全党同志务必不忘初心、牢记使命，务必谦虚谨慎、艰苦奋斗，务必敢于斗争、善于斗争，坚定历史自信，增强历史主动，谱写新时代中国特色社会主义更加绚丽的华章"[②]，这是对历史主动的再次强调。从某种程度上看，主动思维是历史主动哲学与治理相结合的典范，中国治国理政的很多实践都是历史主动哲学的体现。2021 年 4 月 28 日，《中共中央 国务院关于加强基层治理体系和治理能力现代化建设的意见》发布，提出："坚

---

① 《中国共产党第十九届中央委员会第六次全体会议公报》，中国政府网，https：//www.gov.cn/xinwen/2021-11/11/content_ 5650329.htm，2021 年 11 月 11 日。

② 习近平：《高举中国特色社会主义伟大旗帜　为全面建设社会主义现代化国家而团结奋斗——在中国共产党第二十次全国代表大会上的报告》，人民出版社，2022，第 1~2 页。

持全周期管理理念，强化系统治理、依法治理、综合治理、源头治理。"①
这些治理理念都与治理的主动思维相一致。

（七）接诉即办的数字思维

接诉即办改革将数字化作为重要的目标，通过数字化改革来提升效率，
并且通过对诉求大数据的分析来为决策提供参考，这体现了治理的数字思
维。治理的数字思维非常重视数字技术对治理的影响，强调大数据、人工智
能等新一代信息技术对治理的促进作用，治理需要从文字思维向数字思维转
变，治理要和数字深度融合，治理的数字化是未来治理的趋势。治理的数字
思维一旦在治理实践中落地生根，数字治理的新形态就可能产生，数字治理
范式就可能取代传统治理范式。数字治理作为一种新形态，它会经历数字技
术在治理中的广泛使用、数字和治理的双方多维互动以及治理的数字化等不
同阶段，是数字思维逐步被接受的过程。在第一阶段，治理主体会引入数字
思维来处理棘手问题或改进传统治理，此时主要是通过数字技术来提升治理
效率，数字技术会发挥工具性作用。在第二阶段，治理主体会发现数字思维
对于治理的重要性，会使用数字技术进一步推进问题解决，以及思考治理体
系如何数字化，这是一个数字技术和治理问题双向和多维建构的过程。在第
三阶段，治理和技术深度融合，技术被用来广泛解决治理问题，治理问题通
过技术方式来表达，治理体系以数字化方式呈现，数字与治理并行不悖，数
字治理新范式真正形成。当然，治理中的数字思维发挥作用并非一蹴而就，
由于数字思维是一场治理思维革命，治理的传统思维和数字思维在很长时间
内会进行思维竞争，加之数字思维所产生的效率和适应性，数字思维最终可
能会取代其他思维，从而推动数字治理范式从理想转化为现实。

接诉即办改革通过引入诉求办理的人工智能技术以及诉求数据人工智能
系统，切实将数字思维转化为治理实践，向数字治理转型。大数据、人工智

---

① 《中共中央 国务院关于加强基层治理体系和治理能力现代化建设的意见》（2021 年 4 月 28
日），中国政府网，https：//www.gov.cn/gongbao/content/2021/content_ 5627681. htm。

能等信息技术的引入，大幅提升了接诉即办的处理效率。一方面，在接诉即办的受理、派单、办理、考评、反馈等环节中，北京市通过引入最新大数据分析技术，切实提升闭环管理流程的智能化水平，为解决民众的问题提供了坚实基础。在 12345 热线的语音接入中，通过引入人工智能技术，话务员可以实现语音转文字的自动识别，并且可以提取摘要，这样方便精准派单。而在派单的过程中，话务员也会得到来自人工智能的帮助，这是一个辅助决策的过程。在一些区县，诉求派单甚至直接由机器人完成，彻底实现派单智能化。此外，数字技术被广泛应用于回访之中，智能机器人能够自主完成对诉求人的访问，获得有关满意度的答案。随着数字技术的发展，接诉即办的不同环节会更多实现数字替代人工，而对于不能替代的部分，数字会辅助人工提升效率。另一方面，面对接诉即办形成的民生大数据，如何实现数据的加工、编码和分析，并最终形成具有参考价值的研究报告，这是接诉即办的数字化转型需要讨论的更深层次问题。只有对接诉即办的民生大数据进行系统分析，才能够实现从"有一办一"到"举一反三"，才能够真正推动"主动治理、未诉先办"，否则"主动治理、未诉先办"就没有针对性。当前，还有一些地方通过开发接诉即办的数字平台，引导民众从电话渠道转向数字渠道提出诉求，从而实现更高层次的数字化变革，彻底将政府与民众互动数字化，真正实现线下治理解决问题、线上治理从屏到屏，将线下和线上有机融合，这是实践和数字的进一步融合。

数字思维是随着大数据、人工智能等新一代信息技术变革所形成的治理思维，这意味着这种思维的兴起时间并不长，但是它逐步成为中国共产党治国理政思维的重要组成部分。在早期，中国共产党治国理政中的数字思维至少体现将数字思维应用于治理实践，以及促进数字技术发展两个方面。前者的典型代表是电子政务的发展，中国政府通过引入信息化来提升政府运行效率，而政务服务的"一网通办"是典型，"互联网+政务服务"是其主要策略。后者的典型代表就是互联网产业的发展，中国政府将信息产业作为经济增长的重要引擎和组成部分，这促进了数字相关产业的高质量发展。随着大数据、物联网、人工智能等新一代信息技术的兴起，中国政府也提出了数字中国战略，实现数字经济、数字政府和数字社会的一体推进，这是数字思维在治国理政中的集中体现。

（八）接诉即办的系统思维

接诉即办改革以诉求办理为突破口，通过调动不同治理主体参与诉求治理，并通过诉求治理所形成的反馈来改善自身治理，实现诉求驱动超大城市治理的系统性变革，这体现了治理的系统思维。治理的系统思维强调从系统角度研究治理，治理过程会形成治理系统，治理系统由子系统和要素构成，子系统之间互动构成了系统，而子系统又是由要素构成的。分析治理系统一般要考虑纵向关系和横向关系，以及纵向关系和横向关系所形成的网络关系。从纵向关系的视角考察治理系统，这是讨论治理系统的层次性，子治理系统是治理系统的组成部分，治理系统是更高层次的治理系统的组成部分。为此，在讨论和分析一个治理系统时，至少要分析三个层次的治理系统，即更高层次的治理系统、治理系统和子治理系统。从横向关系的视角考察治理系统，这是讨论治理系统的互动性，不同子系统之间互动是治理系统成为系统的原因所在。没有一个子系统是孤立的，子系统之间会相互影响、相互作用和协同共生。除了讨论纵向关系和横向关系之外，治理系统的不同子系统以及子系统和治理系统之间还存在网络关系，子系统可能与更高层次的治理系统直接建立联系，多个子系统与更高层次的治理系统可能形成新的网络。因此，治理的系统思维会让治理主体从系统视角治理问题，并将治理改革与治理系统建立联系，从而形成系统性改革方案。

北京市接诉即办改革通过建立诉求办理的治理系统、主动治理的治理系统和市民诉求驱动的超大城市治理系统，实现了从个体诉求向治理系统转变，从治理系统向更高层次治理系统变革转变。北京市接诉即办改革不但改变了以前诉求受理和诉求办理的分立化倾向，而且改变了有受理没有办理的格局，推动形成了一个围绕诉求受理、派单、办理、反馈、使用等的闭环管理系统，更多的治理主体围绕着诉求受理和办理建立联系，这是治理系统建构和形成的过程。正是因为有了针对诉求受理和办理的治理系统，各方治理力量得到调动，民众问题有可能得到很好解决。除了针对诉求受理和办理建立治理系统之外，北京市还围绕诉求所折射的问题进行系统性回应，从而形成了主动治理的治理系统，这主要是指前面讨论过的"每月一题"专项治理机制和"治理类街乡镇"区域治理机制。事实上，不同的治理系统都会在回应诉求时进一步推动自身变革，这种变革的目的既是快速回应诉求，又是减少未来的诉求，这可以说是接诉即办治理系统对其他治理系统的横向影响。从这个意义上看，北京市针对接诉即办改革至少建立了两套治理系统，一套是诉求回应和诉求办理的治理系统，另一套是主动回应的治理系统。此外，这些治理系统本身可能作为一种外部"冲击"，对其他治理系统产生影响，这种影响的程度也直接决定了接诉即办的影响范围。

系统思维也是中国共产党治国理政治理思维的重要组成部分，这一思维强调要对治理工作进行系统分类并建立体系，为国家治理提供框架结构。中国共产党将系统思维应用于国家治理，其典型是"五位一体"的总体布局和"四个全面"的战略布局，"五位一体"是对治理对象的横向分类，强调将治理领域划分为政治、经济、社会、生态和文化五个方面，"四个全面"是对战略目标和战略举措的详细阐述，属于要素层面分类，强调通过什么手段来实现目标，手段和目标之间具有逻辑关系。治国理政的系统思维还体现在治理的方方面面，如推进党和国家机构改革、党和国家的制度体系、党和国家自身治理体系以及系统和行业治理等，其目的都是实现党对国家治理的有效领导，进而推进国家治理体系和治理能力现代化。

（九）接诉即办的创新思维

接诉即办改革需要回应的诉求具有差异性、动态性、复杂性和多样性等特征，这使得要处理这些诉求所反映的问题并且避免新诉求产生，就需要有创造性治理行为，不同治理主体为了回应诉求办理和预防诉求产生，推行了很多创新举措，这体现了治理的创新思维。在治理理论产生之前，政府创新一般以政府改革的方式呈现。而治理理念产生之后，治理的创新思维体现在治理的各个方面，包括治理理念、治理结构、治理工具、治理行为、治理关系等，如果创新思维对治理范式产生影响，那么就会产生治理范式变迁。治理创新首先是治理理念的创新，它是使用一种治理理念取代另一种治理理念的过程。事实上，治理这一概念体现了理念创新，它是对传统公共行政和公共管理理论的替代，强调参与、协同和共同行动。治理理念的创新最终需要体现在组织和结构层面，一般而言，组织和结构能够在不创新的情况之下落实创新理念，但是很多时候需要通过治理结构创新来为治理理念创新提供支撑。网络结构代替官僚制，服务外包代替自主生产，政府与民众之间合作生产代替官僚生产等，这些都属于治理结构创新的范畴。除了治理结构创新之外，政府还可以通过引入市场工具、信息工具、说服工具、税收工具、强制工具等实现治理工具创新，这些不同的治理工具还进行混合与不同范式组合，混合与组合也是创新。治理创新还会体现在治理行为方面，助推理论就是利用行为理论来推动治理创新。

接诉即办改革促进了不同治理主体的治理创新，创新思维体现在治理过程的各个环节，而探寻市民诉求驱动超大城市治理创新则构成了系统性的治理范式创新。这意味着北京市各级治理主体使用创新思维既体现为要素创新、过程创新和阶段创新，又体现为体系创新、系统创新和范式创新，这两个层面的创新相互促进，既保证了接诉即办改革的直接效果，又进一步增强了接诉即办改革的深远影响。一些街道和乡镇为了回应市民诉求、切实解决现实中遇到的问题对治理结构进行创新，通过引入"小院议事厅"等机制促进政府和民众之间合作生产。与此同时，街道和乡镇也通过行政流程创新来提升问题解决能力和公共服务供给效率，一些好的做法和举措不断涌现出来。有些地方为了促进与民众之间直接互动，建立了面向居民的互动平台，鼓励居民向街道和乡镇直接提出诉求，避免通过第三方途径来反映诉求，这样可以提升回应效率。一些街道将数字化转型作为重要方向，通过打通不同平台之间数据连接来实现诉求的高效回应和及时处理，进而提升整个区域的治理水平。事实上，前面提到的属于主动治理内容的"每月一题"和"治理类街道乡镇"整治，也是重要的治理创新，它是问题解决模式的创新，从解决一个问题向解决一类问题转变，从解决某一个领域的问题向解决区域

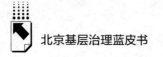

问题转变。这些不同要素、领域和类型的治理创新，以一定方式进行集成和整合之后，有可能创造新的超大城市治理范式，这属于系统、体系和范式层面的创新。

创新思维也是中国共产党治国理政的重要思维，这既表现为对科技创新的重视，又表现为通过创新来解决问题的习惯，还表现为尊重人民群体的首创精神。中国共产党一直重视科技创新，并且将科技创新提升到国家战略的高度，并尝试通过国家创新体系的建设来推动科技创新、产业创新和区域创新。此外，中国共产党在治国理政中非常重视区域创新系统的建设，例如在北京、上海等地推进国际科创中心建设。创新思维也体现在治理体系中，中国共产党不断通过治理创新回应环境、时代、技术、民众和社会变革，通过治理创新和改革开放增强和提升韧性和适应能力。创新思维既是高层思考问题的重要参考，体现为中央决策者的重大政策、改革和体制机制创新；也是不同层级政府从事治理实践时的认知参照，体现为地方政府创新和城市乡村创新。

（十）接诉即办的法治思维

接诉即办改革需要处理的问题和面对的对象十分复杂和庞大，要让发现问题和解决问题进行有效匹配，要让民众和政府之间有效沟通，要让整个过程有序和充满活力，就需要通过制度和法律来协调不同群体之间的关系，这体现了治理的法治思维。治理的法治思维主要是强调制度和法律在治理中的重要作用，制度和法律是解决治理问题的选择方案之一。经济学和社会学都十分重视制度和法律在人类社会中的重要作用，围绕着制度和法律形成了制度经济学和法律社会学。组织学者也很关注制度在组织中的作用，发展了组织研究的制度主义学派，认为惯例和程序在组织中发挥着重要作用，组织可能遵循适应性逻辑而非效率逻辑。政治学者更是强调不同制度主义流派对于政治现象的解释，发展出了不同的分析框架和研究命题，其核心是强调制度对于政治的作用。制度和规则通过政治权力以一定方式通过时，则可以转化为法律，这也使得制度思维和规则思维与法治思维之间具有内在契合性。一般而言，法治思维总是与国家权力联系在一起，它强调国家通过制定和执行法律来对社会进行规范，并促进问题解决。正是在这个意义上，法治思维成为公共管理的重要思维，法律途径也成为研究公共管理的重要途径。

接诉即办改革从一开始就遵循了法治思维，它通过制度来规范闭环管理过程，并最终将整个工作上升到法律规范高度，体现为有法可依。接诉即办改革的法治思维体现在整个治理过程中，既包括在早期探索中出台制度，也包括成熟之后通过条例来规范，更包括条例出台之后严格实施，这是一个改革和法治相互协同的典型案例。北京市在推行接诉即办改革过程中，非常重视用制度来规范治理过程，除了以市委名义出台推进接诉即办改革的意见之外，还对接诉即办改革中的关键环节以制度方式进行规范，例如派单制度、办理制度、考评制度、通报制度、点评制度等。正是这些制度的运行，使不同治理主体的行为有规范可以遵循，这为接诉即办秩序奠定了基础。而随着接诉即办改革实践日益成熟，北京市人大常委会通过了《北京市接诉即办工作条例》，这成为规范整个接诉即办工作和治理活动的法规依据，它明确了不同治理主体的权责，对整个治理过程进行了规定，既是对接诉即办改革的规范，更是对进一步深化接诉即办改革的保障。《北京市接诉即办工作条例》出台之后，北京市人大常委会十分重视条例的执行情况并进行执法检查，通过执法检查保障其实施的效果。

法治思维是中国共产党治国理政的重要治理思维，它既表现为法律制定过程遵循法治思维，又表现为通过法治思维来推进国家治理体系和治理能力现代化。法治思维需要重视宪法和法律的重要性，强调任何人都需要在法律的规范之下行事，真正做好有法可依、有法必依、执法必严和违法必究，这意味着法治是调整人与人之间关系的最重要方式，也可以说是最后的方式。法治思维还特别强调法律在国家治理中的重要作用，整个国家治理需要在法治的轨道之下推进，这也是全面依法治国的核心内涵。通过法治思维来推进国家治理，要求整个国家能够将依法治国、依法执政、依法行政共同推进，法治国家、法治政府和法治社会一体建设，最终形成一种法治习惯、法治文化和法治生活方式。应该说，中国共产党一直在用法治思维治理国家，这一探索会一直持续下去。

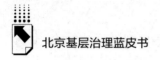

三 治理思维的启示和未来展望

基于治理思维的视角，我们对接诉即办改革所包含的治理思维进行了总结，指出其所包含的治理思维革命。思考接诉即办改革的治理思维，既能够提升我们对接诉即办改革的理论认知，又可以让我们更广泛地讨论接诉即办改革，扩大接诉即办改革的影响范围，并将之与党和国家的治理联系起来，实现从微观和中观改革向宏观改革跨越。治理思维作为治理认知选择的结果，可以成为不同治理实践的共同认知，这使不同治理实践之间的通约性成为可能。简而言之，不同治理实践可以是同一种治理思维的实践形态。这意味着，对于接诉即办改革的学习和理解，不同的治理主体既可以学习和模仿其形式，又可以学习其精神实质，即利用治理思维来改善治理实践。

在讨论接诉即办改革的治理思维时，我们将其所包含的治理思维与党和国家的治理思维进行连接，尝试在更一般的情景之下思考接诉即办改革的治理思维。党的二十大报告中指出："我们要善于通过历史看现实、透过现象看本质，把握好全局和局部、当前和长远、宏观和微观、主要矛盾和次要矛盾、特殊和一般的关系，不断提高战略思维、历史思维、辩证思维、系统思维、创新思维、法治思维、底线思维能力，为前瞻性思考、全局性谋划、整体性推进党和国家各项事业提供科学思想方法。"① 从党的二十大报告中可以看出，中国共产党已经认识到治理思维的重要性，并提出了"战略思维、历史思维、辩证思维、系统思维、创新思维、法治思维、底线思维"七种思维能力，这些思维是推进国家治理体系和治理能力现代化的基础。我们基于接诉即办改革的治理实践，将其所包含的治理思维总结为民本思维、基层思维、敏捷思维、科学思维、协同思维、主动思维、数字思维、系统思维、创新思维和法治思维十个方面，其中系统思维、创新思维、法治思维三种思

---

① 习近平：《高举中国特色社会主义伟大旗帜　为全面建设社会主义现代化国家而团结奋斗——在中国共产党第二十次全国代表大会上的报告》，人民出版社，2022，第21页。

维与党和国家的思维一致，而其他思维也可以在党和国家的治理实践中找到原型，未来也有可能发展成为具有一般性的治理思维。

对于接诉即办改革治理思维的深入研究，既需要结合公共管理学对于治理思维的研究，又需要回到党和国家的治理实践，更需要与党的创新理论进行结合，实现理论与实践的有机统一。一方面，治理思维应该成为公共管理研究的重要议题，认知选择是公共管理需要思考的理论话题。对于一些公共管理的制度变革、改革举措和工具选择，我们可以思考其认知基础，回到人们如何思考治理这一根本性议题。只有这样，我们才可能对治理实践具有更深刻的认知，无论是成功实践，还是失败做法，通过回答认知论的根本问题，都可以提升我们的理解力、设计力和行动力。另一方面，公共管理学者更应该关注党和国家治国理政实践及其治理思维，这是探索具有中国特色的治理思维理论的基础。对于党和国家有关治理思维的理论自觉，公共管理学者还没有给予足够重视，这也是未来理论发展的增长点。总而言之，从治理思维的视角研究接诉即办改革，我们既可以从更高层次来理解这一实践，又可以将其经验扩展到更广泛的治理实践，并有可能发展具有中国自主的治理思维知识体系。

分 报 告

B.2
2023年北京12345市民服务热线
年度数据分析报告

北京市市民热线服务中心课题组*

摘　要：　北京市接诉即办改革工作开展五年来，得到了快速发展和持续深化。本报告基于2023年12345市民服务热线数据，全面分析全年受理情况，群众需求呈现新特点。"吃住行游购学"等反映量上升。市政服务类问题和城市更新类问题占比下降，但消费与经济纠纷、热点事件、极端天气等影响凸显，群众反映的规律性与不确定性交织。进一步解决好医疗、教育、就业、社保等领域的民生难题，以提升政府自身应对经济发展和基层自治等挑战的能力。本报告总结提炼热点问题发展规律，对未来群众诉求变化形势进行预判，从强化跨部门跨领域协同效能、提升应急保障与处置质效、完善风

　＊　课题组组长：王宁，北京市市民热线服务中心副主任，主要研究方向为基层社会治理、政务服务（热线）。课题组成员：王靖华，北京市市民热线服务中心干部，主要研究方向为基层社会治理、政务服务（热线）；付艳华，北京零点有数数据科技股份有限公司副总裁，主要研究方向为城市治理、公共服务等；郝毅，北京零点有数数据科技股份有限公司研究经理，主要研究方向为城市治理、公共服务等。

险防范过程控制、健全数字经济新业态监管四个方面提出工作建议。

关键词： 接诉即办 市民热线 数据挖掘

2023年是全面贯彻落实党的二十大精神的开局之年，是经济恢复发展的一年，市民生产生活秩序快速恢复，城市运行回归常态。全市上下将接诉即办融入日常工作，以市民诉求驱动超大城市治理，聚焦群众急难愁盼问题办成一批民生实事。

12345市民服务热线（以下简称12345热线）电话渠道仍是市民反映主渠道。在"23·7"极端强降雨和暴雪寒潮期间，12345热线电话接通率始终保持在98%以上，对房屋漏雨、防汛救灾、路面积雪结冰、供暖、公交地铁运行等诉求第一时间接诉即办、提级处置。持续关注群众反映的突出问题和重点区域情况，加强首发诉求的排查分析，做好信息报送，全力服务城市运行和群众生产生活的各项工作，充分发挥"总客服"功能，在党委政府与人民群众之间架起了一座"连心桥"。聚焦18个高频共性难点问题，推动"每月一题"攻坚克难，形成长效治理机制，不断提升基层治理能力。升级"诉求即办直通车"企业2.0版，扩大涉企诉求派单范围，引入更多市场化手段解决市民诉求，消费纠纷的处置效率大幅提升。2023年诉求解决率、群众满意率分别达到95.5%和96.1%。

一 总体情况及受理特点

2023年1月1日0时至2023年12月31日24时，12345热线共受理群众反映①2143.8万件，同比下降71.8%。其中，受理诉求②1089.4万件，

---

① 12345热线及其网络平台接收的群众反映的各类事项，包括但不限于群众咨询、求助、投诉、举报、建议等。
② 转至承办单位办理，这部分群众反映在文中统称"诉求"。

同比上升 23.3%，占比 50.8%；直接答复 1054.4 万件，同比下降 84.3%，占比 49.2%（见图 1）。

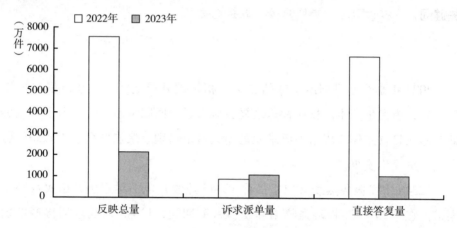

图 1　2022~2023 年 12345 热线受理情况

2023 年 12345 热线电话渠道受理 1771.5 万件，占比 82.6%，网络渠道受理 372.3 万件，占比 17.4%。电话渠道全年各月接通率稳定在 98% 左右，网络渠道稳定发挥作用，确保市民诉求能够得到及时响应（见图 2）。京津冀政务服务便民热线协同联动工作进一步加强，2023 年 8 月 16 日正式开通三地各城市政务服务便民热线对诉求事项的"一键互转"，开通以来共互相转办群众反映 4.8 万件。

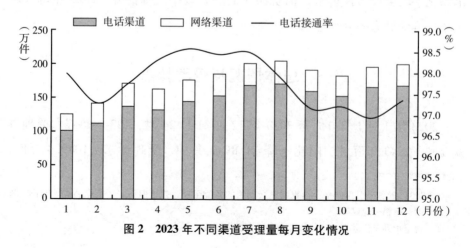

图 2　2023 年不同渠道受理量每月变化情况

2023 年群众反映集中的前二十类问题共计 1547.5 万件，占反映总量的 72.2%。市容环卫、物业管理、公共安全、供暖、环境保护等问题派单办理占比较高，社会秩序、劳动和社会保障、金融财税、文体市场管理、社会培训机构①等问题直接答复占比较高（见图3）。

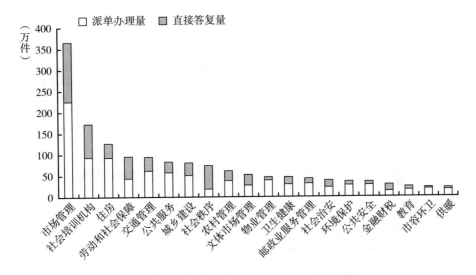

图 3　2023 年群众反映集中的前二十类问题

二　群众反映前十类问题情况

（一）市场管理

市场管理类问题 365.9 万件，同比上升 276.8%，主要反映网络交易（232.2 万件）、市场环境秩序（59.1 万件）、预付式消费（31.3 万件）、商品服务质量（23.6 万件）、服务质量（10.3 万件）等问题（见图4、图5）。

从各月受理量看，网络交易问题受电商购物季影响，在 7 月、11 月出

①　2023 年 4 月新增社会培训机构一级分类，合并原有教育、劳动和社会保障部分分类，并根据对应关系对 2023 年 4 月前历史数据进行相应调整。

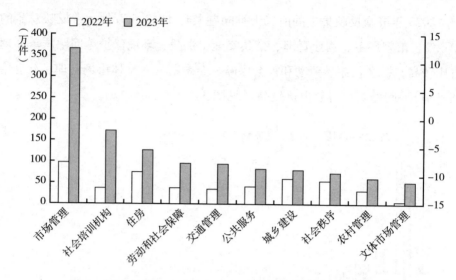

图4　2023年群众反映集中的前十类问题与2022年对比情况

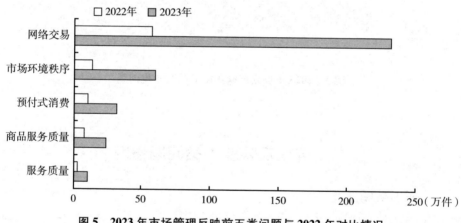

图5　2023年市场管理反映前五类问题与2022年对比情况

现两次相对高点，分别为25.5万件、20.4万件，其他各类问题反映量呈平稳趋势（见图6）。

（二）社会培训机构

社会培训机构类问题172.6万件，同比上升363.4%，主要反映线上退

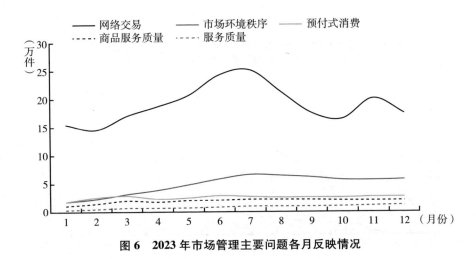

图6　2023年市场管理主要问题各月反映情况

费纠纷（113.7万件）、线下退费纠纷（28.3万件）、门店关闭退费纠纷（26.6万件）、合同纠纷（2.2万件）、教师资质与服务（0.5万件）等问题（见图7）。

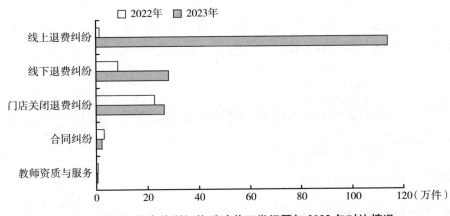

图7　2023年社会培训机构反映前五类问题与2022年对比情况

从各月受理量看，线上退费纠纷类问题4月之后反映量增幅较大，持续高位运行，在12月达到年度最高；门店关闭退费纠纷在3月达到高点后逐渐呈下降趋势（见图8）。

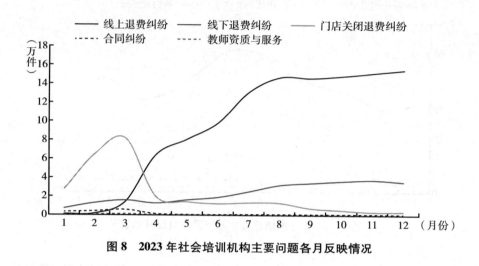

图8 2023年社会培训机构主要问题各月反映情况

（三）住房

住房类问题127.0万件，同比上升69.2%，主要反映小区配套（40.7万件）、房屋修缮（18.2万件）、房产中介（13.2万件）、房屋权属（9.5万件）、房屋交易（9.0万件）等问题（见图9）。

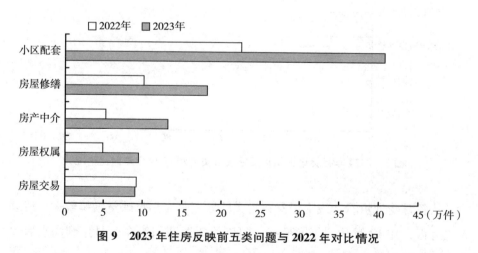

图9 2023年住房反映前五类问题与2022年对比情况

从各月受理量看，小区配套问题整体波动较大，呈现先增后降的趋势，房屋修缮问题在汛期，特别是"23·7"极端强降雨之后反映集中，在8月份达到年度最高（见图10）。

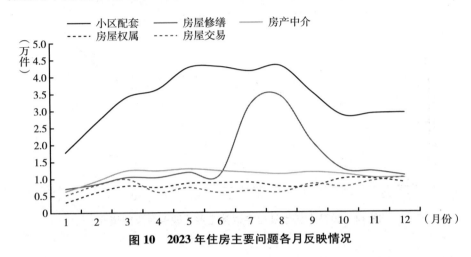

图10 2023年住房主要问题各月反映情况

（四）劳动和社会保障

劳动和社会保障类问题95.6万件，同比上升128.2%，主要反映薪酬纠纷（57.9万件）、社会保险（13.0万件）、劳动合同及用工管理（12.1万件）、离退休工资和待遇（4.9万件）、工伤及职业病（1.9万件）等问题（见图11）。

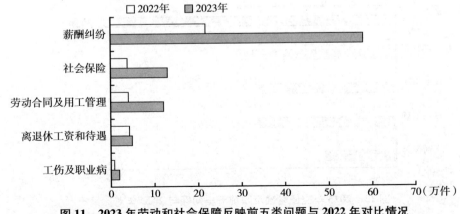

图11 2023年劳动和社会保障反映前五类问题与2022年对比情况

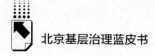

从各月受理量看，薪酬纠纷问题在1月、12月为年度相对高点，分别为6.1万件和6.8万件（见图12）。

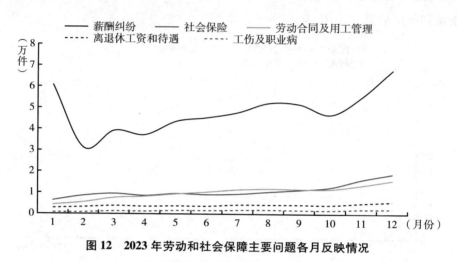

图12 2023年劳动和社会保障主要问题各月反映情况

（五）交通管理

交通管理类问题94.2万件，同比上升168.7%，主要反映停车管理（28.5万件）、互联网约车（14.0万件）、缓堵措施（12.3万件）、违章处理（12.1万件）、交通设施（6.2万件）等问题（见图13）。

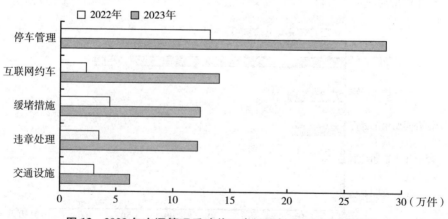

图13 2023年交通管理反映前五类问题与2022年对比情况

从各月受理量看，停车管理问题在 3 月达到年度最高，为 2.7 万件，随后较为平稳，互联网约车和违章处理问题反映量逐渐上升，在 12 月达到最高，分别为 1.7 万件、1.9 万件（见图 14）。

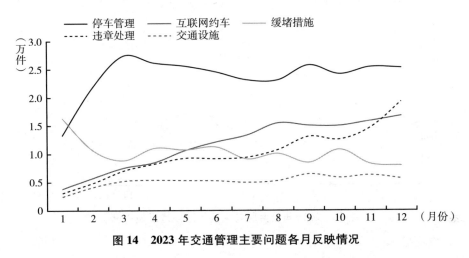

图 14　2023 年交通管理主要问题各月反映情况

（六）公共服务

公共服务类问题 83.1 万件，同比上升 100.6%，主要反映网络与通信（28.7 万件）、公交（14.2 万件）、供水（12.7 万件）、供电（7.4 万件）、轨道交通（5.0 万件）等问题（见图 15）。

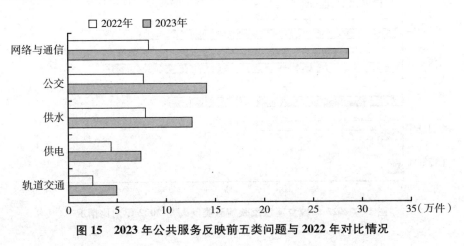

图 15　2023 年公共服务反映前五类问题与 2022 年对比情况

从各月受理量看，网络与通信问题全年呈波动上升趋势且增幅较大，公交、供水问题在8月增幅明显，供电问题在夏季（6~8月）相对集中（见图16）。

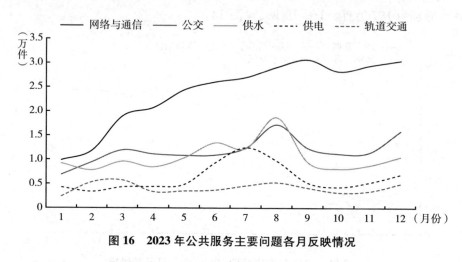

图16　2023年公共服务主要问题各月反映情况

（七）城乡建设

城乡建设类问题80.8万件，同比上升34.4%，主要反映拆迁腾退（27.7万件）、违法建设（25.7万件）、施工管理（20.2万件）、规划设计（5.3万件）、工程管理（1.3万件）等问题（见图17）。

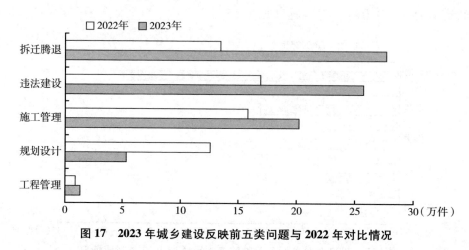

图17　2023年城乡建设反映前五类问题与2022年对比情况

从各月受理量看，城乡建设类问题从1月开始反映量增幅较大，5~9月达到相对高点（见图18）。

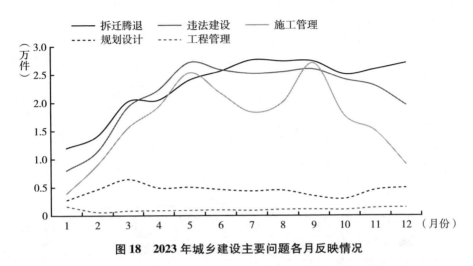

图18　2023年城乡建设主要问题各月反映情况

（八）社会秩序

社会秩序类问题73.9万件，同比上升34.6%，主要反映经济纠纷（50.2万件）、户籍管理（11.5万件）、各类案件（4.4万件）、宠物管理（3.9万件）、治安管理（2.1万件）等问题（见图19）。

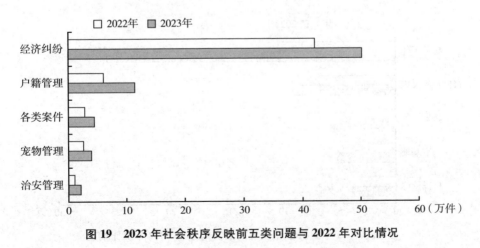

图19　2023年社会秩序反映前五类问题与2022年对比情况

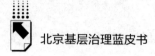

从各月受理量看，经济纠纷类问题持续高位运行，宠物管理问题在10月份有小幅上升，其他问题反映情况整体平稳（见图20）。

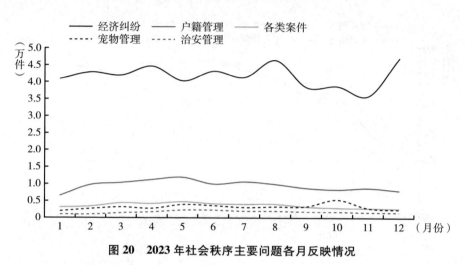

图20　2023年社会秩序主要问题各月反映情况

（九）农村管理

农村管理类问题61.4万件，同比上升89.7%，主要反映村务工作（25.7万件）、农村基础设施（9.5万件）、邻里纠纷（5.8万件）、宅基地（5.2万件）、村民待遇（3.9万件）等问题（见图21）。

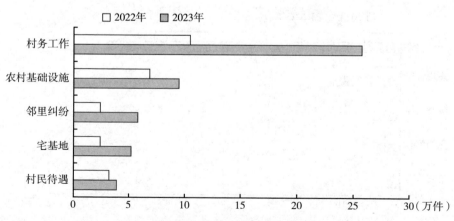

图21　2023年农村管理反映前五类问题与2022年对比情况

从各月受理量看，村务工作问题自1月开始呈上升趋势，在5月以后整体趋于平稳，农村基础设施问题在7月达到年度最高点，为1.3万件（见图22）。

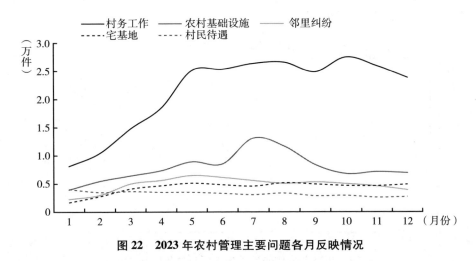

图22　2023年农村管理主要问题各月反映情况

（十）文体市场管理

文体市场管理类问题52.2万件，同比上升853.5%，主要反映文化市场（51.0万件）、体育市场（0.6万件）、广播电视（0.5万件）、科技（0.1万件）、其他（0.1万件）等问题（见图23）。

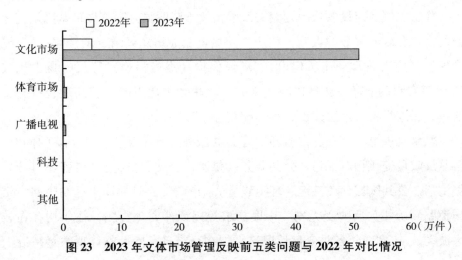

图23　2023年文体市场管理反映前五类问题与2022年对比情况

从各月受理量看，文化市场类问题自 1 月起呈上升趋势，7 月后增幅较大，在 9 月达到全年最高点，为 7.2 万件，随后有所下降，在 12 月出现小幅回升，其他各类问题反映相对较少（见图 24）。

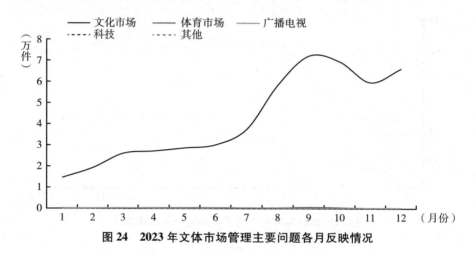

图 24　2023 年文体市场管理主要问题各月反映情况

三　群众反映特征分析

（一）民生服务保障加大，市政服务类问题占比下降

住房、城乡建设领域问题相关反映占比下降明显。随着城市基础设施建设的完善和政府服务的提升，住房（小区配套、房屋修缮、老楼改造）、城乡建设（施工管理、违法建设）、环境保护（噪声污染）等反映量占比较 2022 年有明显下降。从具体问题来看，反映量占比下降较多问题包括施工管理、噪声污染、违法建设、小区配套等。

供水、供电、市政、市容环卫等公共服务类反映量在占比下降的同时，各月反映量变化相对平稳。公共服务（供水、公交、供电）、市容环卫（垃圾清运、公共区域环境秩序、环卫设施）、市政（路灯照明、区属道路、市属道路）等相关反映受天气、市民需求等周期性变化影响，往年均存在较大波动。从 2023 年各月变化情况来看，在全市日常问题整体反映量持续上升的情况下，涉及政府服务相关问题的反映相对平稳，仅供水、供电、扫雪铲冰等相关问题在8月和12月受极端强降雨和强降雪天气影响有一定上升（见图25、图26、图27）。

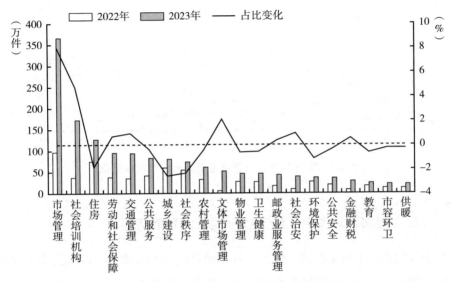

图25　2022~2023年群众反映前二十问题占比变化

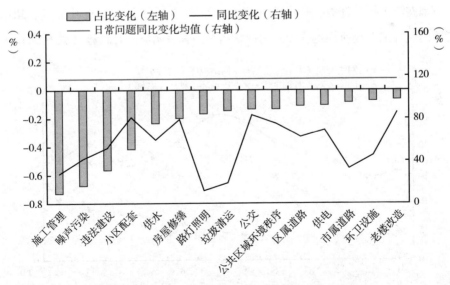

图26　2023年市政服务类问题占比及同比变化情况

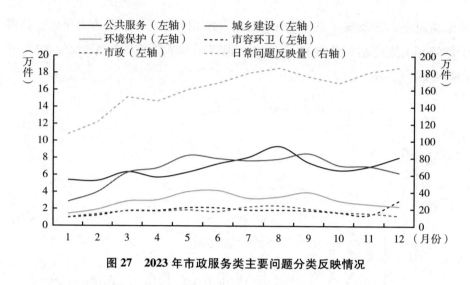

图 27　2023 年市政服务类主要问题分类反映情况

（二）经济恢复发展，线上线下消费问题增势显著

市民消费需求持续释放，线上、线下消费纠纷同步增多。网络消费纠纷持续高位增长，主要反映网络购物引发的退换货和退款纠纷、商品与广告宣传不符、电商平台发货慢等问题，同时直播带货、网络表演等引发的问题增幅明显。线下消费需求持续释放，热度大幅提升，2023 年 1~7 月群众反映商场、超市、餐饮门店等消费场所规范管理及退换货纠纷问题呈明显上升趋势（见图 28）。

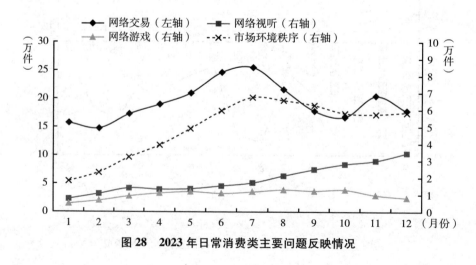

图 28　2023 年日常消费类主要问题反映情况

　　文旅市场呈现出强劲的复苏态势，消费需求快速释放，文化演出和旅游消费成新增热点，反映量增幅明显。2023年演出市场全面恢复，6月以来演唱会、音乐节等票务纠纷大幅上升，9月12日文化和旅游部、公安部联合发文，在打击"黄牛"囤票的同时限制了票务转让，相关问题得到一定缓解。随着旅游市场复苏，节假日热门景点预约、旅行社管理、旅游网站消费纠纷等问题凸显，相关问题在"五一"、暑期、"国庆"等旅游旺季中反映突出（见图29）。

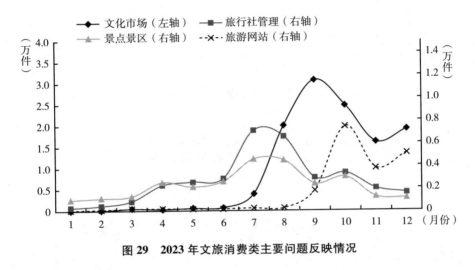

图29　2023年文旅消费类主要问题反映情况

　　社会培训机构、预付式消费领域纠纷仍长期存在。教培机构、体育健身、商场超市等预付式消费维权相关反映量呈小幅上升趋势，主要以职业资格培训、文体艺术类培训机构经营期间退费纠纷为主（见图30）。

（三）规律性与不确定性交织，问题反映量快升快降

　　市民反映呈现明显的周期性变化特点，如开学季入学升学、教务管理，网购季网络交易和邮政业服务管理，流感季医疗服务等问题相对集中。5月份针对入学入园相关问题集中反映，随着9月份开学季的到来，反映教学时间、班级划分、课程安排等问题出现短期集中上升；快递相关问题受购物季和春节运力下降影响在岁末年初反映较多；冬季呼吸道疾病进入高发季节，医疗服务反映量有所上升，集中反映挂号难、就诊慢等问题（见图31）。

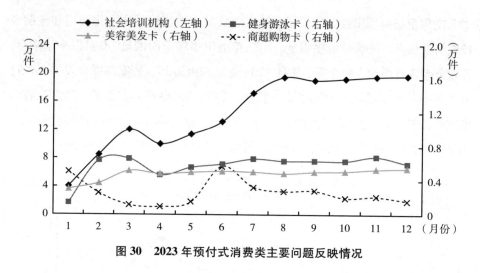

图30　2023年预付式消费类主要问题反映情况

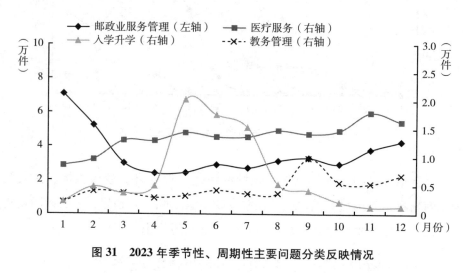

图31　2023年季节性、周期性主要问题分类反映情况

　　夏冬两轮极端天气对城市应急处置提出新挑战。北京受"23·7"极端强降雨和12月强降雪、寒潮两轮极端天气影响，夏季涉汛涉灾和冬季降雪降温相关反映量在短期内快速上升，对城市应急处置能力提出新挑战，随着全市应急处置工作的开展，相关反映快速回落（见图32）。

　　火灾事故引发消防安全相关反映量明显上升。2023年全国和全市范围火灾事故增多，5月以来全市开展安全生产和火灾隐患大排查大整治工作，

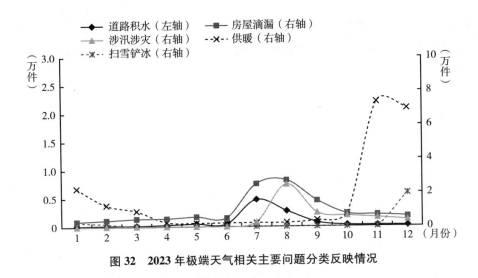

图32　2023年极端天气相关主要问题分类反映情况

大部分消防安全隐患已得到处置。从反映情况看，虽然消防安全总体反映量在5月之后呈下降趋势，但相关问题仍持续受到市民关注（见图33）。

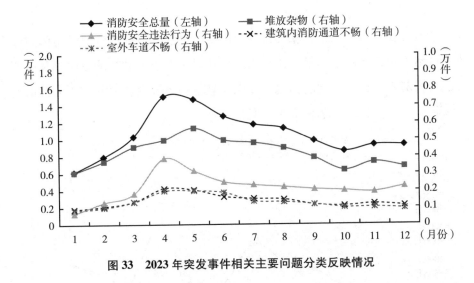

图33　2023年突发事件相关主要问题分类反映情况

（四）热点事件和政策调整期间，相关反映有明显变化

社会关注的热点事件与热线反映情况具有一定关联性。例如4月28日哈尔

滨居民擅自拆除承重墙事件、9月预制菜进校园问题在网上引起热议、10月16日四川崇州烈性犬伤人事件等均引发热线相关反映问题同期波动（见图34）。

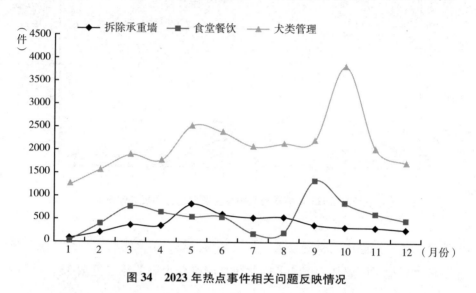

图34　2023年热点事件相关问题反映情况

政策实施和出台初期，相关市民反映有所增加。例如，针对学生体质健康测试和中考科目改革，部分家长来电反映对中考改革政策的看法以及体测考试政策落实过程中遇到的问题；社保信息管理系统更新期间，咨询社保新系统具体操作流程等问题较集中（见图35）。

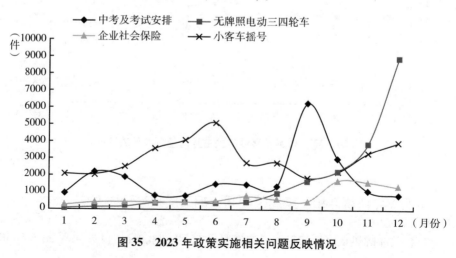

图35　2023年政策实施相关问题反映情况

四 群众诉求办理情况

2023 年 12345 热线派单量为 1089.4 万件，相关诉求全部由区级部门、街乡镇、市级部门、国有企业等单位办理。

（一）区及街道乡镇承办情况

从各区承办情况来看，承办量①最多的是海淀区，共办理诉求 197.5 万件，占十六区承办总量的 25.6%。承办量最少的是延庆区，共办理诉求 8.0 万件，占十六区承办总量的 1.0%（见图 36）。

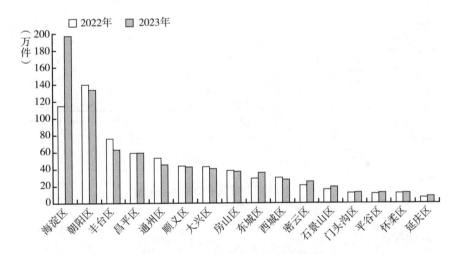

图 36 2022~2023 年各区承办情况

2023 年 12345 热线共向十六区交办诉求 772.8 万件，其中街乡镇共办理 176.8 万件，占十六区承办量的 22.9%。其中朝阳区、大兴区、丰台区、顺义区、昌平区、通州区部分街乡镇承办量较突出；密云区、海淀区、西城

---

① 12345 热线派单到各区及其所属街乡镇的工单量。

区、石景山区、东城区街乡镇承办量普遍相对较高；延庆区、平谷区、怀柔区、门头沟区、房山区北部大部分区域为山区、农村地区，人口密度相对较低，承办量也相对较低。各区具体承办情况如下。

1. 东城区

东城区共承办诉求约 35.8 万件，占全市各区承办的 4.6%，其中，区级部门承办 28.7 万件，占比 80.2%，街乡镇承办 7.1 万件，占比 19.8%（见图 37）。

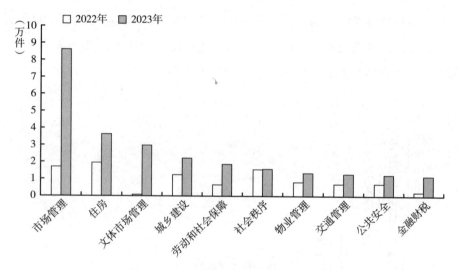

图 37　2023 年东城区承办前十类问题

2. 西城区

西城区共承办诉求约 27.7 万件，占全市各区承办的 3.6%，其中，区级部门承办 20.4 万件，占比 73.6%，街乡镇承办 7.3 万件，占比 26.4%（见图 38）。

3. 朝阳区

朝阳区共承办诉求约 133.9 万件，占全市各区承办的 17.3%，其中，区级部门承办 103.2 万件，占比 77.1%，街乡镇承办 30.7 万件，占比 22.9%（见图 39）。

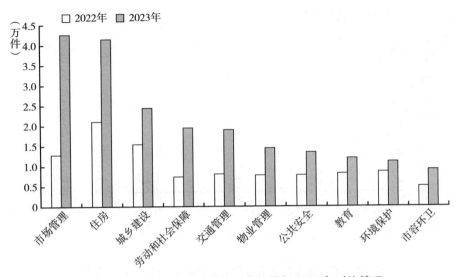

图38　2023年西城区承办前十类问题与2022年对比情况

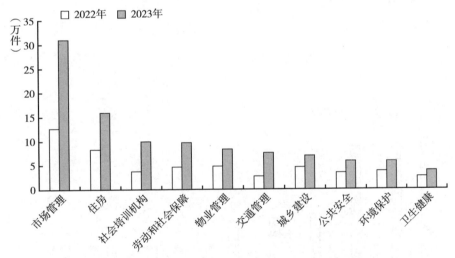

图39　2023年朝阳区承办前十类问题与2022年对比情况

4.海淀区

海淀区共承办诉求约197.5万件，占全市各区承办的25.6%，其中，区级部门承办183.0万件，占比92.7%，街乡镇承办14.5万件，占比7.3%（见图40）。

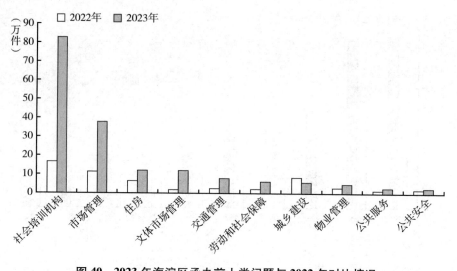

图40　2023年海淀区承办前十类问题与2022年对比情况

5. 丰台区

丰台区共承办诉求约63.2万件，占全市各区承办的8.2%，其中，区级部门承办45.2万件，占比71.5%，街乡镇承办18.0万件，占比28.5%（见图41）。

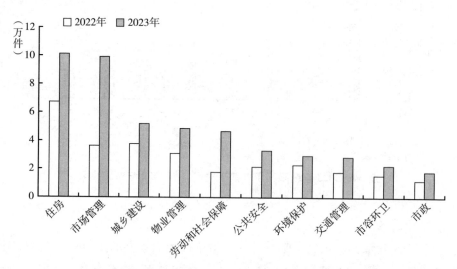

图41　2023年丰台区承办前十类问题与2022年对比情况

6. 石景山区

石景山区共承办诉求约19.2万件，占全市各区承办的2.5%，其中，区级部门承办15.1万件，占比78.6%，街乡镇承办4.1万件，占比21.4%（见图42）。

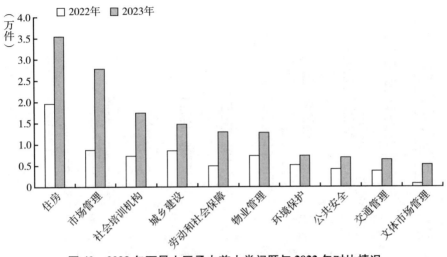

图42　2023年石景山区承办前十类问题与2022年对比情况

7. 门头沟区

门头沟区共承办诉求约12.5万件，占全市各区承办的1.6%，其中，区级部门承办8.2万件，占比65.6%，街乡镇承办4.3万件，占比34.4%（见图43）。

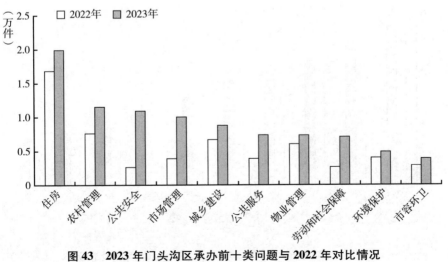

图43　2023年门头沟区承办前十类问题与2022年对比情况

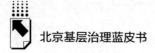

8. 房山区

房山区共承办诉求约 37.2 万件，占全市各区承办的 4.8%，其中，区级部门承办 26.4 万件，占比 71.0%，街乡镇承办 10.8 万件，占比 29.0%（见图 44）。

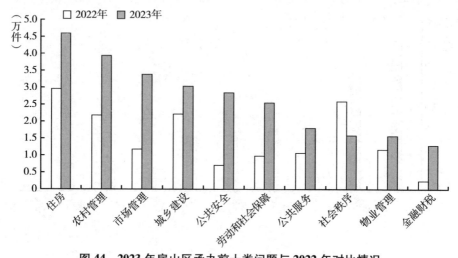

图 44　2023 年房山区承办前十类问题与 2022 年对比情况

9. 通州区

通州区共承办诉求约 45.4 万件，占全市各区承办的 5.9%，其中，区级部门承办 33.5 万件，占比 73.8%，街乡镇承办 11.9 万件，占比 26.2%（见图 45）。

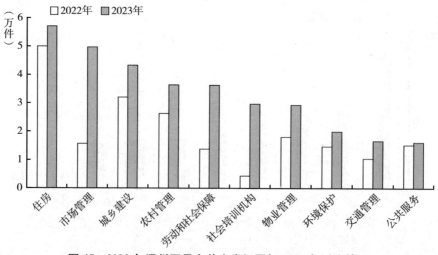

图 45　2023 年通州区承办前十类问题与 2022 年对比情况

10. 顺义区

顺义区共承办诉求约42.8万件，占全市各区承办的5.5%，其中，区级部门承办26.5万件，占比62.0%，街乡镇承办16.3万件，占比38.0%（见图46）。

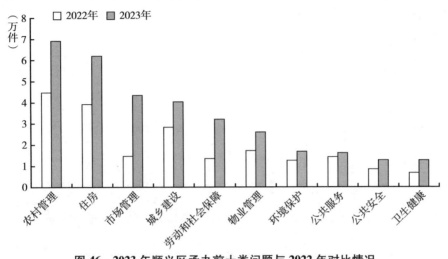

图46　2023年顺义区承办前十类问题与2022年对比情况

11. 大兴区

大兴区共承办诉求约40.7万件，占全市各区承办的5.3%，其中，区级部门承办26.6万件，占比65.4%，街乡镇承办14.1万件，占比34.6%（见图47）。

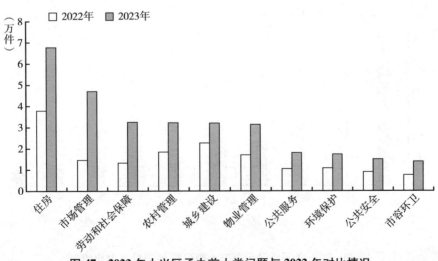

图47　2023年大兴区承办前十类问题与2022年对比情况

12. 昌平区

昌平区共承办诉求约 59.3 万件，占全市各区承办的 7.7%，其中，区级部门承办 45.4 万件，占比 76.6%，街乡镇承办 13.9 万件，占比 23.4%（见图 48）。

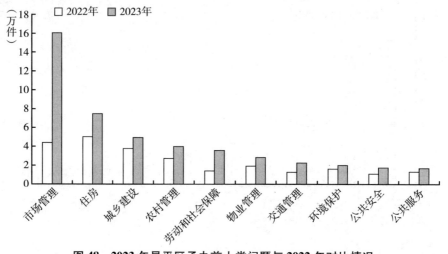

图 48　2023 年昌平区承办前十类问题与 2022 年对比情况

13. 平谷区

平谷区共承办诉求约 12.2 万件，占全市各区承办的 1.6%，其中，区级部门承办 7.3 万件，占比 59.8%，街乡镇承办 4.9 万件，占比 40.2%（见图 49）。

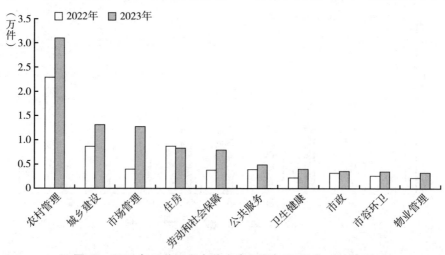

图 49　2023 年平谷区承办前十类问题与 2022 年对比情况

14. 怀柔区

怀柔区共承办诉求约 12.1 万件，占全市各区承办的 1.6%，其中，区级部门承办 7.0 万件，占比 57.9%，街乡镇承办 5.1 万件，占比 42.1%（见图 50）。

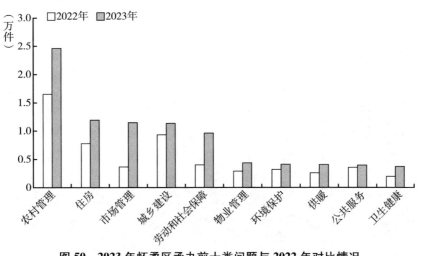

图 50 2023 年怀柔区承办前十类问题与 2022 年对比情况

15. 密云区

密云区共承办诉求约 25.3 万件，占全市各区承办的 3.3%，其中，区级部门承办 14.7 万件，占比 58.1%，街乡镇承办 10.6 万件，占比 41.9%（见图 51）。

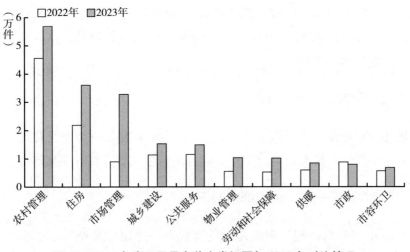

图 51 2023 年密云区承办前十类问题与 2022 年对比情况

16. 延庆区

延庆区共承办诉求约 8.0 万件，占全市各区承办的 1.0%，其中，区级部门承办 4.8 万件，占比 60.0%，街乡镇承办 3.2 万件，占比 40.0%（见图 52）。

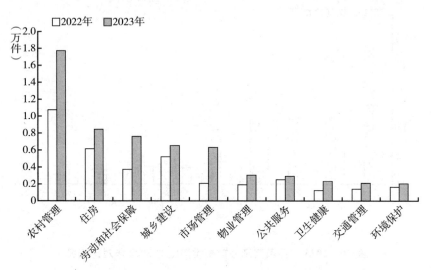

图 52　2023 年延庆区承办前十类问题与 2022 年对比情况

（二）市级部门承办情况

从各市级部门承办情况来看，2023 年市级部门承办量最多的是开发区管委会，共办理诉求 52.7 万件；市交管局、市邮政管理局、市卫生健康委诉求承办量较多（见图 53）。

（三）国有企业承办情况

从各国有企业承办情况来看，2023 年承办量最多的是公交集团，共办理诉求 9.8 万件；其次是北京移动，共办理诉求 7.0 万件（见图 54）。

（四）"每月一题"相关诉求情况

2023 年"每月一题"聚焦规范物业收费、老楼加装电梯、养老机构监管等 18 个高频难点民生问题，共涉及诉求 44.7 万件（具体见表 1）。

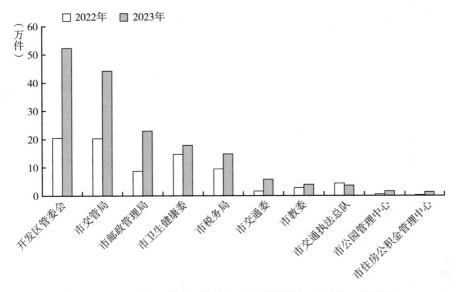

图 53 2023 年承办量最多的前十位市级部门与 2022 年对比情况

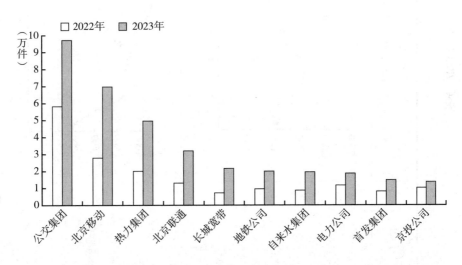

图 54 2023 年承办量最多的前十位国有企业与 2022 年对比情况

表 1 2023年"每月一题"重点难点问题分析

单位：件

序号	问题	每月诉求量（按考评周期统计诉求量）	诉求总量	承办量前三位的区/单位	承办量
1	规范物业收费		17795	朝阳区	3041
				丰台区	2256
				大兴区	1662
2	老楼加装电梯		10086	朝阳区	2001
				海淀区	1600
				丰台区	1153

续表

序号	问题	每月诉求量（按考评周期统计诉求量）	诉求总量	承办量前三位的区/单位	承办量
3	养老机构监管		4696	朝阳区	1286
				房山区	514
				昌平区	488
4	城市绿地建设管理与养护		10903	朝阳区	2174
				海淀区	1276
				丰台区	1192

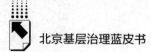
续表

序号	问题	每月诉求量（按考评周期统计诉求量）	诉求总量	承办量前三位的区/单位	承办量
5	重点群体就业		4141	朝阳区	754
				海淀区	455
				市人力社保局	436
6	医保支付及报销		23080	市医保局	5223
				朝阳区	3065
				海淀区	2335

续表

序号	问题	每月诉求量（按考评周期统计诉求量）	诉求总量	承办量前三位的区/单位	承办量
7	民办义务教育规范管理		6629	昌平区	1933
				海淀区	946
				朝阳区	802
8	农村道路治理		30307	密云区	5081
				顺义区	4423
				房山区	3624

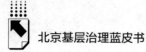
续表

序号	问题	每月诉求量（按考评周期统计诉求量）	诉求总量	承办量前三位的区/单位	承办量
9	农村地区煤改清洁能源运行管护		16077	密云区	3494
				顺义区	2275
				房山区	1792
10	健身设施建设与管理		11418	朝阳区	1920
				丰台区	1378
				海淀区	1340

续表

序号	问题	每月诉求量 （按考评周期统计诉求量）	诉求 总量	承办量前三位的 区/单位	承办量
11	社区卫生机构管理		14107	朝阳区	2752
				海淀区	1741
				丰台区	1276
12	供水保障		36620	丰台区	3944
				大兴区	3444
				通州区	3426

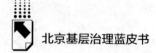
续表

序号	问题	每月诉求量（按考评周期统计诉求量）	诉求总量	承办量前三位的区/单位	承办量
13	供电保障		52946	市电力公司	12254
				朝阳区	5978
				昌平区	4472
14	集中供热		125560	市热力集团	41450
				朝阳区	10047
				丰台区	8700

续表

序号	问题	每月诉求量（按考评周期统计诉求量）	诉求总量	承办量前三位的区/单位	承办量
15	公交线路站点优化		23162	市公交集团	18102
				顺义区	1142
				大兴区	928
16	直播带货虚假宣传		24097	海淀区	11775
				快手	5016
				抖音	4283

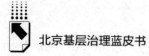
续表

序号	问题	每月诉求量 （按考评周期统计诉求量）	诉求总量	承办量前三位的区/单位	承办量
17	犬类管理		21587	市公安局	13298
				朝阳区	1941
				丰台区	1119
18	消防疏散通道不畅		14253	朝阳区	3524
				丰台区	1895
				海淀区	1635

五　重难点问题分析

根据 2023 年全年诉求反映情况和办理情况，以下选择解决率、满意率低且诉求量相对较高事项进行重点分析。

（一）常态化、阶段性、突发性资源供需矛盾交织

随着人们生活水平的提高，公众对生活品质的追求与有限资源之间的供需矛盾日益突出，成为超大城市治理面临的严峻挑战，不断考验"宜居、韧性、智慧城市"的建设。小区停车管理、医疗服务问题以及以汛期、寒潮天气期间相关诉求为代表的突发事件，分别是常态化、阶段性、突发性资源供需矛盾的典型问题，现对这三类典型问题进行逐一分析。

1. 停车可挖掘资源有限，配套管理不到位

小区停车管理相关诉求 2023 年共计 6.3 万件，全年各月诉求量均保持较高水平，全年解决率为 93.6%，满意率为 94.8%。小区停车管理类问题持续居于高位且难以解决，主要有以下原因。一是可挖潜资源难以满足新增停车需求。一方面，公众的购车需求旺盛，机动车保有量连年递增[①]，家庭名下拥有多辆车的情况具有一定普遍性；另一方面，经过多年对人防空间、路侧空间、大型公交站场、企事业单位等停车资源的挖掘，可再度释放的停车资源逐渐减少。从各区诉求量与各区常住人口的对比情况看，两者之间存在明显正向相关，常住人口越多，停车管理问题也越突出。二是现有停车资源存在错配和浪费。如部分小区开发商、物业公司对停车位"只售不租"，但公众更期待租赁而非购买，导致停车资源供给的形式与公众需求之间匹配度不高，所提供的停车资源未能得到充分利用；又如部分市民认为小区停车场收费价格高、路侧停车免费时长有限等，选择违停的形式来满足停车需求，也致使停车位资源空置未得到充分利用；再如部分地区虽建设了立体停

---

① 根据《北京市 2022 年国民经济和社会发展统计公报》，全市机动车保有量呈现连年递增态势。

车楼，但因停车收费贵、车位空间小易伤车等，部分车位空置，甚至因养护费用高、未及时养护等，停车设施闲置。三是配套服务不到位导致公众体验欠佳。小区外社会车辆长期占据小区停车位、车辆停放不符合规范要求等问题反映也较多，表明当前公众对于停车管理相关配套服务存在不满，服务体验欠佳，使公众对服务的需求未能得到满足（见图55）。

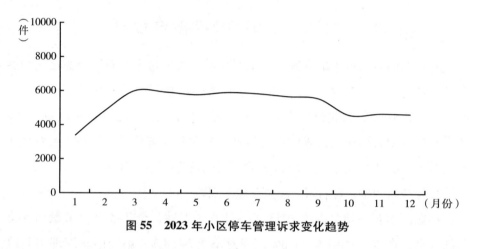

图55 2023年小区停车管理诉求变化趋势

2. 医疗服务配置不均衡，承载能力不足

医疗服务相关诉求2023年共计10.1万件，全年各月诉求量不断递增，11月迎来高峰，达1.2万件；全年解决率为96.3%，满意率为95.5%。相关诉求攀升主要有以下原因。一是传染病叠加流行导致就医需求远超现有医疗承载能力。2023年接连出现流感病毒、肺炎支原体、呼吸道合胞病毒等呼吸道传染病感染高峰。多轮呼吸道疾病的流行均存在一定的偶发性，虽然前期进行了一定的预测预警，但是受多重呼吸道疾病叠加的影响，仍暴露出医护人员和药品资源准备不足等问题，无法满足激增的看病就医需求。二是医疗资源分配不均加重供需不均衡。优质医疗资源集中在中心城区、三甲医院，社区医院等基层医疗卫生机构对三甲医院医疗压力的分流作用发挥有限，夜间、周末、节假日等关键时段的服务能力有限，以上问题均进一步加重了医疗服务领域的供需不平衡。三是医疗服务质量及配套服务还有优化提升空间。市民诉求中反映问题包括医院对是否可提供儿科急诊服务、急诊承

载能力、就诊儿童年龄要求等信息的公示力度不足；疫苗接种点信息公示的准确性、透明度不高；呼吸道疾病高发期，"先化验再诊疗"的模式尚未得到全面推广普及，部分医院候诊时间长；部分医护人员工作态度不好，影响患者就医体验；受转诊手续不全、不能出具转诊证明、无转诊名录、不符合转诊条件等因素影响，患者转诊流程不畅；在区级及以下医院就诊时出现病情研判错误、药品开具不对症、输液操作流程不规范等问题。以上问题表明，医疗及配套服务还需不断优化提升（见图56）。

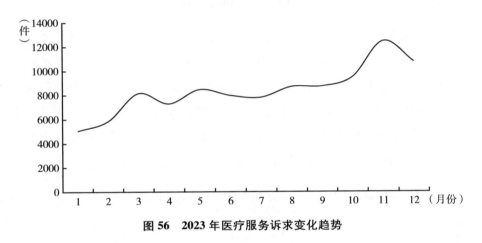

图56 2023年医疗服务诉求变化趋势

3.突发事件处理效率不高，应急预案待完善

2023年突发事件诉求涉及"4·18"长峰医院火灾事故、"23·7"特大暴雨以及12月强降雪、寒潮天气等，相关诉求虽总体呈突增快降趋势，但处置效率还不够高。具体原因如下。一是缺少"平急两用"应急预案，资源调配灵活度欠佳。例如，受强降雪影响，个别公交线路发车不准时、间隔时间长、甩站停运、久候无车，出现因始发站乘客较多无力承载途经站乘客的情况。这表明当前应对突发事件尚缺少可快速启用、考虑全面的应急机制，未能高效统筹资源，及时化解群众诉求。二是群众诉求复杂多样，善后处置面临诸多考验。例如，汛期灾情发生后，房屋漏雨、居民区积水未能及时排空等常规诉求量较往年明显增多，灾后水电气及通信虽得到迅速恢复，但依旧存在恢复供水后水质差、公共交通营运恢复缓慢等问题。三是公众的

危机意识和维权意识增强，对城市治理的期待上升。例如，"4·18"长峰医院火灾事故发生后，市民反映消防安全隐患、楼道堆物堆料等问题的诉求在全市范围全面上升；暴雨受灾群众高度关注相关补偿以及转移安置工作，来电确认房屋及附属设施损坏补偿、农田农产品损失补偿、如何申请物资和相关补贴、询问长期安置解决方案等问题。以上问题表明，面对突发事件的巨大冲击，当前城市治理的恢复能力依旧面临考验，韧性城市建设有待增强。

（二）房屋质量、开发建设遗留问题愈发受到关注

房屋质量、开发建设遗留问题一直是市民诉求中解决率较低的问题。在2023年房地产行业持续低迷的大环境下，市民对开发建设中一些遗留问题的反映也有所上升，主要包括以下几个方面。一是房屋、小区公共区域建设质量及后续管理问题，如部分商品房和回迁房的品质不佳；二是开发建设中拖欠工程款问题；三是楼盘市政配套服务久拖未决，如居民超期使用临时水（自备井）、临时电问题（见图57）。现对主要问题进行逐一分析。

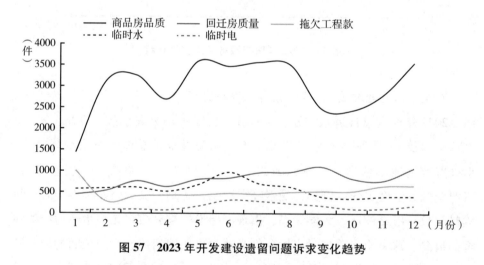

图57　2023年开发建设遗留问题诉求变化趋势

1. 房屋验收工作不规范，各方沟通不充分

房屋质量相关诉求2023年共计4.6万件。其中，商品房品质相关诉求3.6万件，全年解决率为79.5%，满意率为83.3%；回迁房质量相关诉求

9751件，全年解决率为83.3%，满意率为85.0%。市民反映的主要问题包括以下几个方面。一是所购房产建设质量不达预期，包括墙面开裂、外立面鼓包、地板塌陷、燃气管道布设不规范等问题。二是项目建设进度慢或延期交付，特别是部分项目工程进度滞后甚至处于停工状态，购房者担心出现无法按时交付或为赶工期降低建设质量等问题。三是在建住宅实际建设情况与销售承诺不符，主要是楼盘外观、房屋装修程度及用料、环境绿化、配套设施等与承诺不符。该类诉求产生的主要原因如下。一是新建商品房竣工验收工作仍有待加强。行业主管部门需根据《北京市建设工程质量条例》、《建设工程质量管理条例》、《住宅设计规范》（GB50096-2011）等规范标准，对开发商交付房屋的质量进行严格验收。二是房地产行业遭受流动性紧张困局。开发企业难以通过企业债券、贷款等渠道融通足够资金，部分楼盘建设进展较为缓慢，后续质量难以保证。三是交楼过程中的沟通协调需加强。开发商在售房中存在过度宣传行为，又缺乏主动与购房者沟通、充分告知购房者相关变动事项的动力，购房者对所购楼盘知情权未能得到有效保障。

2. 工程建设管理机制待提升，清偿能力不足

拖欠工程款相关诉求6341件，全年解决率为76.1%，满意率为84.2%。市民反映的主要问题包括以下几个方面。一是要求企事业单位、机构、组织等尽快支付工程建设中的人工、设备租赁等款项。二是要求相关责任机构，如住建部门、欠款单位的上级机关等介入，敦促清偿工程款项。该类诉求产生的主要原因如下。一是某些开发单位自有资金匮乏。开发单位融资进程不畅容易导致拖欠建设单位工程款项。二是工程建设过程中合同签订执行欠规范。开发建设中存在多重分包，各方对合同理解存在差异，容易导致建设方无法有效追索拖欠款项。三是拖欠工程款行政协调机制有待提升。某些拖欠事件涉及主体多，问题错综复杂，需要住建等多部门联合甚至司法介入解决。

3. 规划审批遇堵点，临水临电治理难推进

临时水相关诉求6854件，全年解决率为98.3%，满意率为98.4%。诉求具有较强的区域性和季节性，集中在新建小区及农业区域，相关诉求主要集中在5~8月用水高峰期。市民反映的主要问题包括以下几个方面。一是水压不足、断水问题，特别是夏季高温少雨，某些地区用水需求增大，自备井水压低容易导致供水不足。二是反映水质问题，如水质浑浊、有异味、有杂质等问题。临时电相关诉求1928件，全年解决率为80.8%，满意率为87.4%。市民主要反映电压不稳，临时电供电线路设备故障等，特别是在夏季用电高峰期频繁断电时，市民希望抓紧改造，早日接入市政电。临时水、临时电诉求产生的主要原因如下。一是接入市政水电存在审批障碍。某些楼盘在开发过程中，出于土地性质、建设规划等原因，未能获得相关手续资质，长期无法接入市政水电。二是某些地区水电供给基础设施建设薄弱。近年来城市建设区域不断扩大，城市用水需求逐渐增加，市政水电供给设施建设相对缓慢，导致某些临时水、临时电问题较难解决。三是受极端天气的影响较大。2023年夏季持续高温天气引发部分地区防暑降温用电紧张，7~8月强降水影响地下水水质，导致自备井水源发生短期水质浑浊现象。

（三）企业流动性下降导致的经济纠纷频频出现

一些制造业企业经营状况欠佳，服务业商家经营不善，经营利润及投资收益增长乏力。企业资产的流动性下降，甚至出现破产倒闭情况，导致以预付式经营为主的教育培训业、居民生活服务业和基于投资收益的个人投资理财领域维权纠纷频发（见图58）。现对主要问题进行逐一分析。

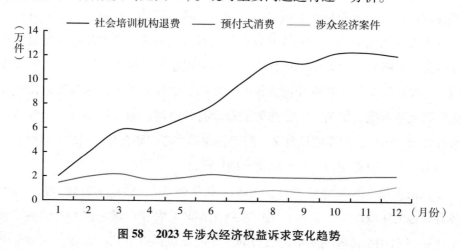

图58　2023年涉众经济权益诉求变化趋势

1. 企业经营韧性不足，社会培训和预付式消费问题突出

社会培训机构退费和预付式消费相关诉求共125.4万件。其中社会培训机构退费纠纷101.9万件，全年解决率为98.2%[①]，满意率为98.5%；预付式消费相关诉求23.5万件，全年解决率为97.2%，满意率为97.8%。从机构类型来看，线上培训机构退费问题占比67.4%，构成退费问题的主流。从争端来源来看，社会培训机构退费争端集中在职业资格和技能类培训，占比78.6%；生活服务行业预付式消费退费纠纷来源众多，呈现"大分散、小集中"格局，健身游泳、美容美发、商场购物为高发领域，合计占比50.8%，其中在商场购物预付式退费纠纷中，1.9万件与家乐福闭店有关，占该细分类别的78.3%。上述两大类诉求产生的原因主要包括以下几个方面。一是社会培训和生活服务业企业经营韧性不足。业内企业自有资金不够充裕，当面临客源下降、房租成本增加等情况时，容易引发退费准备金不足甚至停业状况。二是生活服务及社会培训行业服务合同较难规范。行业内细分领域众多，服务提供商资质差异大，较难形成统一细致的标准，经营者与消费者就合同内容的理解容易产生偏差而产生退费问题。三是预付式消费监管有待进一步完善。目前北京市已经颁布了《北京市单用途预付卡管理条例》《北京市单用途商业预付卡备案及预收资金管理实施办法（试行）》等法律法规，但仍需细化对各类企业的监管方式，规范监督经营者退款流程，还要丰富对小微企业融资支持手段。

2. 涉众经济案件错综复杂，纠纷难化解

涉众经济案件相关诉求8.3万件，全年解决率为36.0%，满意率为40.7%。企业利润增长缓慢，金融机构投资收益下降，居民投资理财领域中涉众经济案件频繁发生，诉求多为举报非法集资、金融诈骗、电信诈骗等。市民反映的主要问题包括以下几个方面。一是反映既往案件办理进度慢，机构或平台迟迟不兑付，其中玖富普惠平台相关诉求较多。二是针对2023年

---

① 此处满意率和解决率为4项平均数，原始数据为：经营期间退费纠纷（线上）解决率98.8%、满意率98.6%，经营期间退费纠纷（线下）解决率97.7%、满意率97.8%，门店关闭、跑路退费纠纷解决率97.6%、满意率97.7%，驾校倒闭、跑路退费纠纷解决率98.8%、满意率100.0%。

新增大型机构的"暴雷"事件，投资者要求政府积极介入以减少损失。虽然该类诉求量较2022年整体变化不大，但因相关市民投入金额较大，往往反应强烈，容易引发群体诉求。诉求产生的主要原因如下。一是受经济周期因素影响，国内外市场需求不振，许多行业利润增长乏力甚至下降，必然影响投资理财产品的收益回报。二是某些涉众经济案情错综复杂。因波及范围广、涉案金额大、牵扯多方利益，涉及一系列法律问题，案件在短时间内难以妥善解决。三是相关监管法规有待进一步健全。某些投资机构存在传播虚假信息、欺诈交易等不良行为，需不断完善投融资监管法规，加强金融行业自律规范，协助投资者持续提升自我保护意识和能力。

（四）数字经济生态型商业模式带来监管难题

近年来，平台经济在经济社会发展全局中的地位和作用日益凸显，但同时也出现了一些新问题、新挑战，从长远来看会影响行业整体的良性发展。从诉求变化趋势来看，网络交易、文化市场类（网络视听、网络游戏、演出票务等）平台经济问题相关诉求比往年均有明显增加（见图59），因此如何把握发展与治理的平衡点，完善平台企业责任、商户权利与责任、数字消费者权益保护等市场规则等问题需重点关注。现对主要问题进行逐一分析。

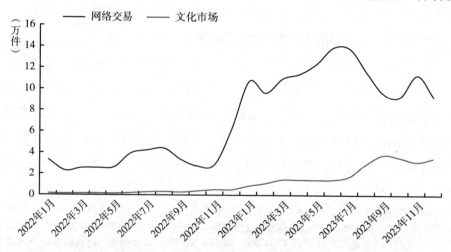

图59　2022~2023年网络交易和文化市场诉求变化趋势

1. 网络交易平台涉及主体复杂，交易机制不健全

网络交易相关诉求 2023 年共计 133.8 万件，同比增长 224.1%，全年解决率为 97.9%，满意率为 97.9%。平台经济具有跨行业、跨地域、业态多变、海量分散等特点，同时也存在一些突出问题，诉求产生的主要原因如下。一是平台经济涉及市场主体责任复杂。平台经济的经营理念、运作模式和发展路径与传统业务有所不同，更加复合多元，导致平台性质混同和责任交叉的问题出现。平台的不同主体、行为和特点，监管的侧重点也有所不同。平台经济参与者包括平台运营者、普通网民、公众号运营者、广告商等，导致一旦出现纠纷相关主体责任难界定。二是平台交易规则、服务协议和争议解决机制不健全。在消费者权益保护方面，突出的表现就是个性化推荐、大数据"杀熟"、平台未经消费者允许自动扣费等规则不清晰，存在损害消费者权益等问题；从平台内经营者角度来看，平台未经授权就下调商家商品价格，以违规为由扣除保证金，消费纠纷未经同意私自操作退款等行为也导致商家权益受损，算法的隐蔽性使上述情况存在诸多争议和模糊地带。三是平台经济合规建设不到位。平台经济拥有大量数据资产，累积巨量用户，极易形成垄断。虽然国家网信办、工信部等相关部门多次针对平台经济领域出台监管措施和指导意见，但对违法违规行为的制止和惩戒力度仍有所不足，平台经济发展存在一定程度的不公平竞争问题。

2. 新兴消费模式主体责任难落实，监管力度不足

文化市场相关诉求 26.4 万件，同比增长 718.7%，全年解决率为 96.7%，满意率为 97.5%。新兴的直播带货、手机游戏等消费领域也带来了新的监管难题，诉求产生的主要原因如下。一是平台主体责任落实不到位。如未成年人直播打赏、网游退费类诉求占文化市场诉求近三成，平台在申请注册环节执行实名注册、身份识别要求不严，在日常管理环节通过用户行为特征识别未成年人用户的技术能力不强，导致未成年人利用成人账号登录使用网络情况易发、多发。又如直播平台与主播、经营者之间存在一定的利益捆绑关系，导致平台对一部分存在违规行为的主播并未有实质性处罚，在很大程度上减小了对其监管的力度。二是现行的法律法规和标准要求与实践适用性衔

接不到位。如目前缺少法律法规对直播行业做出强制规范，而指导性文件对商家与平台的约束难以起到规范发展的作用。再如网络游戏产业管理规则尚未正式出台，加之取证难，目前基层执法人员面临一些执法难题，在未成年人游戏退费方面，家长反映的无法退费、退费比例低、退费流程较长等问题突出。三是监管信息共享不畅。平台经济创新活跃，平台企业销售和服务遍及全国，比如直播带货存在实时性较强、地区跨度大等特点，可能会出现多领域交叉问题，但各个部门、各个区域之间存在政策差异性，易导致管理权限不明，各单位在解决问题时出现重复监管、多头监管、监管空白等情况。

（五）基层群众自治效能有待进一步提升

社会治理的重心在基层、法治社会建设的重心也在基层，新时代基层治理要求必须完善群众自治制度。伴随城市化进程的加快，各种利益群体不断涌现，业主大会及业委会（见图60）、生活噪声等问题因为人力、权限等常会遭遇一些"管不过来、管不好、不好管"的困惑。本应通过基层群众的积极性、主动性和创造性，从源头上预防和化解的矛盾纠纷，却面临着法规政策不完善、多方利益难调解、责任难界定等诸多难点，导致基层自治效能未能全面释放。现对业主大会及业委会、生活噪声两类问题进行逐一分析。

1. 业委会组建阻力大，缺少内外部有效监管

业主大会及业委会相关诉求量1.6万件，全年解决率为89.9%，满意率为92.2%。《北京市物业管理条例》对业委会的权责进行了强化，进一步明确了业委会的地位与职责，为业委会发展提供了更为有效的法律保障，在运行过程中展现出成效，但也暴露出一些问题。该类诉求产生的主要原因如下。一是业委会组建缺乏多方主体支持。一方面，物业公司与业委会之间存在物业管理上的冲突与矛盾。业委会具有选聘、解聘物业企业的权力，但是当业委会认为物业公司管理不当要求进行更换时，可能存在物业企业不配合提供相关资料或拖延办理的情况。另一方面，虽然《北京市物业管理条例》规定了居委会对业委会的指导责任，但实际上可能存在居委会对其指导不到位问题。二是业委会缺乏外部监管与内部监督。从业委会的外部监管来看，

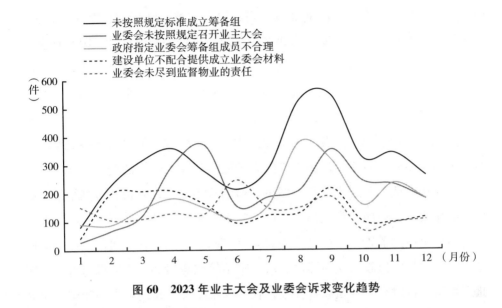

图 60　2023 年业主大会及业委会诉求变化趋势

行业主管部门对其有指导监督职能，但是缺少管理的操作细则，目前的法律法规尚不完善，对业委会成员违反哪些行为可以采取何种措施并没有详细规定和可操作办法。从内部监督来看，业委会是依法选举产生的基层自治组织，但由于自身的监督治理机制还不够完善，难以发挥有效作用，甚至可能引起居民内部矛盾。三是业委会难以充分发挥自治作用。小区物业管理具有较强的专业性，部分业委会成员并不具备这些专业素质和能力，容易违规行使权力。此外，由于业主利益难以协调一致，业主投票难、投票率低等导致达不到规定的业主大会召开应当达到"双三分之二"的基本要求，业主大会迟迟无法召开。

2. 生活噪声扰民难定性，市民间纠纷难调解

生活噪声扰民相关诉求 2023 年共计 13.0 万件，全年解决率为 94.9%，满意率为 95.8%。相关诉求持续高发、解决处理欠佳，主要因相关问题涉及群众自治领域，各类治理手段介入存在难点。一是面临无法可依的困境。虽然《民法典》将"生活安宁权"纳入保护范畴，加之有《环境噪声污染防治法》限定噪声标准，但居民生活领域的噪声扰民问题，如邻里脚步声、

说话声、广场舞噪声、公园篮球场噪声，以及电梯、变压器、泵房、空调、管道等产生的持续性低频噪声，普遍均未超出现行的噪声标准，因此相关管理执法过程中普遍缺少手段和依据，管理难度大。对于多重噪声竞合排放问题，现行的《环境噪声污染防治法》存在管理空白，监管无法可依。二是面临取证难、责任界定难的困境。产生诉求的噪声污染面临多声源叠加的问题，因此易出现虽单个声源未超出噪声排放控制标准，但多声源叠加所产生的噪声明显超标，对于多声源噪声问题的监测存在取证难的情况。低频噪声方面，存在专业的第三方检测机构少，检测费用高、耗时长，检测结果未必具有法律效力等问题。责任界定方面，除生态环境局外，还有多部门涉及对特定类型噪声的监管，如居民楼内装修噪声归公安局监管，居民楼配套设施噪声归住建部门监管，交通噪声、汽车鸣笛等归交通委、交管局监管等，因此当管辖重合时，界定监管责任也存在一定难度。三是面临市民间纠纷调解难的困境。由于生活水平的不断提升，群众对生活质量的要求也在提高，对于虽达标但仍旧扰民的噪声污染情形期待妥善解决。目前在利益相关方欠缺良好沟通协商机制的情况下，处置部门也难以平衡各方权益，面临诉求调解难的困境（见图61）。

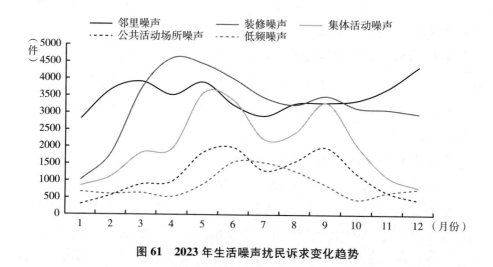

图61 2023年生活噪声扰民诉求变化趋势

六 诉求形势预判

随着城市基础设施建设日趋完善，以及"每月一题"等主动治理措施见成效，2023年公共服务、城乡建设、环境保护、市政、市容环卫、供暖等问题较2019年增幅较小。然而，市场管理、社会培训机构、劳动和社会保障、文体市场管理、教育、旅游等问题近些年呈现明显的上升趋势（见图62）。2024年经济社会发展仍面临多重挑战与机遇，结合2023年诉求反映特征分析，预计未来在经济复苏、风险防范、民生需求以及京津冀一体化等方面，将持续涌现较多需求。

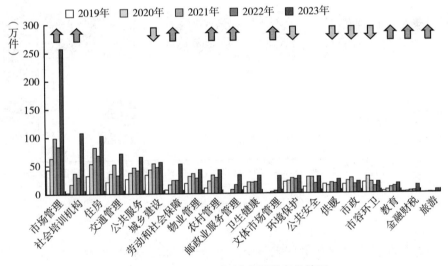

图62　2019～2023年诉求派单变化情况

注：向下箭头表示2023年对比2019年同比增幅小于100%，向上箭头表示同比增幅大于300%。

（一）从风险防范角度，关注首发诉求及后续发展

从2023年市民诉求反映情况来看，强化12345热线首发诉求分析可以为城市治理中的风险防范提供决策参考。12345热线首发诉求受经济发展、

政策出台、极端气候、网络舆情等多种因素影响，大致可分为三类。一是该类诉求为近年来首次发生，如"乙类乙管"后相关诉求、抢险救灾和灾后重建诉求等；二是该类诉求在某段时间诉求量突增，比如消费纠纷、培训机构退费、公共安全、防汛、中考改革等；三是已有诉求出现新领域或者新主体，比如预付费诉求中出现家乐福购物卡问题、医疗服务中儿科医疗问题凸显等（见图63）。

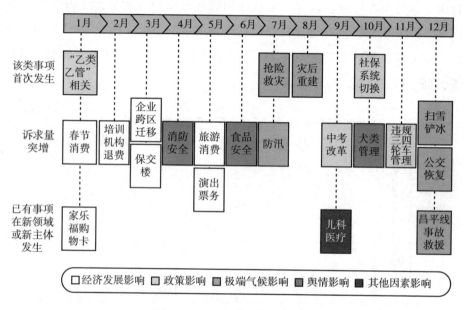

图63　2023年首发诉求示例

基于2023年12345热线首发诉求及后续影响，建议2024年重点关注涉及房地产风险、公共安全风险和环境风险的住房交易、公共安全和极端气候带来的相关诉求。

1. 防范房地产风险，关注住房交易相关诉求

2023年中央经济工作会议提出"持续有效防范化解重点领域风险"，要统筹化解房地产、地方债务、中小金融机构等风险，坚决守住不发生系统性风险的底线。一是受房地产市场环境影响，保交楼等相关诉求仍需重点关注。从市民诉求内容来看，住房交易相关诉求中工程建设质量不达预期、实际建设情况或项目方案与销售承诺不符、项目建设进度慢或延期交付等诉求较多。该类问题多具延续性，很可能延续至下一年，导致诉求累积性增长；同时房地产市场整体处于调整期，房企资金压力较大，工程质量、延期交付等风险可能继续出现，引发相关诉求上升。二是房地产政策持续优化，相关诉求也可能随之变化。7月，中央政治局会议提出"我国房地产市场供求关系发生重大变化"的重要论断。随后中央和地方接连出台政策，调整优化楼市调控。北京市陆续执行"认房不认贷"政策和降首付、降利率、调整普宅标准等政策，9月和12月住房交易相关诉求随之出现比较明显的上升。

2. 防范公共安全风险，关注食品、消防安全相关诉求

食品安全和消防安全仍是需要关注和防范的重要内容。一是食品安全相关诉求11.2万件，同比增长100.6%，从全年诉求分布看，诉求量一直处于高位，在夏季七八月份相对突出。食品安全诉求的快速增长一方面体现了社会经济企稳回升的特点，随着市民生产生活秩序恢复，市民外出就餐、购物活动增加，相关诉求反映上升迅速；另一方面也在一定程度上反映了食品安全监管的薄弱环节，如诉求多发生在夏季和热门景点景区、夜市、美食城、学校等重点场所。二是消防安全相关诉求10.8万件，同比增长75.5%，诉求量整体上升明显。从全年诉求变化趋势看，消防安全相关诉求受"4·18"重大火灾事故、电动自行车火灾等热点事件影响较大，有较大幅度的波动，未来仍需加强公共安全领域风险排查。

3. 防范环境风险，关注极端气候导致的诉求

受暴雨、强降雪、寒潮等极端天气影响，相关诉求在短时间内出现明显上升。其中，涉汛涉灾的诉求尤为突出，这些诉求主要是全市范围的房屋漏雨、积水等问题，特别是在门头沟、房山等受灾较重的地区，市民的诉求更加迫切。而在强降雪和寒潮天气中，市民的诉求则主要集中在供暖、道路积雪结冰、公交出行等方面，这些诉求不仅关系到市民的出行安全，还涉及日常工作和生活的正常进行。近年来，气候变化的影响日益显现，未来出现极端天气的风险仍存在，需持续提升极端情况下防灾减灾救灾能力。

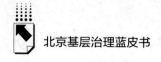

（二）从经济恢复角度，关注居民消费与企业发展

切实增强经济活力，巩固经济回升向好态势，推动经济实现质的有效提升和量的合理增长是当前一项重要任务。从 2023 年的市民诉求来看，企业服务和文旅消费两大领域的相关诉求尤为突出，未来优化营商环境、丰富文旅产品供给、推动跨界创新等需求仍将持续提升。

1. 降低制度性交易成本，关注企业办事服务优化

市场主体是经济的力量载体，为市场主体提供优质高效政务环境对于激发市场主体活力具有重要意义。从 2023 年 12345 热线受理企业诉求来看，企业诉求主要集中在企业设立、变更、注销等关键环节，反映网上办事审核速度慢、审核结果及原因反馈不及时、查询不便、外商投资办事流程复杂等问题较多。随着产业结构持续优化升级，经济结构调整进程不断推进，市场主体准入退出相关诉求仍有进一步上升可能。

2. 释放文旅消费活力，关注文旅产业提档升级

文旅消费是拉动内需、繁荣市场、增强活力的重要内容。从 2023 年市民诉求来看，文旅消费强劲复苏，京内京外居民出游明显增多，文旅相关诉求增长明显。但是，当前文旅服务供给仍难以达到游客预期，相关问题包括热门景点购票难、票务信息分散不透明、景区服务不到位、旅行社虚假宣传、从业人员服务态度不佳等。随着宏观经济面持续向好，文旅促消费力度加大，出入境免签政策扩面带来的出行便利度增加，预计 2024 年旅游经济将迎来繁荣发展的新阶段。

（三）从筑牢民生底线角度，关注基础民生问题走向

聚焦"七有"要求和"五性"需求，坚持民有所呼、我有所应，不断实现人民对美好生活的向往，是接诉即办改革工作的重要目标。从 2023 年市民诉求来看，医疗和教育是市民关注的重要领域，预计 2024 年就医便利度和医护人员服务水平提升，基础教育改革和具体措施优化仍为市民关注热点领域。

1.精准应对突发传染病，关注医疗保障水平提升

从2023年市民诉求来看，市民主要反映问题如下。一是就医过程中的诊疗流程不够合理、个别医护人员服务态度差、部分药品供应短缺等。二是医疗服务供给有待进一步提升，主要包括医疗资源区域发展不均衡导致某些地区就医难，如某些农村地区公共卫生机构建设相对落后等。三是因突发各类传染病，市民集中就医而造成短期医疗挤兑，如儿童肺炎支原体感染高发导致儿科诊疗资源紧张等。

2.推动中小学教育改革，关注教育政策相关诉求波动

从2023年市民诉求来看，相关诉求主要包括以下几点。一是中小学校的教学安排、校园管理等与家长的认知有冲突，如一些家长不认可教改后学校的教学方式、课后管理等。二是升学季前夕，家长集中咨询升学政策或投诉派位不公、要求调换学区等。三是2023年多轮传染病叠加流行，对中小学生群体身体健康影响较大，学生家长对教学组织管理和体育测验政策等存在疑义。

（四）从区域协同发展角度，关注京津冀一体化诉求

2024年是京津冀协同发展走深走实的关键之年，基于2023年市民相关诉求梳理，预计2024年基础民生保障方面，如环京通勤交通、京津冀居民医保、社保服务均衡化等领域的诉求仍会较多，区域协同防灾减灾也需给予关注。

1.关注环京地区交通出行及重点区域相关诉求

京津冀周边市民对跨区交通需求不断提升，希望加强跨市交通建设，主要包括增设公交路线、城际快线，优化北三县进京检查站布局和通勤人员进京检查措施等。大兴机场及周边区域管理也值得关注，如有航班乘客、机场工作人员、出租车司机等咨询外地车辆进入机场时的进京证办理，或反映周边部分进京检查站拥堵等。还有机场附近居民反映噪声扰民、出行绕路，希望加快机场周边降噪工程、道路设施建设等。

2.关注异地就医流程操作，均衡教育、公积金、养老等公共服务

医疗服务方面，市民咨询医保报销政策较为集中，特别是4月1日实行

三地跨区就医视同备案政策后，市民反映政策实施相关问题，要求继续简化异地就医报销手续、统一报销比例等。同时，河北群众希望加快推动京津优质基础教育、高等教育资源的合作共享，逐步实现三地间公积金互贷互认，解决跨区域劳动、消费权益争端等；京籍老人希望提高异地康养服务水平等需求较多。

3. 关注京津冀灾害应对和协同处置

在海河"23·7"流域性特大洪水的严峻考验下，京津冀三地展现了紧密的灾害应对和协同处置能力，其间有关河北群众紧急入京避难、救灾物资捐助分发、京津冀跨境河道整治等相关反映较多。未来需继续加强在灾害预警、信息共享、应急响应等方面的协同配合，共同提升区域防灾减灾能力。

七 工作建议

为落实市委市政府提出的"打造宜居、韧性、智慧城市"，完善超大城市治理体系有关要求，进一步推动市民诉求驱动超大城市治理，结合2023年市民诉求分布和特点的系统性总结，特别是对重难点问题的深入分析及诉求趋势研判，提出如下建议。

（一）强化跨部门跨领域协同效能，提升城市生活宜居性

超大城市民生治理，既要提升职能部门的管理效能，也要充分重视各部门、各领域协同，基于对12345热线重点问题的梳理，尤其需提高在医疗、教育、京津冀协同等方面的管理合作，可考虑以下提升途径。

一是进一步完善医疗卫生服务体系，推进医疗信息化建设。首先要加强医疗资源的有效配置，进一步加强优质医疗资源区域均衡配置，包括完善医疗机构设置、推动建立医师资源共享机制、持续提升基层诊疗水平等。其次要大力推进医疗信息化建设，结合北京智慧城市发展战略，积极推进医疗系统信息化建设，加速分级诊疗机制进程，推动更多病情简单、用药清晰的复诊人群在基层医疗机构就医。

二是有效处置基础教育发展中的问题，化解家长焦虑情绪。当前处于基础教育改革攻坚期，家长对具体试点方案和措施非常关注，难免存在认识误区和理解偏差，相关部门要做好教育政策的解释工作，通过权威渠道积极宣传教改政策，有效化解家长焦虑情绪。

三是着重解决津冀市民关注的基础民生问题，提升在京服务体验。加强与河北环京地区的沟通协调，准确把握日常跨境通勤量，动态调整公交线路，优化交通检查站布局和检验效率。提升在京河北籍群众医保、社保服务水平。加强对在京就医群众异地就医政策的宣传解读，如积极解释各地医保药品目录异同等。

（二）增强应急保障与处置质效，提升城市运行韧性

首都安全无小事，对于自然灾害、事故灾难、公共卫生事件、社会安全事件等的风险防控以及应急管理工作有着更高要求，可考虑以下提升途径。

一是增强应急物资装备保障建设，提升应急信息透明度。应急通信装备的储备和日常测试至关重要，需定期开展业务培训和设备使用维护工作，确保突发情况时通信畅通。灾害性事件发生后，公众急于通过各种渠道了解最新情况、处置措施等方面的信息，官方主流媒体、村（居）委会基层微信联络群等需对灾情信息、救援工作进展、最新救灾应急措施等进行及时的回应播报，以稳定社会情绪，防范因谣言衍生的恐慌和混乱。

二是优化应急救援处置流程，提高应急响应的速度和效率。应急救援工作往往涉及多个部门，如公安、交通、气象、水务、卫健、消防、民政等，同时还涉及多个流程，如监测预警、信息报送、部门联动、区域协作、善后赔付等工作。为构建高效的应急管理体系，需在明确应急响应责任主体的基础上进一步优化救援处置流程，如深度复盘年末地铁昌平线事故救援经验教训，进一步完善跨部门救灾应急联动、信息共享等工作机制。

三是提升居民防灾意识及自救能力，加强基层防灾抗灾演练。如针对近年来极端气候事件多发强发的态势，应加强郊区尤其是街乡镇级防灾韧性建设工作，定期开展不同类型灾害的演练和培训，督促居民学习应对灾害的基本常

识及救援技能。明确社区（村）应急行动规则，村（居）委会作为重要的基层自治组织，需结合社区（村）防灾建设的实际情况，制定当地紧急应对措施，以便在灾后第一时间开展行动，如组织居民及时前往应急避险场所等。

（三）完善风险防范过程控制，提升城市治理智慧性

房地产、社会培训机构、消防安全管理等仍是市民反映的重点领域，在一定程度上表明需加大行业监管力度，尤其是要完善风险防控机制，着力提升事前监督水平，可考虑以下提升途径。

一是持续推进风险的探源溯流，加强源头治理工作。完善风险防范机制必须加强源头管理。当前某些商品房质量投诉与房屋竣工验收环节把关不严有关，应严厉追查竣工验收中的不当行为。针对建筑业拖欠工程款问题，需探究开发建设中的违规现象，及时惩戒违规企业，加强对建筑业欠薪的源头治理。某些小区公共设施配套建设不足，如临时水、临时电问题，既要注重有效解决现有问题，也要尽力规避出现新问题。

二是不断加强省市间的风险预警合作，提早制定应对措施。受整体运营压力影响，某些行业的全国性企业，在其他省市的经营风险存在进一步溢出可能。如2023年很多外省市连锁早教机构"暴雷"，后来延续至北京地区，引发市民集中反映退费诉求。为有效控制此类风险，需要加强区域间的风险预警合作，及时了解其他地区风险状况，提早制定有效应对措施。

三是进一步强化属地的"哨口"作用，推动联合治理工作。某些城市管理事项与具体区域的法规落实状况、相关设施建设、居民素质等密切关联，如消防安全监管需要主管部门与属地政府更紧密地合作，充分发挥属地政府"哨口"作用，对危险苗头提早干预。

（四）健全数字经济新业态监管，提升城市治理前瞻性

数字经济具有跨行业、跨地区、变化快、涉及主体众多等特征，传统的以政府为主导的单向管控模式已经无法满足数字经济时代的监管需求，可考虑以下提升途径。

一是结合"互联网+"新业态动向，深化监管部门间的协作互动。跨界融合是数字经济的显著特征，互联网同医疗、金融、营销、演出等相关领域的融合，催生了互联网医疗、P2P 网络借贷、直播带货、网络购票等新业态，也相应衍生出诸多监管灰色地带，尤其需要职能部门间强化政策联动和协同配合，以避免出现监管空白或多头监管问题。

二是以算法规制为重点，完善预防性的监管措施。算法是数字经济的核心驱动力，其在创造巨大经济效益的同时，也催生了一系列新型风险，比如网络交易中"二选一""大数据杀熟""搭售"等。传统的事后监管无法遏制违法行为和损害后果的发生，因此更应重视完善预防性的监管措施，进一步优化算法备案、审查等机制，在源头上推动算法应用更加规范有序。

三是贯彻包容审慎原则，健全多元主体参与的监管机制。数字经济自身具有开放包容、跨界融合的鲜明特征，建设公平规范的数字治理生态的关键在于完善政府、平台、企业、行业组织和社会公众多元参与的治理机制。进一步引导平台经营者加强合规管理和安全保障建设、鼓励行业协会出台行业标准规范、畅通消费者监督维权途径等，通过多元主体的合作治理以及各方利益的不断平衡，既可避免抑制市场活力，又能更好确立数字经济运行的整体规范。

B.3

进一步走好以市民诉求驱动超大城市现代化治理之路

——2023年北京市接诉即办改革评估报告

清华大学数据治理研究中心课题组*

摘 要： 本报告从改革主体、治理场景、资源融合以及京津冀三地协同四个方面对2023年接诉即办改革工作进行全面总结和重点分析，并对接诉即办改革进行理论解释与模式再提炼。在新征程上谱写中国式现代化北京篇章，更好统筹理念贯彻、制度保障、机制运行、服务提供、技术支撑和交流互鉴六个方面，着力推进富含实践和行动意义的组织、激励、耦合等六大机制建设，将"主动治理"推进到"循诉统办、高效优办"的新阶段。

关键词： 市民诉求 超大城市 接诉即办 循诉统办 高效优办

近年来，北京围绕"建设一个什么样的首都，怎样建设首都"这一重大时代课题，创新开展党建引领接诉即办改革，兴起了一场以市民诉求驱动

* 课题组组长：张小劲，清华大学数据治理研究中心主任、国家治理研究院副院长、社会科学学院政治学系长聘教授，研究方向包括中国政府与政治、政治学方法论、比较政治学。课题组成员：孟天广，教育部长江学者特聘教授，清华大学计算社会科学与国家治理实验室副主任、社会科学学院副院长、政治学系长聘教授、数据治理研究中心执行主任，研究方向包括中国政府与政治、大数据与网络治理、分配与福利政治、计算社会科学；杜玉春，清华大学计算社会科学与国家治理实验室、数据治理研究中心项目研究员，政治学系博士后，研究方向包括数据治理、公共政策分析、数字政府；张渝西，清华大学计算社会科学与国家治理实验室、数据治理研究中心项目研究员，政治学系博士后，研究方向包括比较政治、社会价值观、政治心理；黄敏璇，清华大学计算社会科学与国家治理实验室、数据治理研究中心项目研究员，政治学系博士后，研究方向包括政治心理、政治传播、计算政治学。

超大城市治理的深刻变革。从发展进程来看，在经历了初期快速推进和随后成功应对疫情冲击的基础上，2023 年开启全面贯彻党的二十大精神的新征程，迎来了疫情防控转段后的经济恢复与发展新阶段。按照习近平总书记"继续沿着这条路走下去"的重要指示和殷切嘱托，北京持续深化改革，将接诉即办改革打造成一张"金名片"。过去一年的改革进程与实绩稳中有进、亮点频出，为建设宜居、韧性和智慧城市作出了应有贡献，走出了一条以市民诉求驱动超大城市现代化治理之路。

一　积极应对新阶段的接诉即办改革

2023 年的新阶段既不同于疫情时期的应急状态，又超越了疫情前相对平稳的发展进程，其标志是转入了高质量发展的新阶段。受疫情诉求挤压的民生诉求快速释放，经济和社会形态的深度演化、公共政策调整的叠加效应导致民生诉求更加多元和复杂。2023 年市民诉求量较 2022 年明显下降，但较疫情前显著增长，超出了此前的技术预估值，并且在个别事件时点出现了诉求冲击波；同时，市民诉求的表达形式也出现一定变化，诉求热点问题的变化则更加明显（见图 1、图 2）。

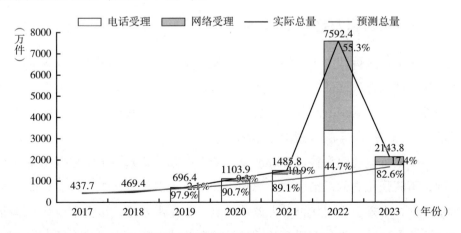

图 1　2017~2023 年接诉即办受理量变化趋势

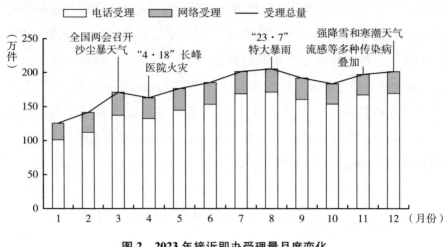

图2 2023年接诉即办受理量月度变化

接诉即办改革妥善应对了新阶段，集中表现在市民诉求得到了更好的回应和解决：12345市民服务热线（以下简称12345热线）响应率始终保持在99%以上；解决率均值达到94.3%，满意率均值提升至95.2%，均较2022年上升1.6个百分点。2023年12月解决率和满意率分别达到年度最高值95.5%和96.1%。下面从治理主体、治理场景、治理资源和服务京津冀协同发展大局四个方面，对过去一年的成功实践进行总结和概括。

（一）汇聚合力完善共治格局

一年来，接诉即办改革始终坚持党建引领，不断压紧压实各级各部门主体责任，加强条块联动，广泛汇集政府、市场、社会和市民多方力量，推动共同参与，通过共识凝练和机制协调，持续完善共治共享格局，为民服务的"加法""乘法""幂法"效应接连涌现。

一是坚持党建引领接诉即办改革。接诉即办改革始终牢牢把握党建引领原则，不断强化党的政治引领、思想引领、组织引领。首先，市委直接部署直接推动，市委全会对接诉即办改革重点任务作出安排，市委常委会专题研究接诉即办改革工作，市委深改委接诉即办改革专项小组将接诉即办作为第一督察组督察事项，狠抓改革落地见效。其次，"书记抓、抓书记"，市委书记每月主持召开市委专题会、月度工作点评会，区委书记每月召开街道（乡镇）党（工）委书记点评会，街道（乡镇）党（工）委书记直接调度办理诉求，层层传导压力，形成从市、区到街道（乡镇）、社区（村）各级"一把手"领导、指挥、协调、督办工作机制。最后，区域化党建强化协调，建立区、街道（乡镇）、社区（村）三级党建工作协调委员会，整合辖区内资源，社区（村）党建、单位党建、行业党建多方联动，超过78万名机关企事业单位在职党员回社区报到，引领带动群众"跟着干"，共同解决物业管理、垃圾分类、小区停车等市民群众身边的基层治理难题。

二是深化诉求驱动的多方协同治理。针对市民诉求提出的跨行业、跨区域、跨部门复杂问题，接诉即办联动社会多元力量参与基层治理，形成"加法""乘法""幂法"效应。首先，"热线+"服务模式持续创新，累增效应不断形成。通过数据共享、比对分析和业务交流，有力推进了平台、区域、条块的多维联动，主动、高效地解决了大量社会问题。其次，人大、政协和司法系统[1]主动融入接诉即办改革，"乘法"效应逐步显现。各部门一方面履行主责主业，深度参与接诉即办工作，发挥自身专长，为优化"每月一题"治理提供专业建议；另一方面利用接诉即办的接诉和办理数据不断改善自身工作，实现了相互促进。最后，企业和社会多方多样参与，治理成效的指数增长态势逐渐显现。一方面，接诉即办基层治理机制不断创新，以平谷区"下交群评"为例，从居民参与泛在化、协商议事共识化和资源整合有效化三个方面推动接诉即办改革不断向纵深发展；企业积极表达诉求，为接诉即办与优化营商环境的深度融合贡献智慧，使治理成效惠及更多群体；另一方面，高校、科研院所和主流媒体分别发挥第三方辅助决策与宣传监督的作用，提升了接诉即办的理论认知和社会影响力。[2]

---

① 比如积极利用市民诉求数据助力检察办案供给侧结构性改革。

② 第三方辅助决策服务，如邀请市律师协会等机构参与考核评价，实施校地联动推进校地合作共赢；与清华大学、北京大学等第三方智库合作开展专项数据分析、撰写资政报告、举办主题论坛；媒体宣传监督，包括2023年"北京基层治理蓝皮书"、《接诉即办》《向前一步》电视栏目、《市民热线反映》系列刊物和"时间小妮"等各类形式。

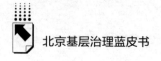

（二）凝练经验推进韧性之治

韧性成为衡量城市发展质量的重要指标，也成为城市治理主体和制度的评价准则，而常态与应急态的交叠和升级是城市治理韧性受到挑战的关键因素。接诉即办改革在深化主动治理的过程中聚焦场景化治理，展现出对三类治理场景（民生场景、应急场景、"常态-应急"转换场景）的有效应对，从而在新环境中持续推进。

一是以"每月一题"为抓手推进民生场景主动治理。接诉即办"每月一题"是主动治理、未诉先办的重要抓手，用好这一抓手是接诉即办取得成功的关键。首先是集中破解，主责单位牵头、条块衔接配合，2023年围绕18个需要重点突破的问题，完成了454项任务，出台了123项政策，解决了一大批群众的急难愁盼问题，"每月一题"主动治理工作的群众满意率达到92.5%，相应的"七有五性"诉求占比下降至59.1%。其次是精准配置，"每月一题"各项清单任务、治理行动和专项监督工作扎实开展，街乡镇与市级部门"每月一题"办理的互动反馈机制更加畅通，"每月一题"与治理类街乡镇整治提升工作结合更为紧密，对重点对象的整治力度和效果明显提升。最后是专项清单和配套政策有效压实了各方责任，为工作开展提供了操作指南、制度支持和评价依据。

二是以抗击疫情为借鉴强化应急场景治理。随着城市从疫情时期的"总体应急"转为"问题应急"状态，接诉即办总结并运用防疫的成功经验，为高效处置过去一年中发生的多次突发应急事件提供有力帮助。首先，全市各相关部门及单位总结疫情防控处置经验，制定完善突发事件应对预案，其中12345热线提高了应急诉求受理的灵活性和包容性，同时加强与应急管理部门的协同，使全市的风险防控和应急管理能力再度提升。其次，12345热线助力基层政府应对灾情，在火灾、暴雨等紧急事件中，借鉴疫情防控经验优化"小时报"制度、应急类诉求考评办法，以高接通率的话务表现、高效的信息报送、灵活的考评机制，服务基层政府开展应急工作、减轻基层负担，提升了基层治理效能。

三是以预研预判为方法优化转换场景治理。转换场景是处于常态和应急态之间的过渡态，二者相互转换的节点与时段，同样需要予以科学应对。一年来的局地突发事件不断穿插在疫情后的社会常态之中，而防疫经验表明大规模长时段的应急状态需要及时转换到常态。对此，接诉即办通过加强预研预判预警，在常态中发现异常、在应急中发现转机。首先，12345热线以"月度市民诉求分析研判会商"的形式汇集多方智慧，强化了预研预判。其次，各部门聚焦周期性的高频共性难题和小概率的不稳定因素，协同开展社会风险的排查、预警，努力降低"灰犀牛"事件和"黑天鹅"事件发生的可能性。最后，12345热线通过动态实时捕捉民众诉求变化及细致深入分析，为更快速有效地应对2023年"4·18"长峰医院火灾事故、"23·7"特大暴雨洪涝灾害和12月中旬强降雪及寒潮等公共安全事故、自然灾害冲击提供了坚实的数据、信息服务保障和决策支撑。

（三）统筹资源优化过程治理

接诉即办改革始终致力于通过优化资源配置和提升资源利用效率为基层减负，构建简约高效的基层管理体制、强化"过程导向"的治理模式，在这一年又通过三个"运用好"取得了新成效，为突破城市治理过程中基层权责不均、信息能力不足的结构性困境提供了新思路。具体而言，统筹资源包括升级基本资源配置，为首都治理提供全过程的制度保障；积极挖掘数据资源，完善信息处理、提炼和发布等外部过程；广泛应用技术资源，优化各环节工作等内部过程。

一是运用好基本治理资源。接诉即办坚持赋权增效，从经费配置、制度支持、人员素质三方面为基层治理提供保障。首先是进一步优化资源配置。接诉即办工作被统筹纳入各区政府预算，保障各街乡镇尤其是治理类街乡镇的主动治理工作。其次是丰富制度资源。紧抓市人大执法检查反馈问题整改，健全配套制度体系，推进《北京市接诉即办工作条例》落地见效；推行《12345市民服务热线诉求派单机制（试行）》《2023年度北京市接诉即办考评实施办法》《台风"杜苏芮"引发的涉汛涉灾诉求接诉即办考评优化调整办法》，不断健全派单和考核机制，提升工作应用性和精准度，持续为基层减负。最后是优化人力资源。开展全员系统培训、探索激励机制，推动接诉即办课程进校园、搭建"政校企"合作平台，加强接诉即办队伍建设。

二是运用好多元数据资源。随着12345热线反映数量急速增长，接诉即办改革在信息获取和利用两个环节不断提升数据资源的效能。在信息获取方面，12345热线对内总结防疫经验，进一步拓宽网络受理，实现了数据的再度扩容；对外加强与各部门、机构及平台的数据可信流通，实现以12345热线数据为基础的多元数据整合。在信息利用方面，12345热线深挖定制类数据和分析类数据，完善"日通报、周汇总、月分析"和数据推送机制，通过提升数据分析能力，为各政府部门科学、高效决策提供了信息支撑。

三是运用好数智技术资源。2023年接诉即办改革坚持科技赋能，在接诉、办理等不同环节嵌入智能技术，建设接诉即办"智慧大脑"，提升公共服务水平、辅助政府科学决策。首先是应急应对能力得到强化，12345热线在"23·7"特大暴雨洪涝灾害和12月强降雪及寒潮天气期间，以科技赋能做到了高效上线、及时回应，并快速提供数据分析结果。其次是政策答询服务得以优化，以"京京"智能应答机器人为例，人工智能、语音引导等科技手段既优化了数据库接诉支持系统，也提高了自助查询平台便捷性和知晓度。最后是诉求管理更趋智能化，知识随行和智能报表分析等智能辅助功能被引入，加强了从受理、派单、办理、回访到分析的全流程一体化智能支撑。

（四）服务京津冀协同发展大局

随着经济社会发展进入新阶段，京津冀协同也进入新的发展阶段。三地政府在夯实"联防联控"合作基础的同时，逐步创建常态化的资源协调模式。为深入落实中央关于实现京津冀协同发展的部署要求，北京市联合河北、天津及雄安新区，构建以市民诉求助推京津冀协同发展的治理格局，推动12345热线工作和基层实践两个方面协同联动。

一是优化热线工作助力三地协同治理。接诉即办充分发挥 12345 热线赋能协同发展的重要作用。首先是加强跨域诉求的处理和分析，服务政府部门的智慧决策能力再度提升。这一年，热线跨域诉求不断增长，月均受理量达 2 万多件（同比 2019 年上升 3 倍有余）。落实习近平总书记在河北视察工作时的重要讲话精神，于 2023 年 5 月开启专项数据采集，从大周期整理转为月度分析，利用市民诉求信息服务京津冀协同发展决策，一定程度上解决了跨省（直辖市）交通、民生（住房、医疗、养老、教育）政策的异地适用，大兴机场管理等高频问题，凸显京津冀协同增进民生福祉的价值目标。其次是创新建立 12345 热线业务的交流和对接机制，三地整体性信息库初步搭建。12345 热线以京津冀协同发展十周年为契机，签署新一轮框架协议并推出"一键互转"功能，从理论指导、战略定位到执行落地，推动 12345 热线融入京津冀协同发展方案。

二是创新驱动跨域诉求治理基层实践。接诉即办推动三地接壤或沿线区域的基层政府开展针对跨域问题的治理创新。首先是积极回应跨域诉求，三地发展的融合度和市民生产生活便利度双双提升。在 2023 年 1 月 8 日对新冠病毒感染实施"乙类乙管"后，三地接壤地区的街乡镇及时回应市民在通行、经营、消费等方面的跨域诉求，并且"向前一步"研判疫情防控结束后可能出现的需求和问题，与各委办局联动提前采取措施，保障三地人口资源流通顺畅，为三地协同平稳过渡到后疫情阶段打下基础。[1] 其次是构建联动工作机制，三地协同发展关系不断深化。三地接壤地区基层政府，一方面依据市民诉求信息筛选提取出重点问题和点位，联系相关地区及部门协同处置；另一方面高效利用、整合三地资源，在产业、生态和社会建设方面开展广泛合作[2]，三地协同发展效应不断释放。

---

[1] 例如大兴区礼贤镇主动联系政法委、公安局等部门打通永兴河北路卡口，解决廊坊居民往大兴机场的通行问题；房山区韩村河镇及时回复河北市民对韩村河镇大集的政策关注，并鼓励、支持相邻乡镇商户参与。

[2] 例如通州区潞城镇针对诉求量最大的黑车无序运行问题，与河北地区协办，形成"区域、信息、条块、引导"四项联动；优化京冀扶贫协作工作，门头沟区城子街道持续深化与涿鹿镇的对口帮扶项目。

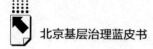
总而言之，2023年的接诉即办改革取得新进展：坚持党建引领、高位统筹，以建设韧性热线为切口强化城市韧性治理，以"每月一题"为抓手推进主动治理，配套完善全过程的组织、机制和制度，汇集跨部门、跨区域及社会多方力量构建城市善治共同体。

二 接诉即办改革推动构建
以人民为中心的城市善治共同体

北京既是中国之治中"大城之治"的代表，又是首都所在的"首善"瞩目之所。首都工作关乎"国之大者"，建设和管理好首都，是国家治理体系和治理能力现代化的重要内容。2023年，北京市接诉即办坚持党建引领与改革创新推动，努力构建以人民性、协同性、系统性和可持续性为属性的城市善治共同体，为以市民诉求驱动的超大城市治理现代化贡献了宝贵的首都经验。总体而论，北京的城市善治共同体的概念构成如图3所示。

（一）人本治理：人民立场夯实福祉"普惠化"

人本治理强调从人的需求和利益出发，注重尊重与保障人的能动性与创造性，彰显城市治理的人本情怀。接诉即办作为民情感知与回应的制度设计，通过市民诉求驱动贯彻落实以人民为中心的发展思想，坚持和发挥"三人"特性，即人民的目的性、主体性和创造性，推进首都北京的良政善治。

一是市民本位强化人民目的性。接诉即办贯彻落实人民城市重要理念，将人民对美好生活的向往作为工作的出发点和落脚点，直面多样化、复杂化的民意民情，以"诉"与"办"有机衔接的方式构建响应快速、办理高效、反馈及时的市民诉求服务机制，使市民和企业的获得感成色更足、幸福感更持续、安全感更有保障。

二是市民参与保障人民主体性。接诉即办作为一种民意民需表达制度，市民表达自身诉求并将其上传至政府系统内部是体现市民和企业主体地位的

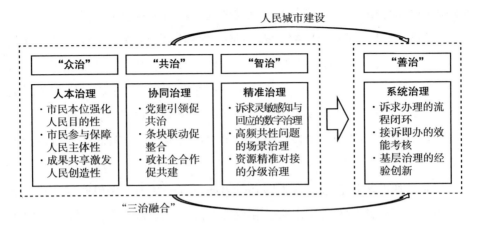

图3 北京城市善治共同体理论模型

注：城市治理的关键在于构建一个由不同治理主体共同参与、共享治理资源的治理共同体，这一治理共同体以生态论为理论基础，呈现包容性、协同性、智慧性和可持续性四个基本特征。结合这一理论观点，清华大学数据治理研究中心在长期跟踪和深度参与接诉即办改革实践的基础上，以众治、共治、智治和善治为着力点，聚焦城市治理的"四性"，即人民性、协同性、精准性和系统性，将接诉即办改革的亮点、特色与突破提炼总结为接诉即办驱动超大城市善治共同体理论模型。参见孟天广《数字治理生态：数字政府的理论迭代与模型演化》，《政治学研究》2022年第5期；孟天广、严宇《人感城市：智慧城市治理的中国模式》，《江苏社会科学》2023年第3期。

一种方式，而且依托诉求办理能够将市民和企业嵌入城市治理体系之中，营造共商共治的治理氛围，从而以市民和企业的能动性和创造性激活城市内生动力。

三是成果共享激发人民创造性。接诉即办以12345热线为主渠道，建成融通性12345热线平台，将碎片化的市民诉求转化为咨政信息的强聚合，推动政府公共服务供给从政府"端菜"转变为市民和企业"点菜"，让广大市民和企业共享城市治理成果。

（二）协同治理：多方共治助力决策"众智化"

协同治理是指治理主体通过合作互动的方式，就特定的公共事务治理问题制定集体行动方案，以此实现治理效能最大化的过程。接诉即办作为一项系统性的改革工作，以常态化的联动机制构建党委领导、条块联动、社企合

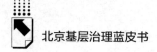

作的协同共治格局，形成市民诉求驱动的超大城市治理合力。

一是党建引领促共治。接诉即办坚持党建引领与高位统筹推动，强化"书记抓、抓书记"、"月度工作点评会"和区域化党建，联结市、区、街道（乡镇）三级党委，形成组织有力、一贯到底的党建引领主轴，压实各级党组织的主体责任，有效发挥各级党政班子的组织动员和资源整合效益，增强资源供给和组织保障的稳定性，将党的政治优势和组织优势转化为城市治理优势。

二是条块联动促整合。接诉即办努力通过统一受理、派单办理、首接负责、协同办理的流程设计，以重心和权力下沉基层创新"条""块"协同机制，推动"纵向协同"、强化"横向协同"、突出"整体协同"，从而有效克服条块分割、各自为政带来的结构僵化、效率低下以及管理服务碎片化的弊端，实现城市治理条块协同发力、上下联动统合。

三是政社企合作促共建。依托 12345 热线，及时感知和回应企业、社会组织诉求，吸引富有社会责任感和综合实力的服务企业、外商投资企业、社会组织等社会力量以各种方式参与城市治理工作，发挥企业、社会组织的资源优势和服务优势，为市民提供优质、专业的服务，最大限度地扩张城市社会化服务空间。

（三）精准治理：数智赋能城市发展"优质化"

精准治理是一种以准确、科学、精细为特征的治理理念和方法，强调在城市治理中更加注重精准的目标设定、手段选择和效果评估，以达到更具体、更高效的治理结果。接诉即办工作通过市民诉求驱动，借助数字治理、场景治理、分类治理的方式直面市民诉求，及时高效地推动问题解决，推动接诉即办在诉求办理的点位和城市治理的全域同时高效优办。

一是诉求灵敏感知与回应的数字治理。接诉即办综合运用互联网、大数据、人工智能、区块链等数字技术，深度挖掘市民诉求数据富矿，通过数据穿透、时空穿梭和颗粒缩放的方式对市民诉求数据进行精准感知、精细分析、系统处理和深度理解，分类分场景主动、灵活、快速回应民生诉求，强化诉求数据的动态监测和分析研判，构建稳定性与灵活性兼具的"感知—回应—预警"多重敏捷治理机制，提高超大城市治理的自适应能力。

二是高频共性问题的场景治理。接诉即办通过"每月一题""治理类街乡镇"等专项治理行动，在"个案处理"的基础上深入剖析问题的本质，对高频共性难点问题实施场景化治理，进一步提炼具有通用性和普适性的解决方案，探索城市"类案治理"逻辑，提高同类问题解决效率，推动市民诉求驱动的城市治理高质化、规模化发展。

三是资源精准对接的分级治理。接诉即办通过基层街乡镇分片分区分级快速搜集市民关注的热点、难点问题，进一步搭建资源传输的渠道与结构，有效分配基层责任和权力归属，以资源和任务的精准对接有效解决不同区域的民生事项，构筑全方位、立体化的诉求地图管理空间，实现诉求办得有速度、有力度、有温度。

（四）系统治理：要素联动构筑体系"长效化"

系统治理是指立足城市发展阶段，尊重城市发展规律，统筹考虑数据、流程、技术与组织等治理要素及其组成部分的相互作用对城市进行综合施治。接诉即办通过闭环流程和考评机制等要素将12345热线与条块联动治理进行整合，以解决市民诉求为突破口调动基层治理的积极性与创造性，从而形成多要素、多环节聚合的市民诉求驱动超大城市治理系统。

一是诉求办理的流程闭环。以统一受理、派单办理、全面接诉、首接负责、限时必答的闭环联动流程优化12345热线办事机制，精准快速感知民意民情并予以回应，将市民诉求转化为"哨声"，加大诉求信息沟通和协调解决力度，提高12345热线办事效率。

二是接诉即办的效能考核。《北京市接诉即办工作条例》实施进入第三年，做法逐渐成熟，北京接诉即办的典型治理经验得以上升到法治层面。同时，通过设置明确的考评指标和考评周期，将市民的反馈意见纳入各级政府部门的日常工作考核之中，压实基层责任，并辅以奖惩机制激发工作人员积极性和主动性，推动提升城市治理正反馈机制效能。

三是基层治理的经验创新。接诉即办将市民诉求快速响应、高效办理、及时反馈的为民服务机制与基层居民自治制度、矛盾化解机制等实践创新形式相衔接，优化基层诉求办理的实践探索，创新"枫桥经验"的首都实践形式，充分尊重基层社区的创新精神，将基层社区打造成解决市民诉求、化解矛盾纠纷的前沿，从而构建高效、联动、富有活力的基层治理体制，全方位推动基层治理可持续发展。

总之，接诉即办改革始终坚持以人民为中心的发展思想，形成了市民诉求驱动的快速响应、高效办理、及时反馈为民服务机制，以人本、协同、精准、系统的治理方式推动了首都超大城市治理变革与升级。

三 推动接诉即办改革实现新的发展

面对新阶段，认知新变化，迎接新挑战，创用新工具，应当深入总结并充分运用"每月一题"工作机制、"学典型 找差距 促提升"基层经验月度分享活动等主动治理创新实践的成功经验，包括循诉治理、统筹办理、高效治理、优化办理，推动接诉即办改革持续深化与迭代升级，将主动治理进一步推进到"循诉统办、高效优办"的新阶段。

党的二十大指出，"高质量发展是全面建设社会主义现代化国家的首要任务"；"维护人民根本利益，增进民生福祉，不断实现发展为了人民、发展依靠人民、发展成果由人民共享，让现代化建设成果更多更公平惠及全体人民"。北京市委高度重视以首善标准优化提升首都功能，加强城市精细化治理、保障和改善民生等各项工作。接诉即办改革不仅是北京谋划和实现高质量发展与城市善治的重要抓手，而且逐步塑造了以人民为中心的城市善治共同体，尤其是主动治理的持续推进已经取得了突出成效。

在上述基础上，"循诉统办"就是要继续坚持和巩固主动治理的成功做法，在全市范围和功能区块的层级上做到系统感知市民和企业的急难愁盼问题，全面认知市民诉求的属性和类型，科学预知变化条件下市民诉求的发生和变迁，将此作为城市治理的重点，强化统筹调度工作，以系统治理、协同治理的方式，既针对高频共性诉求提出更具科学性的应对流程和治理措施，又针对具有突发性质的新挑战预备处置方案和进行物资储备。"高效优办"则是要总结基层街乡镇和社区在解决市民诉求中所积累的成功经验，提炼出"多快好省"的先进工作方法，选拔优秀典型，提升基层主体接诉即办的处理能力，进而实现在最贴近诉求发生的地方与层级，以最有效的资源投入和最直接的回应方式解决市民诉求问题。

相对而言，"循诉统办"突出强调由诉求出发推进城市治理的系统化、深度化和溯源化；"高效优办"侧重个体诉求高效解决的过程、结果和质量，强调具体诉求办理的效率、效能和效益。具体而言，"循诉统办"侧重应对经济社会快速变迁和公共政策频繁调整的扭曲效应、溢出效应和负面效应所造成的高频共性问题；"高效优办"侧重在源头治理中，以更高效率解决群众的急难愁盼问题。"循诉统办"与"高效优办"相辅相成，共同推动接诉即办改革持续深化。

为推进主动治理向"循诉统办"和"高效优办"发展，特提出以下六项建议措施。

（一）守正创新，完善接诉即办的组织统筹机制

随着北京机构改革方案获批和落实，新设机构和调整部门的职责将有所变动，如何充分发挥新机构尤其是新组建的政务服务和数据管理局的功能作用，推动接诉即办改革持续深化，亟待科学谋划与安排。当前各区、各部门的相应调整也有待于逐步到位，接诉即办相关工作流程也仍有待调整。承担接诉即办工作职责的城管指挥中心定位仅为参公事业单位，接诉即办改革的组织和协调有待加强。建议坚持守正创新，以改进顶层设计为着手点，以加强统筹协调为着眼点，完善接诉即办改革的组织机制。结合北京经济社会发展稳中向好实际，遵循党建引领、改革创新、重心下移、条块联动的原则，持续全面深入贯彻落实以人民为中心的发展思想，不断创新接诉即办组织统筹的思维和手段。一是研究明确市委组织部与社会工作部在基层工作与社会

工作两大既有交叠又有区别的治理领域的职能范围与配合机制；二是加强市委统筹领导和区委转换落实的功能角色定位，完善市、区和街乡镇三级及社区的组织协调体系；三是规范全市各级各部门和行业参与接诉即办改革的角色并鼓励各方积极参与改革行动，尽可能组织更多、更大力量推动接诉即办改革向纵深发展。

（二）科学评价，优化干部参与改革的激励机制

随着改革不断走向深入和边际成效增长放缓，叠加改革压力持续高位和指尖上的形式主义等多重因素，干部参与改革的积极性、主动性以及效能感出现波动，少数部门和干部改革动力下降，在实践中偶尔能够观察到"三畏""三躺"现象。"三畏"是指少数干部和部门畏诉、畏难与畏考①，"三躺"是指个别基层干部面对沉重办件负担，称经常累到躺倒，很想躺平休息，有时希望躺赢。对此，建议进一步提升绩效评估的科学性和适配性，优化干部参与改革的激励机制，改进制度保障水平。一是在凝聚改革共识的同时加强对诉求的管理，包括明确滥用诉求权利的法律后果和法律责任，针对复杂疑难诉求设立听证制度，加强对市民法律意识、社会责任意识的宣传教育，切实为基层减负，让基层把更多时间精力和资源投放到合理诉求的办理上；二是继续运用并改进基于压力型机制的传统激励方法，在接诉即办考评和各类评比表彰中持续加大对各级、各部门参与主动治理的激励力度，保护和调动干部干事创业积极性；三是引入心理激励办法，提升工作使命感、效能感与荣誉感，留出适当自主探索和创新改革空间，采取优秀案例评比和整体考核等新措施，激发和扩大干部群体内生工作动力。

（三）协同联动，改进多方主体共治的耦合机制

当前，接诉即办改革仍处在市民和企业诉求的多样性与治理资源有限、

---

① 少数市级主责部门在"每月一题"选题过程中存在畏难情绪；个别干部闻考色变，为提升成绩采取过策略性行为。

基层治理能力不足的矛盾之中，"小马拉大车"及后劲不足困境逐步显现，叠加形式主义等问题，基层减负需持续用力，政府、市场、社会与市民之间的权责关系需进一步明确，市场主体参与问题治理的作用需进一步发挥，社会组织参与治理的动力仍有不足，市民参与城市治理、协助解决问题的积极性有待提高。对此，建议聚焦协同联动，创新和改进多方主体共治的耦合共轭运行机制。一是从问题产生领域、问题解决效率、权责事权划分等角度出发，尽可能清晰界定政府内部、政府与市场、政府与社会以及市场与社会之间关系，为提升专业化管理效能、实现高效优办夯实基础。二是面对具有确定时间和空间的个案事件，以"高效优办、有一办一"为主线，强化多方主体事务性协同联动；面对同一类事务或紧密关联事务，以改进优化管理服务流程和规则为主线，增进多方主体程序性协同联动。三是加强沟通，创新耦合共轭机制，通过场景共建共享方式增进多主体沟通，围绕共同问题解决增进互信、互惠、互利，形成多主体之间功能互补、能力匹配、目标相融的价值共创新局面。

（四）循诉决策，强化主动治理的数据治理机制

当前，市民和企业诉求发生一系列新变化，内涵价值更加多元、表达方式更加多样、外溢规模更加巨大、情感更加复杂、回应要求更加迫切、种类更加繁多。建议更加突出循诉决策，通过强化主动治理的数据治理机制，尽可能深刻认识和全面把握诉求本身属性特征和发生发展规律，进而实现诉求办理向高效优办优化升级。一是巩固既有为民服务机制的优势，探索建立以12345热线"人感"大数据为基础的超大城市治理韧性指标体系，持续改进接诉即办改革主动、韧性、动态服务能力，助力韧性城市建设。二是向前一步，建立健全"常态化+应急性"政企沟通互动机制，及时有效解决企业急难愁盼问题；面对接诉即办与全面优化营商环境、助力企业高质量发展两项重大改革，前瞻性地研究制定两者间的衔接贯通机制与措施，提升改革发展的整体效应。三是利用新设政务服务与数据管理局的契机，努力提升主动治理过程中诉求数据与其他业务数据的关联度，增加多向比对分析的深度和广

度，挖掘行业管理深层次问题，提升治理效果；增强各区对诉求大数据进行分析的科学性和系统化程度，改进将区域性高频共性难点诉求问题转化为主动治理任务的能力。四是深化 12345 热线与第三方智库机构合作，推动 12345 热线由"窗口"向"窗口+智库"转型，提升 12345 热线的数据治理能力和循诉资政能力；借鉴"枫桥经验"提炼过程，开展有关高效优办的基层先进典型工作方法评选活动，总结汇集北京基层治理成功经验，丰富优化改革工具箱，提升基层服务效能。

（五）迭代升级，深化数智技术的赋智赋能机制

先进的数字智能技术在接诉即办中已有诸多应用，但规模和质量仍有提升的巨大空间，包括提升智能派单的准确性，扩大语音转写的覆盖面，优化"数字人"的政策解读精度和广度；许多创新应用仍处在探索试用阶段，尚未融合贯通于诉求办理的各个环节，未能实现全面普及和推广。对此，建议加快数字智能技术迭代升级，深化数字智能技术的赋能赋智机制。一是以颁布和落实《北京 12345 市民服务热线数字化建设工作方案（2024—2026）》为契机，快速推进接诉即办改革数字化建设，加快应用人工智能大模型、大数据、区块链等前沿信息技术，优化诉求全流程管理，提升智能化管理水平。二是充分发挥政府驱动、引领数字智能技术应用的积极作用，用好数智技术以推动接诉即办改革的实施；构建完善的数字智能技术应用支撑体系，为深化数智技术的赋能赋智机制提供持续保障。三是注重数字智能技术对社区、个人、市场和社会组织的赋能和赋智，驱动市民、社区、社会组织、市场与政府的多方协同共治。

（六）示范引领，拓展理念经验的创新推广机制

习近平总书记指出，北京各方面工作具有代表性、指向性，要有担当精神，勇于开拓，把北京的事情办好，努力为全国起到表率作用。接诉即办改革已经走出了一条以市民诉求驱动超大城市现代化治理之路，应当更好发挥首都的表率作用，为接诉即办的先进理念和成功经验创设宣传推广机制，加

强与国内外的交流与互鉴。一是联合权威研究机构，坚持办好党建引领接诉即办改革论坛，发布接诉即办改革相关理论与实践成果，扩大接诉即办改革影响力。二是重点推进接诉即办国际化交流，邀请更多更高层级的国际组织、国际大都市（如伦敦、纽约、东京等）、世界友好城市、国际知名专家学者、跨国企业等，更好讲述"中国之治"的北京故事，共同探讨全球超大城市治理之道。三是锚定打造宜居、韧性、智慧城市的目标，在党建引领下凝聚融合各类城市治理主体力量，用好即将发布的《接诉即办工作手册》，进一步促进首都城市治理体系与治理能力现代化，为城市治理提供"中国方案"的"首都样板"。

B.4
接诉即办数智化转型的
北京实践与探索

北京市市民热线服务中心课题组*

摘　要： 北京市坚持以习近平新时代中国特色社会主义思想为指导，在智慧城市、数字政务总体框架下，通过推进数据资源的扩容全覆盖、数据在应用场景的开放共享、数据分析服务政府决策、政府治理服务模式改革、"热线+"治理协同联动等，拓展接诉即办全流程智慧化。未来需在顶层设计、新技术应用方面持续发力，通过垂直场景优化提供便利服务，提高数据算力精准辅助决策，进一步强化数字化发展中的数据安全保障。

关键词： 接诉即办　数智化　社会治理

进入 21 世纪，大数据、人工智能等新兴科技快速迭代，掀起了一场全球数字政府改革的"社会实验"。数字智能时代传统政府治理模式面临重重挑战，治理技术亟待优化，跨层级整合、政社协同、政民双向互动成为变革趋势。在此背景下，数据决策、精准治理、数字规制、智慧城市、大模型等数智化治理技术兴起，开启了数字政府治理的新时代。

习近平总书记强调，"要建立健全大数据辅助科学决策和社会治理的机制，推进政府管理和社会治理模式创新，实现政府决策科学化、社会治理精

---

* 课题组组长：王玥，北京市市民热线服务中心研究室负责人，主要研究方向为基层社会治理、政务服务（热线）。课题组成员：陈希玲、李文鲜，北京市市民热线服务中心干部，主要研究方向为基层社会治理、政务服务（热线）；常多粉，清华大学数据治理研究中心项目研究员，政治学系博士后，研究方向为政府治理、公共政策分析、公共管理理论与研究方法。

准化、公共服务高效化"。① 近年来，党中央围绕实施网络强国战略、大数据战略等作出一系列重大部署。2022 年 6 月，国务院印发《国务院关于加强数字政府建设的指导意见》，提出到 2025 年"政府数字化履职能力、安全保障、制度规则、数据资源、平台支撑等数字政府体系框架基本形成"，到 2035 年"整体协同、敏捷高效、智能精准、开放透明、公平普惠的数字政府基本建成"。2023 年 9 月 5 日，国务院办公厅出台《关于依托全国一体化政务服务平台建立政务服务效能提升常态化工作机制的意见》，提出"强化新技术应用赋能机制，探索利用大数据、人工智能、区块链等新技术，分析预判企业和群众办事需求"。

近年来，北京市以习近平新时代中国特色社会主义思想为指导，坚持民有所呼、我有所应，持续深化党建引领接诉即办改革，形成以 12345 市民服务热线为主渠道，对市民诉求快速响应、高效办理、及时反馈的为民服务机制，依托大数据等科技手段，推动 12345 市民服务热线（以下简称 12345 热线）从接诉服务平台向民生大数据平台、城市治理平台升级。2019 年至 2023 年 12 月底，已累计受理民意诉求反映 1.3 亿件，解决率从 53.1% 提高到 95.5%，满意率从 64.6% 提高到 96.1%。

一 北京接诉即办数智治理举措

2021 年 9 月 24 日，《北京市接诉即办工作条例》（以下简称《条例》）颁布实施，标志着接诉即办进入法治化发展的新阶段。《条例》固化提升了全面接诉、精准派单、高效办理、数字治理等实践成果，并专门对数据共享应用、信息技术支撑等作出了明确规定。在接诉即办的改革实践中，北京市坚持"数字为民""科技向善"，将接诉即办数字化转型纳入数字政务建设中统筹推进，树立互联网思维、用户思维、创新思维、产品思维，积极利用互联网、大数据、人工智能、区块链等科技手段，围绕优化接、派、办、评全周

---

① 《习近平关于网络强国论述摘编》，中央文献出版社，2021，第 134 页。

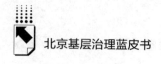

期管理，深挖数据富矿、扩大数据开放、创新治理改革，持续提升接诉即办工作数字化水平。

（一）推进数据资源的扩容全覆盖

建成"一号响应"的"为民服务总客服"，实现群众企业诉求全口径数据汇聚。

一是实现诉求数据整合汇聚。整合 64 条政务热线，按照三级 2509 个问题的派单目录和场景化指引，将 343 个街道（乡镇）、16 个区、65 家市级部门、47 家承担公共服务职能的市属企业、58 家电商企业、10 家高速公路企业、8 家共享单车及网约车企业、15 家快递物流企业、5 家通信公司纳入派单范围。

二是拓宽多元受理渠道。推动接诉即办向互联网延伸，建成"北京12345"微信公众号、国办互联网+督查平台、"回天两张网"社区治理平台等 20+N 个网络诉求响应渠道，构建 12345 网上接诉即办工作体系。同时在"北京 12345"微信公众号上线政策智能问答工具，向百度等第三方平台开放知识库，高频热点政策咨询基本实现"即搜即答"，拓宽群众、企业政策查询渠道。

三是优化企业服务热线。定制 13 条优化企业服务热线措施，对照国内营商环境评价指标，制定新一版企业诉求分类目录，解决营商环境各领域各环节的共性问题。将企业热线连通政务服务在线导办、"京策"平台、外联服务平台等，实行"一线一窗一条龙"服务。

（二）推进数据在应用场景的开放共享

在确保数据安全的基础上，推动数据依法依规开放应用。

一是加强民生数据共享。构建数据共享多维模式，市民热线数据与 65家部门共享应用，向 56 个专班提供数据分析报告，为部门履职提供数据支持。推进群众诉求、民生大数据融入全市"一网慧治"工作大局，依托"京智"平台，上线部署当日诉求、"'七有''五性'"等 12 个专题，推送当日受理市民反映量、当日承办量、当日各区承办量等 92 项数据指标，更好地服务领导决策、部门履职、基层落实。

二是拓展数据开放应用。与第三方平台合作上线"北京 12345 服务导图"，实现政务信息"一图懂"，全景展示公共服务地图，包含教育、医疗等 24 类 138 个图层 8.4 万余个点位信息。政务咨询"一键达"，知识库向第三方平台开放利用，企业群众随问随答。导引服务"一站通"，推出就医、旅游等场景式指引。

三是打造数据开放生态。依托北京科技资源优势，积极与相关研究机构、科技公司合作，构建政府引领、社会参与、普惠共享、敏捷创新的民生数据开放利用生态，丰富数字化创新应用场景。

（三）推进数据分析服务政府决策

积极运用数字技术加强数字治理，提升超大城市治理现代化水平。

一是构建接诉即办数据底座。将 1 亿余件群众诉求记录、300 余万条企业法人数据，7000 多个社区（村）点位信息汇集入库，建立以诉求量分析、类别分析、地域分析、城市问题台账为主要内容的大数据分析决策平台，搭建多个应用分析场景，高频事项、高发区域、特殊人群，一目了然。

二是开展数据分析服务科学决策。定制类数据聚焦提供高质量决策参考，建立"日报告、周分析、月通报、年体检"机制，每日报送《市民热线反映》等 9 类信息，每周报送《"双减"问题情况汇报》等 9 类信息，每月报送《背街小巷情况通报》等 4 类通报，每年形成《接诉即办改革评估报告》《12345 市民服务热线年度数据分析报告》《北京市接诉即办工作"体检"报告》3 类报告。分析类数据聚焦服务城市运行监测，挖掘市民诉求演变规律和特征模式，提前发现问题、主动解决问题。应急类数据聚焦助力突发事件处置，将动态监测发现的苗头性、风险性诉求及时提供至相关部门预警处置；强化突发紧急及不稳定因素排查，大数据分析系统预设敏感词，将其第一时间转相关部门及辖区处置。

三是以"探针"灵敏感知城市脉搏。提升城市风险监测感知预警能力，形成整体"城市体检报告",直观展现城市治理在哪些方面存在不足、哪些方面需要加强改进,提高解决问题的靶向性和有效性,形成基于市民诉求发现问题、分析问题、解决问题的完整链条。

(四)推进政府治理服务模式改革

有效匹配常规治理和专项治理的制度优势,推动政府进一步深化自身改革。

一是通过"每月一题"破解高频难点问题。通过大数据"算"出民生痛点,从2021年起建立"每月一题"机制,选定老楼加装电梯、重点群体就业、网络消费纠纷等75个重点问题,制定"一方案三清单"(问题解决建议方案、责任清单、政策清单、任务清单),健全目标管理、场景治理机制,出台一批政策方法和改革创新举措,破解"街乡无法解决、各区无力解决"的难题。

二是补齐治理类街乡镇区域短板。对市民诉求集中、治理基础薄弱的48个街道(乡镇)实行"事前有约谈、事中有监测、事后有帮扶",统筹制定街乡镇和区级整治提升工作方案。依托城市管理综合调度平台进行清单事项进展跟踪、群众诉求动态分析,及时采取有效措施,推动清单事项及新增的高频诉求问题有效解决。市级部门通过"吹哨报到"等方式支持各区、街乡镇开展综合治理工作。先后有43个街道(乡镇)"降量、提率"退出市级督导。

三是推进政府职责体系持续优化。会同市委编办印发4批"每月一题"专项清单,涉及51个问题71个治理场景的741项职责,场景化明确市、区和街道(乡镇)解决问题的任务分工;针对企业共性问题,与优化营商环境衔接联动。理顺政府部门职责交叉,填补职能空白,破解跨层级、跨部门协同问题,推动政府内部流程再造,改革公共服务供给模式,总结形成可复制、可拓展的改革经验。

(五)推行"热线+"治理协同联动

探索深化"热线+"服务模式,坚持打造共建共治共享的社会治理共同体。通过推动各项配套工作机制落地,最大限度激活社会治理创新力。

一是建立"热线+网格"服务模式。推进跨部门、跨层级、跨区域的数据协同体系建设。与市城管系统加强数据协同应用，12345 热线实时推送421 项市民反映数据至城管执法部门。试点推进部分区城市指挥中心平台数据融合对接，实现将网格巡查的部件类事项、事件类问题与 12345 热线的问题分类匹配关联，推动城市管理类问题"主动治理、未诉先办"，从源头上打牢数据应用基础。

二是建立"热线+区域"融合模式。将国家机关、央企、金融机构、高校等央产点位信息落点落图，辅助构建央地联动、条块联动工作机制，推动形成央地协同解决央产小区群众诉求的合力。签署新一轮《推动京津冀相关城市政务服务便民热线协同发展框架协议》，推进区域热线体系建设，建立常态化典型性问题会商联动和信息共享机制，提升跨域诉求办理效能。

三是建立"热线+行业"一体联动模式。将 12345 民生数据信息管理使用纳入北京市数字检察战略整体布局，2023 年与市检察院交换涉及"四大检察"监督办案的各类数据信息 118 万余条，充分体现数据赋能的叠加倍增效应，为检察机关找准把握重点行业和领域治理问题提供支撑，切实发挥司法在溯源治理中的参与作用，促进矛盾纠纷源头化解，推动社会治理标本兼治、系统施治。

二 北京接诉即办数智化转型建设取得的成效

（一）为民服务效能进一步提升

接诉即办的数智化转型持续推动政府服务的供给侧结构性改革，逐步建立起以群众需求为导向的公共服务资源配置新模式。通过"每月一题"工作机制，累计解决房产证办理难问题 36 万余个，全市新开工老楼加装电梯1821 部，解决 1 万处住宅楼内下水管道堵塞维修问题，新建电动自行车集中充电设施接口 36.6 万个，提供覆盖所有学段、所有学科的近万节线上课程资源，推广使用低噪声施工工艺和设备的在施项目工地总数达 1700 个，

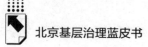

更新改造 450 处路口信号灯，405 个村庄开工建设农村污水处理设施，农村地区 115 万户完成了清洁取暖设备的后期管护，办成了一大批实事好事，"有事打 12345，管用"成为北京市民的口头禅。

（二）城市治理难题实现改革破题

接诉即办的数智化转型强化了数据驱动效果，精准回应式的"接诉即办"与积极行动式的"未诉先办"有机结合，以小切口推动大改革，加强政策方法集成，破除相关领域体制机制障碍。针对新业态新领域问题加强服务监管，围绕快递员、外卖骑手、网约车司机等新就业群体社会保障问题补齐政策法规；针对风险性问题加强应急管理，建立食品安全、施工安全、防汛防火等风险隐患点位；针对汛期房屋漏雨问题创新房屋修缮"先应急后追偿"制度；根据风险等级分级分类提高餐饮行业精准监管能力；等等，推出了一大批务实管用的改革创新举措。市民诉求成为驱动政府服务深刻变革的内生动力，既解决了群众身边的关键"小事"，也攻克了城市治理的难点"大事"。

（三）全过程人民民主优势显著彰显

接诉即办的数智化转型是在数字政府建设背景下坚持"人民城市人民建，人民城市为人民"的创新实践。每一条诉求数据都来自人民，对数据的有效应用打通了群众参与治理的渠道，基于民意的诉求分析在辅助政府决策时发挥了积极作用。人民成为城市治理问题的发起者、治理过程的参与者、治理成效的获得者、治理程序的监督者，有效激发了人民参与城市建设的动力。过去是政府"端菜"，现在是群众"点菜"，群众需求什么、期待什么，社会治理就重点关注什么。在 2023 年北京市政府向社会发布的 33 个重要实事项目中，依据 12345 热线对住房、教育、养老、托育等民生诉求的数据分析结果，研提相关项目 29 个，占比达到 85.3%。全过程人民民主被内嵌于城市治理过程，让人民民主广泛、真实、管用的重要特征生动化、实践化，看得见、摸得着。

三 北京接诉即办数智化转型面临的困难与建设思路

北京市在探索以市民诉求驱动超大城市现代化治理之路的过程中，着力通过数字化手段改变传统形态下的低效信息传递模式，最大限度地激活社会创新力。但目前数字化转型工作刚刚起步，仍有一些难题亟待解决。

（一）北京接诉即办数智化转型面临的困难

1.大数据汇集的系统性不足

数据虽然实现了初步汇聚融合，但受限于数据分类标准相互独立，技术标准存在差异，对接存在障碍，对实现各类问题数据全口径汇聚带来挑战，仍未实现群众诉求、民生大数据与"城市大脑"全面融合。各诉求事项由不同单位执行，统筹资源服务群众能力有待提升。

2.对新技术的应用仍需加强

接诉即办在运用大数据、人工智能等新技术、新产品方面进行了尝试和探索，但成熟度还不够，还没有融合贯穿于接诉即办的各个环节，还需要时间进行全方位融合。

3.数据分析和挖掘还需增加深度

接诉即办以大数据、云计算、人工智能等为依托，搭建应用场景，提升了大数据分析水平。但数据分析手段还不先进，对数据的深度挖掘不够，大数据的价值没有充分体现。数据分析的成果转化还不理想，通过民生数据推进"主动治理"、影响各部门政策制定方面的作用还不明显。

（二）北京市全面提升接诉即办数智化转型的思路

北京市应借助大数据技术、人工智能大模型等前沿技术手段，深度挖掘和分析接诉即办数据内容与特性，精准地匹配诉求与办理的核心需求。通过流程、技术、数据、组织四要素的互动创新和持续优化，全面提升接诉即办

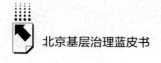
数智能力与效果。

1. 业务流程优化建设

在市民服务热线业务整合的基础上，开展跨部门/跨层级流程、核心业务流程的优化设计，应用数字化手段开展业务流程的运行状态跟踪、过程管控和动态优化，建立热线质量管理体系。

2. 业务数据资源化建设

完善数据采集范围和手段，提升接诉即办全过程数据的自动采集水平，从诉求、职能、事件等多角度建立标签体系，展开数据预处理工作，提升数据质量。

3. 数字技术平台工具建设

发挥云计算、大数据、物联网、人工智能、区块链等新一代信息技术的先导作用，包括建设业务、数据、治理等平台工具，有序开展接诉即办服务的自动化、数字化、网络化、智能化改造升级，加强新技术的创新与应用。

4. 数据集成共享建设

探索与基层、委办局等共建共享热线应用共享平台。推进数据集成与共享，采用数据接口、数据交换平台等，开展多源数据交换和集成共享，强化数据建模与应用，提升决策支持水平。

5. 专业人员组织建设

根据数据、流程、技术的优化要求，培养接诉即办工作人员数据思维，不断提升人员优化配置水平。在外部建设合作伙伴关系，组织研究机构进行深入研究，以接诉即办牵引基层治理。

四 进一步推进北京市接诉即办数智化转型的对策建议

智能算法赋能接诉即办大数据的聚合、预测和可视化呈现，未来逐步向生成式人工智能大模型进行迭代，推动传统城市治理向精细化、精准化和智能化城市治理全面升级。将人工智能和大模型技术嵌入市民服务热线的各环节，可以逐步提高热线服务能力，同时提升接诉即办群众诉求响应、社情民意感知、为民服务集成、基层治理协同、数据辅助决策能力，形成横向联动、纵向贯通的接诉即办一体化推进格局。

（一）加强数字化发展的顶层设计

接诉即办的数字化发展是一项系统性、耦合性很强的工程，涉及环节多、范围广、数据大，需要全局统筹、通盘谋划，加强转型的总体规划和顶层设计。在推进过程中，要在智慧城市、数字政务总体框架下，构建"全程掌控、协同联动"的调度中枢、"全量接诉、渠道畅通"的响应总台、"全链支撑、集成融合"的整体系统以及"全景分析、汇聚共享"的智慧大脑，围绕接、派、办、评等接诉即办各环节各领域重点问题，着力提升热线畅通、派单精准、办理高效、考评科学能力，将其建设成为城市运行的"智慧大脑"。要坚持"党建引领、人民至上，科技赋能、创新引领，问题导向、需求牵引，统筹集约、资源整合，有序实施、安全可控"的原则，从自身实际出发，既要尽力而为，又要量力而行。最终要实现分散建设向统筹共建转变、环节标准化向流程标准化转变、数据汇聚向智慧治理转变，构建市民服务热线运行新机制、新平台、新体系，构建有呼必应、派转协调、系统集成、一体联动、公开透明、社会参与、普惠共享的接诉即办数字化新生态，以群众诉求驱动超大城市现代化治理水平迈上新台阶。

（二）以新技术助力热线服务能力提升

运用先进技术，全面夯实热线发展的基础，将人工从繁杂的流程中解放出来，提升热线的智能化水平。

1.探索应用数字人受理群众诉求

引入人工智能技术应用，开发建设来电呼入手机端、"北京12345"微信公众号网络端数字人，扩大场景式格式化工单系统化使用和语音转写广泛使用，优化语音输入、语音识别、语音转文本、语音播报、语音接入功能，实现智能交流应答，实时将语音转化为文本、形成工单。

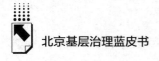

2. 提高智能派单应用度和精准度

将派单目录纳入核心业务系统，优化诉求问题三级分类，扩大智能推荐派单使用范围；引入智能学习平台，对于退单情形自动梳理成因，学习优化推荐功能。对于存在职责交叉等复杂疑难诉求问题，增设坐席人员、承办单位、行业部门在线会商功能，确定派单指向。进一步扩大网络端定向派、点位派、分类派、自助派使用范围，优化算法模型，提高智能派单精准性。

3. 增强"知识随行"智能辅助功能

实行各区各部门共同建设市民服务热线知识随行系统，增加高频来电人、高频诉求问题、高频反映地区等关联推荐，增加地区、楼宇、企业名称库，增加停电、停水等临时性通知提示，"地图助手"增加单位隶属关系、市政设施权属关系提示等，实现从人找知识转换为知识找人。扩大智能质检覆盖率，设定标准流程、标准话术、服务禁语等，自动评分评级。

4. 优化智能回访功能

梳理回访过程中对话中断情形，增加系统智能学习规则，优化回访对话功能，支持移动端虚拟拨号外呼。探索建立各区各部门回访在线比对分析和结果认定机制，减少二次回访量。增加考核智能辅助功能，将不考核清单纳入核心业务系统，增加相关问题反映的标签标注，逐步明确每类问题的三率考核标准，减轻基层负担，缩短考核周期。

（三）通过垂直场景优化提供便利服务

开发应用场景，不断优化完善流程设计，为企业群众随时随地反映问题提供便利。

1. 全面优化"北京12345"微信公众号应用设计

改造"北京12345"微信公众号底层架构，实现访问量、留言量等承载能力的大幅提升。重新划分民意直通、数字人、个人中心功能模块，将智能问答前置，优先解答政策咨询，咨询以外的问题反映转诉求受理。加强老年人、残障人士、外国人专题性服务。面向市民提供全渠道工单进度查询服务。

2. 扩展市民服务热线政策服务的数字化应用

对标数字经济标杆城市建设要求，对照营商环境评价指标，打通企业服务热线、政务服务在线导办、"京策"、外联服务等信息化系统，将企业办事咨询、诉求反映在系统间分类引导，实行"一线一窗一条龙"服务。针对综合性、专业性较强的企业办事申请提交等事项，实行来电企业、市民服务热线、政务服务中心综合窗口等多方视频连线互动，提升市民服务热线对优化营商环境的服务效能。

3. 拓宽政策咨询网络主渠道

加强语义分析、模糊查询技术应用，优化"北京12345"微信公众号智能问答工具，实行各区各部门共建市民热线政务知识库，共同维护更新利用，使其向第三方资讯平台开放，建立各区各部门在线解答咨询机制，提高网上政策咨询服务效能。

（四）提高数据算力精准辅助决策

开展数据挖掘和深度分析，实现对企业群众客观需求与治理方向的双重感知，推动民生数据从"传感器"向"处理器"、从"晴雨表"到"诊断书"转型升级。

1. 构建民生大数据库

依托市大数据平台和目录区块链体系，将纳入整合范围的热线后台数据统一汇聚到12345，建设接诉即办"智慧大脑"。建设接诉即办数据清洗系统，提升基础数据质量，不断细化"每月一题"、央产房、垃圾分类、物业管理等标签标注，制定实时数据清洗规则，确保数据展示和应用效果。

2. 提高数据深度分析和服务决策效能

配合市委城市运行平台、市政府"领导驾驶舱"建设，持续优化展示界面设计，更新热点问题反映展示模块。推出专题性数据产品，开发建设对市委市政府专题会等多版本数据分析展示简便版，服务市领导专题调度。深度分析挖掘热点问题、变化趋势、业务主题、热词词云、舆情动

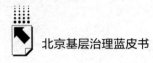

态，提高民生大数据动态深度分析与评估能力，实现多数据源、多维分析、综合利用。

3. 推动业务管理数据和群众诉求数据双向融合

以"热线+网格"为切入点，将一网统管数据与接诉即办数据汇聚融合，对接网格巡查问题类别与群众诉求分类标准，建立全市统一的事项对应标准，实行热线和网格问题比对分析，研究梳理共性问题和薄弱环节，将其列入区域主动治理计划，推进同类问题解决。建立数据治理分类分级标准，逐步将行业性管理数据与市民诉求数据连通汇聚，引入城市运行趋势智能研判算法，对典型问题、突发事件提前预警处置，辅助提升主动治理、未诉先办能力。

（五）强化数字化发展中的数据安全保障

在数字化转型浪潮中，数据安全是数据应用和数据价值实现的"护城河"，要全面构建制度、管理和技术衔接配套的安全防护体系，切实筑牢数据安全防线。

1. 强化数据安全主体责任

按照"谁主管谁负责、谁运行谁负责、谁使用谁负责"的原则，统筹做好数字化转型过程中的数据安全和保密工作，落实主体责任和监督责任，构建全方位、多层级、一体化安全防护体系。同时要建立数字政府安全评估、责任落实和重大事件处置机制，确保数据安全管理边界清晰、职责明确、责任落实。

2. 落实安全制度要求

要加强安全防控，形成覆盖从数据的形成、存储到数据的传输、应用以及共享整个过程的体制机制，加强数据全生命周期安全管理和技术防护。加大对涉及国家秘密、工作秘密、商业秘密、个人隐私和个人信息等数据的保护力度，加强重要数据输出安全管理。严格落实网络安全等级保护制度，定期开展等保测评与安全风险评估，完成商用密码应用安全性评估。

3. 提升安全保障能力

要构建多层次安全保障体系，以保障数据安全、政务安全为首要目标，建设动态感知云平台，实时监控网络安全态势，强化评估风险、共享信息，同时进行数据研究判断，建立安全应急机制。强化日常监测、通报预警、应急处置，拓展网络安全态势感知监测范围，提升网络安全事件、网络泄密事件预警能力和发现能力。

专题报告 ⟩

B.5
超大城市智慧治理的生态模式
——以北京市接诉即办改革为例

孟天广 *

摘　要： 改革开放以来，以市场化、城镇化和数字化为核心的"三化叠加"现代化进程深刻影响着城市治理的演进。长期以来，智慧城市主要以数字智能技术为驱动来感知城市客观世界和物理空间，形成了"物感城市"模式。但该模式忽视了人的主体性和目的性，难以感知城市空间的主观世界和社会系统。北京市接诉即办工作机制经过五年的改革摸索，实现了从管理型向服务型、从粗放型向精细型、从单一运作型向协作交互型，以及从被动反应型向主动预见型的治理转型，形成了以技术赋权与技术赋能为作用机制，以市民诉求为传感器，旨在提高城市民意识别、风险研判、协商议事、科学决策和施策评估水平的人感城市模式。未来我国的城市治理应走向

---

* 孟天广，博士，清华大学社会科学学院副院长、政治学系长聘教授，教育部青年长江学者，研究方向包括中国政府与政治、分配与福利政治、计算社会科学。

"物感城市+人感城市"的治理生态模式,既要感知城市的物理空间,也要理解城市的社会系统,两者融合才能充分理解城市空间的复杂性和多维性,针对城市复杂问题形成解决方案。

关键词: "人感城市" 市民诉求 接诉即办 智慧城市 治理生态

一 引言

在人类发展的漫漫长河中,城市主导的历史虽然只有短短几个世纪,但城市已经成为当前人类社会经济生活的主要场域。联合国经济和社会事务部(UNDESA)2019 年发布的《世界人口展望 2019》将城镇化称为四个"人口大趋势"(Demographic Mega-trends)之一[①]。联合国人居署发布的《2022 年世界城市报告》称:"2021 年城市人口占全球人口总数的 56%,到 2050 年这一比例预计将增长至 68%。"[②] 中国国家统计局公报显示:"2022 年末我国常住人口城镇化率已达到 65.22%。"[③] 人口规模的快速增长给城市治理带来了巨大挑战,对城市经济发展、公共服务、生活质量等方面提出了更高的要求。

为应对人口增长和城市资源环境之间的紧张关系,国际社会在十余年前开始探索将新兴信息技术应用于城市治理。譬如 2009 年美国的迪比克市与IBM 合作建设美国首个智慧城市,英国提出"智慧伦敦计划",新加坡施行"智慧国"计划等。智慧城市的核心在于将新兴信息技术[④]运用于城市规划、

[①] 其他三个大趋势分别是人口增长、老龄化和国际移民。参见 "World Population Prospects 2019:Highlights",https://www.un.org/development/desa/publications/world - population - prospects-2019-highlights.html。

[②] "World Cities Report 2022:Envisaging the Future of Cities",https://unhabitat.org/world - cities-report-2022-envisaging-the-future-of-cities.

[③] 《中华人民共和国 2022 年国民经济和社会发展统计公报(2023 年 2 月 28 日)》,http://www.stats.gov.cn/tjsj/zxfb/202302/t20230227_ 1918980.html。

[④] 早期更多是信息与通信技术,近几年主要运用的是以物联网、大数据、区块链、人工智能为主的数字技术。

建设、管理和服务的过程之中，通过对城市中"物"的精准感知来构建数字孪生系统，基于数据挖掘和模拟分析以优化城市资源配置，进而形成破解城市交通、安全和环境等治理难题的方案。① 因此，此类项目可被称为智慧城市的物感模式——"物感城市"。但"物感城市"存在"重物轻人"的倾向，譬如过于侧重新兴技术对城市物理系统和客观世界的感知，将市民更多视为城市空间的消费者，忽视了市民参与和市民对社会系统的感知。②

近年来，我国学界围绕智慧城市建设开展了大量研究，其中部分研究已认识到"物感城市"的局限性。③ 这几年来各种"物感城市"模式失灵的事件让社会各界开始对既有的智慧城市治理模式进行反思。本文以北京市接诉即办改革为例，试图探讨当前智慧城市治理面临的挑战以及未来的走向，以期为新时代超大城市智慧治理提供借鉴性意义。既有的"物感城市"模式忽略了城市治理主体的主体性与能动性，难以在数字化迅猛发展的时代背景下有效解决城市面临的各种难题，未来智慧城市应采取"人感城市"的治理模式，即聚焦人在城市治理过程中的主体性和目的性，强调以市民为中心、以技术赋权与技术赋能为作用机制、以市民为传感器、以诉求为信号来理解城市的复杂系统，运用扁平化结构驱动多主体协同治理，进而提升城市民意识别、风险研判、协商议事、科学决策和施策评估五方面的能力，建立以人民为中心的新型智慧城市治理生态。④

---

① 《发展改革委、工业和信息化部、科学技术部、公安部、财政部、国土资源部、住房城乡建设部、交通运输部关于印发促进智慧城市健康发展的指导意见的通知》，http://www.gov.cn/gongbao/content/2015/content_ 2806019. htm；李灿强：《美国智慧城市政策述评》，《电子政务》2016 年第 7 期。

② 薛泽林、吴晨：《城市治理数字化转型的美国实践与启示》，《电子政务》2022 年第 4 期。

③ 张丙宣、周涛：《智慧能否带来治理——对新常态下智慧城市建设热的冷思考》，《武汉大学学报》（哲学社会科学版）2016 年第 1 期；张蔚文、金晗、冷嘉欣：《智慧城市建设如何助力社会治理现代化？——新冠疫情考验下的杭州"城市大脑"》，《浙江大学学报》（人文社会科学版）2020 年第 4 期；宋蕾：《智能与韧性是否兼容？——智慧城市建设的韧性评价和发展路径》，《社会科学》2020 年第 3 期。

④ 孟天广、严宇：《人感城市：智慧城市治理的中国模式》，《江苏社会科学》2023 年第 5 期。

二 "三化叠加"现代化进程下的城市治理

改革开放以来，以市场化、城镇化、数字化为核心的"三化叠加"现代化进程正深刻改变我国的社会经济状况。一是在市场化进程中，我国社会主义经济体系坚持以公有制为基础，允许个体户、私营企业、外资企业、合资企业等多种所有制经济进入市场。经济活动形式的日益丰富推动职业日益细分、收入日益多元，由此也对社会文化、公众需求产生多样化和差异化的影响。二是城镇化水平的快速增长使得城市成为各类治理活动的重要场域。人口在城镇地区的集聚也意味着经济活动及其所创造的价值在城镇地区的集聚。早在2019年，我国城镇生产总值、固定资产投资占全国的比重均已接近90%。① 以互联网、移动客户端、人工智能等数字技术为核心的数字化浪潮正席卷全球，深刻影响人类生产和生活的全过程。新冠疫情更是促使数字技术渗透日常生活的方方面面，不仅驱动政府治理能力的提升，还为社会和公民获取信息、参与公共事务提供了重要的渠道。第52次《中国互联网络发展状况统计报告》显示，截至2023年6月，我国网民规模达10.79亿，互联网普及率达76.4%，形成了全球最为庞大和生机勃勃的数字化社会。②

"三化叠加"对城市治理产生了一系列冲击，主要体现在城市治理的需求侧和供给侧。在需求侧层面上，市民的诉求和偏好出现了新的特征。首先，利益诉求多元化，经济发展带来了社会结构的不断分化，不同职业、不同收入群体的诉求差异化明显加大，并且对公共服务、基层治理等产生不同的偏好，给政府在城市治理过程中感知和汇聚民意增加了难度。其次，民生问题类型化。人民物质生活水平提高的同时也带来了经济社会发展不均衡的

---

① 《住建部：中国常住人口城镇化率达63.89%》，https://www.chinanews.com.cn/gn/2021/08-31/9554999.shtml，访问时间：2021年12月20日。
② 第52次《中国互联网络发展状况统计报告》发布，参见《新京报》官方账号。

问题，^① 并进而形成不同类型的民生问题。通过对近年来北京接诉即办处理的案例研究发现，基础性诉求的数量逐步下降，发展性和高层次诉求的数量逐步上升。^② 最后，价值观念多元化。经济社会的迅猛发展带来了人们价值观的变迁，民众的权利意识、自我意识、消费主义等现代价值观涌现。^③ 传统与现代、集体与个体、精神与物质等多元价值观并存，这容易引发价值观之间的交锋，甚至引发持有不同价值观的个体间的冲突与对峙。^④

在供给侧层面上，"三化叠加"给政府城市治理带来以下挑战。第一，加大了治理资源供给的压力。快速城镇化带来了公共服务需求的增加，但政府的治理资源往往有限，导致市民需求与政府供给之间存在不匹配的问题。第二，汇聚民意的难度加大。城市治理过程中政府需要充分考虑市民的诉求，通过多样化的方式了解和吸纳民意，然而由于市民诉求的分散化和多元化，加大了政府调和不同利益诉求的难度。第三，增加了城市治理方式变革的迫切性。以往城市治理主要以政府主导和静态回应为主要特征，然而，当前城市治理空间不断扩大，城市人员流动频繁，政府主导的城市治理已难以面对繁重且快速变化的治理任务，城市治理质量大打折扣。

三 北京市接诉即办改革的实践创新

党的十八大以来，习近平总书记多次视察北京，对北京工作作出一系列重要指示，深刻回答了"建设一个什么样的首都，怎样建设首都"这一重大时代课题，为推动首都高质量发展指明了方向。近年来，遵循习近平总书

---

① 李实：《当前中国的收入分配状况》，《学术界》2018 年第 3 期。
② 孟天广、黄种滨、张小劲：《政务热线驱动的超大城市社会治理创新——以北京市"接诉即办"改革为例》，《公共管理学报》2021 年第 2 期；赵金旭、王宁、孟天广：《链接市民与城市：超大城市治理中的热线问政与政府回应——基于北京市 12345 政务热线大数据分析》，《电子政务》2021 年第 2 期。
③ 廖小平：《论改革开放以来价值观变迁的五大机制》，《北京师范大学学报》（社会科学版）2013 年第 4 期。
④ 李云新：《制度模糊性下中国城镇化进程中的社会冲突》，《中国人口·资源与环境》2014 年第 6 期。

记的指引，北京市深入践行以人民为中心的发展思想，创新开展"党建引领接诉即办"改革，兴起了一场以市民和企业诉求驱动超大城市治理的深刻变革。通过对北京接诉即办改革五年过程的观察和思考可以看到，北京市先是从 2017 年开始推动自下而上的改革探索；2018 年选择了 169 个街乡镇，自上而下地推动街乡镇的改革试点；2019 年全面推开，以接诉即办作为吹哨报到改革的抓手；2020 年启动了接诉即办的地方立法；2021 年通过《北京市接诉即办工作条例》，巩固了接诉即办改革的治理体系和治理模式。

（一）从管理型向服务型转型

接诉即办改革作为推动城市治理从管理型向服务型转型的重要驱动力，标志着政府职能的根本性转变。政府从传统的管理者转化为积极的服务提供者，具体体现在以下几个方面。一是服务理念的导向性。政府将服务市民作为工作的核心，致力于解决市民的实际问题和需求，政府在提供服务时更加关注市民的感受和反馈，从而提升了服务质量和市民满意度。二是响应需求的加速化。利用接诉、派单、吹哨等数字化平台，政府快速收集和响应市民诉求，大大缩短了诉求解决时间，实现了信息的快速流转和任务的高效执行。三是服务内容的个性化。通过分析市民诉求大数据，政府能够更准确地理解市民诉求的复杂性和多样性，提供更加个性化和精准化的服务，不仅提升了市民的获得感，也提高了城市治理的针对性和有效性。总之，接诉即办通过引入数字化治理，促进了政府服务方式的根本变革，使政府工作更加以人民为中心，为构建更加开放、透明和高效的服务型政府奠定了坚实基础。

（二）从粗放型向精细型转型

接诉即办改革促进了政府从粗放型管理向精细型治理的转型，即政府需要采用更加精细化、更有针对性的方法来处理市民诉求，确保"人民城市为人民"落到实处。在此过程中，数据驱动扮演了极为关键的角色，具体表现在以下几个方面。一是问题导向的数据挖掘。通过对市民诉求数据深度挖掘，政府能识别和解析市民面临的关键问题，从而制定出更加有针对性的解决方案。二是多维判断的主题深化。政府不是从单一维度分析问题，而是通过多维度的数据分析和深化对各类问题本质的理解，确保决策的全面性和深入性。三是逻辑延伸的决策关联。通过数据分析揭示的问题与解决策略之间存在逻辑关联，这可帮助政府构建更加系统和连贯的决策过程，确保决策的科学性和连续性。数据驱动促使接诉即办工作机制发挥了多重角色，既是深入城市基层的传感器，又是整合条块的信息港；既是上传下达的直通车，又是跨域协同的接驳器。

（三）从单一运作型向协作交互型转型

接诉即办改革引领城市治理从单一运作型向协作交互型转型，这在海淀区"大家商量着办"工作模式的实施中得到了充分体现。这一过程不仅是从单向管理到双向互动的转变，而且是从孤立操作到综合协同的跃升。具体表现为以下几个方面。一是群众参与的泛在化。在海淀区"大家商量着办"工作模式下，群众从被动的服务接受者转变为主动的决策参与者。通过议事厅、在线平台等多元渠道，群众参与社区治理的热情被激发，实现了"上有所呼""下有所应"的互动治理格局。二是协商议事的共识化。在协商议事中，海淀区不仅依赖传统会议或报告，而且通过数据分析、实地调研等，确保决策更加贴近实际、更加符合民意，各方意见均得以充分表达，凝聚了共识，这增强了决策的民主性和实效性。三是资源整合的有效化。"大家商量着办"促使不同部门、不同层级的多样化资源有效整合，接诉即办工作机制与居民自治、网格管理、志愿服务等机制有机融合，形成"信息共享、资源互补、优势互补"的治理模式。海淀区"大家商量着办"工作模式的成功实践，将传统治理与数字技术相结合，实现了众治、共治与智治"三治融合"的高效能治理，为践行"人民城市人民建"提供了可推广的宝贵经验。

（四）从被动反应型向主动预见型转型

接诉即办改革标志着城市治理从被动反应型向主动预见型转型。这一转型的核心在于认知城市运行体征、预测城市运行风险、提升预测预警与主动防范能力，以应对乌卡时代①日益加剧的不确定性风险。具体体现在以下几个方面。一是数据驱动的洞察力。通过深入分析市民诉求数据实现超时空预判，基于海量数据挖掘和预测研判分析，洞察市民诉求的演变趋势，预测城市风险的发生规律，为政府在未来特定时空下实现主动治理提供科学依据。二是政策制定的前瞻性。在认知市民诉求演变和城市运行趋势的基础上，制定更具前瞻性和针对性的政策体系，不仅包括对现有问题的解决方案，还涉及对未来潜在问题的防范应对方案。三是服务供给的主动性。政府通过主动提供服务和信息，如主动发布相关政策解读、健康提示、安全警示等，引导市民行为，提升公共服务的主动性和及时性。

四 "人感城市"：以市民诉求驱动城市治理的新模式

北京接诉即办改革五年来的成功实践为我国乃至全球超大城市数字化治理提供了北京样本。这一治理模式实现了从管理型向服务型、从粗放型向精细型、从单一运作型向协作交互型、从被动反应型向主动预见型的转型，形成了基于城市运行的人感数据驱动提升城市感知能力、决策辅助能力和评估诊断能力的"人感城市"治理模式。

与"物感城市"相比，"人感城市"在驱动来源、感知范畴、参与主体、治理结构和优先目标等方面存在明显的差异（见表1）。第一，在驱动来源上，"人感城市"更强调人感数据。通过聚焦个体的行为、话语、态度等来研究城市治理空间，提高市民的话语权和参与度。②譬如，北京市接诉即办通过市民服务热线收集民情民意，以此建立补充性智能化系统，将公众参与和政府回应以及企业的科技支撑结合起来，形成扁平化并联式的治理结构，更好地构建以人民为中心的城市治理体系。第二，在感知范畴上，"人

---

① 乌卡是英文 4 个单词首字母的缩写音译，即 VUCA，四个单词分别为易变、不确定、复杂和模糊。乌卡时代是指我们处于一个易变性、不确定性、复杂性和模糊性极强的时代。
② 张林：《自媒体时代社会话语生态变迁：生成模式、主体形式与权力结构》，《理论导刊》2019 年第 12 期。

感城市"对主观空间和社会系统具有更全面的理解能力。"人感城市"以市民的诉求和偏好为基础，通过记录和分析城市治理主体的行为，捕捉行为背后的意义，来更敏锐地感知和理解人类情感，[①] 更好地解决城市治理难题。第三，在参与主体上，"人感城市"更注重多元主体的协同治理。"人感城市"的建设需要政府、科技企业、公众和社会组织等多方主体的参与，充分发挥政府的主导地位、科技企业的技术优势、公众参与的作用，以此推动超大城市智慧治理。第四，在治理结构上，"人感城市"聚焦于扁平化、并联式的治理模式。譬如，北京市接诉即办依托市民热线，及时感知和回应企业、社会组织诉求，吸引富有社会责任感和综合实力的服务企业、外商投资企业、社会组织等社会力量参与城市治理工作，发挥企业、社会组织资源优势和服务优势，为市民提供优质、专业的服务，最大化盘活城市社会化服务空间。第五，在优先目标上，"人感城市"更关注人的能动性和主体性。"人感城市"秉持以人民为中心的城市治理理念，强调公众在城市治理中的作用，生动地诠释了"人民城市人民建，人民城市为人民"的价值要求。

表1 "物感城市"与"人感城市"的比较分析

驱动来源	数字技术、物感数据	市民诉求、人感数据
感知范畴	物理系统、现象与行为	社会系统、意义与情感
参与主体	政府、科技企业	政企社多主体协同
治理结构	中心化、串联式	扁平化、并联式
优先目标	城市高效运行	以人民为中心

资料来源：笔者自制。

总体而言，"人感城市"一方面优化政府内部运作流程，构建扁平化的治理结构；另一方面依托市民诉求数据，为政府提升治理能力提供信息支持。具体而言，"人感城市"在民意识别、风险研判、协商议事、科学决策

---

① 孟天广、李锋：《网络空间的政治互动：公民诉求与政府回应性——基于全国性网络问政平台的大数据分析》，《清华大学学报》（哲学社会科学版）2015年第3期。

和施策评估等方面提高了城市治理能力。以北京市接诉即办工作机制为例，接诉即办将人民对美好生活的向往作为工作的出发点和落脚点，直面多样化、复杂化的民意民情，以"诉""办"有机衔接的方式构建响应快速、办理高效、反馈及时的市民诉求服务机制，使人民群众的获得感成色更足、幸福感更持续、安全感更有保障。同时通过市、区、街乡镇分片分区分级快速收集市民关注的热点、难点问题，快速调配资源解决不同区域的民生事项，构筑全方位、立体化的诉求管理空间，实现对诉求办得有速度、有力度、有温度。此外，接诉即办还通过大数据挖掘和解读市民诉求背后市民的情感需求以及行为模式，使政府不是从单一维度分析问题，而是通过多维数据分析和深化对各类问题的理解，以数据分析揭示问题与解决策略之间的逻辑关联，帮助政府构建更加系统和连贯的决策机制，确保决策的科学性和连续性。

五　人感物感相结合的新型智慧城市治理生态模式

在数字智能技术快速迭代发展与多元复杂治理场景共存的时代，推动超大城市的高质量发展、创新性地践行人民城市理念、确保基层治理持续优化并满足市民日益增长的需求与期待是超大城市治理的核心命题。超大城市数字化治理是利用前沿技术对城市运行进行数字化赋能和机制化创新的协同融合过程，这已成为全球超大城市积极探索的共同行动。

自2018年以来，北京市接诉即办改革就是以政务热线撬动城市治理现代化变革、以市民诉求驱动超大城市数字化治理的创新举措与生动实践。这一改革实践充分诠释了人感物感相结合的新型智慧城市治理生态模式。随着信息化技术的快速发展，我国正形成以"人感城市"为代表的城市治理路径，这一治理模式与以往的"物感城市"具有显著的差异性。"人感城市"以人本主义为逻辑起点，通过技术赋权和技术赋能的双重路径驱动城市治理理念、治理机制以及治理制度的变革，从而构建人本主义、科技支撑以及数据驱动深度融合的智慧城市治理模式。

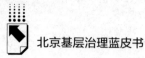

未来，我国的智慧城市建设应走向"物感城市＋人感城市"的发展路径，以数据互通、机制融合、全面创新的治理模式构建包容、协同、可持续的数字治理生态。① 这种治理模式经由数据驱动实现供给侧与需求侧、党建引领与条块联动、市民诉求与政府回应的有机融合，切实提升城市治理的高效性、科学性和精准性，以优化城市运行实现城市高质量发展，对城市治理现代化产生革命性影响，持续推动城市治理向更高效、更智能的方向发展，为全球城市治理构筑一个更加美好的未来。

---

① 孟天广、张小劲等：《中国数字政府发展研究报告（2021）》，经济科学出版社，2021；孟天广：《数字治理生态：数字政府的理论迭代与模型演化》，《政治学研究》2022 年第 5 期。

树立人民城市理念　完善人民监督体系

——基于北京市接诉即办改革的经验

王磊　任德锟　周小奇　铁婧可*

摘　要： 基于接诉即办制度形成的人民监督体系将"人民监督"和"自我革命"两要素有机结合，实现了作为外部监督形式的群众监督与作为内部监督形式的各种公权力监督的协调，既凸显了"人民至上"的价值理念，体现了鲜明的人民性，又形成了强大的监督合力，保持了显著的监督实效性；同时它还整合了底线性监督与履职性监督、发现性监督与回应性监督，以及事前的预防性监督、事中的参与性监督与事后的问责性监督等多种监督类型，生动诠释了全过程人民民主下人民监督的全链条性、全方位性、全覆盖性。基于北京市接诉即办制度形成的人民监督体系坚持党的领导，贯彻落实了习近平新时代人民城市重要理念，有效实施了《北京市接诉即办工作条例》这一地方性法规。这一监督体系是国家治理体系现代化和治理能力现代化的生动体现，为新时代中国式现代化人民监督体系提供了北京经验。

关键词： 接诉即办　人民监督体系　中国式现代化

一　引言

习近平总书记在上海考察时指示："要全面践行人民城市理念，充分发

---

* 王磊，北京大学法学院教授，博士生导师，主要研究方向为宪法与行政法、港澳台法律；任德锟、周小奇、铁婧可，北京大学法学院博士研究生，主要研究方向为行政法。

挥党的领导和社会主义制度的显著优势，充分调动人民群众积极性主动性创造性，努力走出一条中国特色超大城市治理现代化的新路。"①党的十八大以来，习近平总书记多次强调"人民城市人民建，人民城市为人民"，指出："城市的核心是人，关键是十二个字：衣食住行、生老病死、安居乐业。城市工作做得好不好，老百姓满意不满意、生活方便不方便，城市管理和服务状况是重要评判标准。"②习近平有关新时代人民城市的重要理念深刻体现了马克思主义鲜明的人民性，成为习近平新时代中国特色社会主义思想的重要有机组成部分。

为建设贯彻落实习近平新时代人民城市重要理念的首善之区，北京市深入领会全面学习习近平总书记对北京、上海等超大城市治理做出的一系列重要指示，以接诉即办改革为主抓手，通过以市民诉求驱动超大城市治理的路径，在建设人民城市、提升人民主体性、推行全过程人民民主、切实提升人民生活幸福水平等方面进行了一系列探索，创新性地解答了"建设一个什么样的首都、怎样建设首都"这一重大时代课题，接诉即办机制已成为北京改革的"金名片"。

监督是治理的内在要素，在管党治党、治国理政中居于重要地位。监督体系与治理体系同向共趋、同频共振，监督体系为治理体系提供保障，治理体系为监督体系指引方向，如此才能在治理中发挥监督作用，在监督中提升治理效能。从这个意义上来看，北京市不仅通过接诉即办改革进行了一场深刻的城市治理革命，更是依托接诉即办机制创新性地形成了一套行之有效的人民监督体系。这一体系将接诉即办机制与人民监督统一于坚持党的领导和对人民至上价值的不懈追求，体现了"人民监督"与"自我革命"的有机结合、群众监督形式与各种公权力监督形式的相互协调以及多种监督类型的全面整合。

---

① 《全面践行人民城市重要理念——论深入学习贯彻习近平总书记考察上海重要讲话精神》，《解放日报》2023年12月8日。
② 《习近平著作选读》第一卷，人民出版社，2023，第412页。

二　"人民监督"与"自我革命"两要素的有机结合：接诉即办人民监督体系的理论依据与政治基础

习近平总书记强调："一百年来，党外靠发展人民民主、接受人民监督，内靠全面从严治党、推进自我革命，勇于坚持真理、修正错误，勇于刀刃向内、刮骨疗毒，保证了党长盛不衰、不断发展壮大。"① 可见，通过监督体制机制创新，实现"人民监督"和"自我革命"即公权力的外部监督形式和内部监督形式的辩证统一，已经成为新时代不断推进国家治理体系和治理能力现代化的关键所在。在这种背景下，北京市接诉即办改革在监督领域开创性地实现了"人民监督"和"自我革命"两要素的有机结合，为基于接诉即办的人民监督体系中公权力系统外部的群众监督形式与公权力系统内部的各种自我监督形式的协调以及多种监督类型的整合提供了理论依据和坚实的政治基础。

（一）基于接诉即办的人民监督体系中"人民监督"与"自我革命"两要素内在逻辑一致

基于接诉即办的人民监督体系中"人民监督"与"自我革命"两要素均坚持党领导一切的政治逻辑、人民至上的价值逻辑和依宪治国的法治逻辑。

其一，就政治逻辑而言，基于接诉即办的人民监督体系能够实现人民监督与自我革命相结合、监督的人民性和监督的实效性相统一的关键条件在于坚持党建引领。只有在党的领导下，接诉即办制度中的"人民监督"与"自我革命"两要素的结合才成为可能。一方面，只有畅通群众监督渠道，主动接受群众监督，虚心听取群众意见，公权力机关才不会懈怠；另一方面，必须以自我革命的政治勇气，着力解决公权力内部各种监督形式存在的

---

① 《习近平著作选读》第二卷，人民出版社，2023，第588页。

突出问题，不断自我净化、自我完善、自我革新、自我提高，才能使得公权力机关坚守为人民服务初心，保持同人民的密切联系，倾听人民的意见和建议，自觉接受人民的监督，使得党和国家的监督体系为人民而行使监督权力，成为人民监督体系的同义语。

其二，就价值逻辑而言，习近平总书记强调："勇于自我革命和接受人民监督是内在一致的，都源于党的初心使命。"① 在基于接诉即办制度形成的人民监督体系中，"人民监督"要素主要体现为公权力系统外部的群众监督形式，"自我革命"要素主要体现为公权力系统内部的各种监督形式，二者之所以能够实现有机结合，底层原因是其最终目的和价值内核高度一致，即都是为了确保权为民所用、确保社会和经济发展成果由人民共享。

其三，就法治逻辑而言，我国宪法第 27 条规定："一切国家机关实行精简的原则，实行工作责任制，实行工作人员的培训和考核制度，不断提高工作质量和工作效率，反对官僚主义。一切国家机关和国家工作人员必须依靠人民的支持，经常保持同人民的密切联系，倾听人民的意见和建议，接受人民的监督，努力为人民服务。"该条"第一款"实际就是在强调国家机关要通过不断的自我革命，进行公权力系统内部的自我监督，提升为民服务的效率；"第二款"实际则是在要求国家机关和国家工作人员必须接受来自公权力系统外部的群众监督，关注人民群众的呼声。可见，北京市通过《北京市接诉即办工作条例》，在法治轨道上将"人民监督"与"自我革命"结合起来，具有坚实的宪法正当性。

（二）基于接诉即办的人民监督体系中"人民监督"与"自我革命"两要素相互促进

一方面，伟大自我革命引领伟大社会革命。② 接诉即办改革前身是"街乡吹哨，部门报到"改革，它是一种推进基层治理重心下移，打破条块分

---

① 《习近平著作选读》第二卷，人民出版社，2023，第 588 页。
② 参见《坚持以伟大自我革命引领伟大社会革命》，《人民日报》2020 年 1 月 16 日。

割，实现各部门联合执法的基层治理机制。接诉即办改革则在这一基础上，把"哨子"交给人民群众，通过由人民群众提出诉求的方式来发现基层治理的问题，督促相关单位履职。从党建引领"街乡吹哨、部门报到"改革到党建引领接诉即办改革的发展过程，本质上就是党领导公权力机关以伟大自我革命的勇气进行的自我监督，推动了党领导人民通过接诉即办改革这一伟大社会革命进行群众监督的过程。

另一方面，在接诉即办制度中，"自我革命"要素并未消退，而是更加深入地与"人民监督"要素相结合，更加有机地整合进人民监督体系之中。习近平总书记深刻指出："民主不是装饰品，不是用来做摆设的，而是要用来解决人民要解决的问题的。"① "中国的民主起始于人民意愿充分表达，落实于人民意愿有效实现。人民意愿只能表达、不能实现，不是真正意义的民主。"② 接诉即办要求市民热线服务机构无门槛地接收群众的诉求，它关键性的创新之处是多措并举抓落实，全力兑现承诺，即有效督促承办单位及时查问题、堵漏洞，把实事做到群众心坎上。因此，在基于接诉即办制度形成的新时代人民监督体系中，"提出诉求"环节是外部群众监督形式的体现，而"诉求办理"环节则依赖于公权力机关以自我革命的勇气进行系统内自我监督。作为人民监督体系的"前端"与"后端"，必须既抓"人民意愿的充分表达"，又抓"人民意愿的有效实现"，以同时赋予该体系以鲜明的人民性和显著的实效性，以此克服单纯的公权力内部监督形式存在的监督精准度不够高、自觉性不够强和单纯的群众外部监督形式存在的监督碎片化、难以落地等问题。

三　外部监督形式与内部监督形式相协调：接诉即办人民监督体系同步实现监督的人民性与监督的有效性

"'人民监督'强调外部动能和外部约束的重要性，'自我革命'则强

---

① 《习近平著作选读》第一卷，人民出版社，2023，第273页。
② 中华人民共和国国务院新闻办公室：《中国的民主白皮书》，2021年12月4日。

调自律自为、内部动能的重要性，二者相互区别、各有侧重。"① 实践证明："约束和监督权力，仅靠外部监督而无公权力行使者的思想和行动自觉，会降低外部监督的实际效能。"②"任何形式的内部自我监督，不可避免地存在缺乏对问题和矛盾的敏锐感受，针对性不强；自觉性不够强，持续性动能不足；在视野和信息上有一定的局限等缺陷。"③

在实现"人民监督"与"自我革命"两要素有机结合的基础上，基于接诉即办制度的人民监督体系则通过党统一领导下的外部群众监督与多种内部公权力监督形式的协调，构建起了一个上下贯通、内外互补的完整有效的监督体系，创新性地解决了人民性和有效性难以同步实现的监督难题。

（一）坚持党的群众路线，扩大公众参与，为外部群众监督提供制度化渠道

"知屋漏者在宇下，知政失者在草野"，倾听民意、了解民意，是中国共产党贯彻落实全心全意为人民服务的基石之一，也是健全和完善人民监督体系的前提条件之一。党的二十大报告强调："从群众中来、到群众中去，始终保持同人民群众的血肉联系，始终接受人民批评和监督，始终同人民同呼吸、共命运、心连心。"在接诉即办制度中，"接诉"是基础，是新时代广泛倾听群众真实诉求、了解人民真实意愿和心声的重要创新方式，是收集最广泛民意的重要创新渠道，是接受群众监督的又一创新举措。

第一，接诉即办机制下的群众监督，覆盖了从发现问题、提出诉求到回应和处理诉求的全过程，探索和落实了"民有所呼，我有所应"的治理机制。习近平总书记强调，要"把人民拥护不拥护、赞成不赞成、高兴不高兴、答应不答应作为衡量一切工作得失的根本标准，着力解决好人民最关心

---

① 丁忠毅：《中国共产党跳出历史周期率两个答案的辩证关系》，《思想理论教育导刊》2022年第8期。
② 樊士博、徐敏：《中国共产党跳出历史周期率的"两个答案"：监督意涵及实践证成》，《统一战线学研究》2023年第2期。
③ 阚和庆：《论跳出历史周期率"两个答案"的内在统一》，《中州学刊》2023年第4期。

最直接最现实的利益问题"①。过去，政府种种民生举措与群众实际需求间往往存在不同程度的错位，但接诉即办制度鼓励"群众吹哨"，强调群众在监督过程中的主体地位，突出群众监督的全民性，这种以群众诉求为导向的治理模式保证了民生举措的精准性，同时，对诉求处理反馈的具体成效也交由群众评价，能够促使群众监督更好地发挥作用。

第二，接诉即办数智化转型为群众监督赋能。党的二十大报告强调推进数字时代国家信息化发展新战略，指出要积极运用新技术，要求畅通和规范群众诉求表达、利益协调、权益保障通道。在接诉即办机制下，依托大数据和人工智能技术，"12345 热线被拓展为一个集电话呼叫、网络通信、无线通信、多媒体通信于一体的市民热线服务中心，把民政、卫生、环保、农业、消防等数十条热线深度整合，使得权力、信息和绩效三者空前地相互推动"②。让"一条热线听诉求""一张单子管到底"成为现实。在这一制度下，群众可以即时、明确地反映诉求，由群众诉求牵引实现对社会的充分动员，进而督促政府相关部门对具体诉求做出反馈，拓展了市民生产生活空间，形成了数字时代政府治理的"城市大脑"，在提高群众监督效率的同时降低了成本，并带来了新的民主增长点。

（二）坚持人民至上，勇于自我革命，激活各种公权力内部监督形式

"徒善不足以为政。徒法不能以自行。"在基于接诉即办的人民监督体系中，群众监督是"前端"，是发现问题、反映诉求、提供监督意见，具有鲜明的民主正当性。但是，对问题的整理、归纳、处理和反馈均不是群众监督本身能够达成的，势必需要在"后端"由公权力监督机关秉持"人民至上"的价值观，以"刀刃向内"的自我革命勇气和行动，行使监督权力，

---

① 《习近平谈治国理政》第三卷，外文出版社，2020，第 142 页。
② 陈锋、王泽林：《从党政任务驱动到市民诉求驱动的治理逻辑转换——以北京市接诉即办改革为例》，沈彬华、张强主编《北京接诉即办改革发展报告（2022~2023）》，社会科学文献出版社，2023，第 95 页。

督促各承办单位敢于直面问题，以首接单位为责任中心，推动各个主管、主办、协管、协办职能部门间的分工合作、协调配合，及时、准确地对诉求作出公平、合理、合法的回应。只有将公权力监督这种间接民主监督形式与群众监督这种直接民主监督形式相结合，将群众的监督意见上升为国家的监督意志，人民监督才能真正获得强有力的实效性，从而在实践中避开"人民意愿只能表达，不能实现"的伪民主陷阱。

第一，人大监督为接诉即办机制提供法治保障。

习近平总书记高度重视制度建设在权力监督中的重要作用，强调在体制机制层面加大监督力度的大背景下，人民代表大会及其常委会最首要和最有效的监督方式就是通过依法行使立法权，建立起一套行之有效的监督制度。在接诉即办改革实践过程中，北京市人民代表大会及其常委会不仅通过执法检查与专题询问对接诉即办工作落实情况进行监督，而且通过制定《北京市接诉即办工作条例》为接诉即办机制提供了法治保障，建立了无门槛接诉制度、首接负责制、以"三率"①为核心的考评机制，强化主动治理机制，运用制度手段实现对公权力的法治化、系统化、长效化、源头化监督，增强了人大监督的刚性和实效。

第二，行政监督为贯彻落实"民有所呼，我有所应"提供制度压力。

行政监督或称政府内部监督是"国家行政机关按照法定的权限、程序和方式，对行政机关自身的组织行为、行政行为进行的监督"，是接诉即办人民监督体系中最核心的公权力监督形式，"其包括各行政机关自上而下、自下而上以及相互之间进行的监督"。②

自上而下的行政监督，亦可以称作行政层级监督。接诉即办机制坚持"书记抓，抓书记"，通过党建引领的行政内部监督机制层层压实治理责任，提升诉求办理实效。习近平总书记指出："上级对下级尤其是上级一把手对下级一把手的监督最管用、最有效。"③ 接诉即办机制要继续完善"事前有

---

① 所谓"三率"，是指接诉响应率、问题解决率、群众满意率。
② 参见中华人民共和国国务院新闻办公室《中国的民主白皮书》，2021年12月4日。
③ 《习近平关于全面从严治党论述摘编》，中央文献出版社，2021，第403页。

约谈，事中有监测，事后有考评"机制，以"三率"为核心考察标准，有效督促下级行政机关依法履行职责、主动治理，高效解决人民群众的诉求。

接诉即办机制中同样存在自下而上的行政监督。一般来说，"由下级行政机关对上级行政机关进行监督与自上而下的科层逻辑相冲突"。[①] 但接诉即办改革的前身是"街乡吹哨，部门报到"改革——在全面开展问题摸排、明确执法责任的基础上，街道乡镇成为基层行政执法的调动者和协调者，一旦发现违法问题立即"吹哨"，各部门必须在规定时限内"报到"，对违法行为进行全链条查处。这种做法实际上推动了治理重心下移，赋予了街乡镇打破"条块"阻隔和科层障碍的监督权，使得下级行政机关能有效督促上级政府及其部门履职。

行政机关相互之间的监督主要表现为首接单位对其他单位的监督、由政务服务管理局领导的市民热线服务机构对承办单位的监督。《北京市接诉即办工作条例》（简称《条例》）在赋予首接单位不得推诿诉单的责任的同时，也给予首接单位监督其他相关的权力，即"办理诉求涉及其他单位的，首接单位应当牵头协调办理，其他有关单位应当配合，并在规定期限内将办理结果报送至首接单位；不能按期办结的，应当说明理由并报告阶段性工作情况"。按照《条例》的规定，市民热线服务机构也在一定程度上担负着监督承办单位履行办理诉求责任的功能。如第 12 条规定，市民热线服务机构享有派单权；第 13 条规定，市民热线服务机构有权在诉求工单上注明办理时限；第 15 条规定，承办单位办理诉求时，应当在规定时限内向市民热线服务工作机构反馈办理情况，这更是市民热线服务机构对承办单位享有监督权的直接反映。

第三，监察监督协助推动接诉即办改革提质增效。

习近平总书记强调："问责既要对事、也要对人，要问到具体人头上。"[②] 而监察监督正是将违法责任压实到公职人员个人的重要监督方式。监察机关

---

① 李文钊：《接诉即办的治理功能》，沈彬华、张强主编《北京接诉即办改革发展报告（2022~2023）》，社会科学文献出版社，2023，第 114 页。

② 《习近平关于依规治党论述摘编》，中央文献出版社，2022，第 155 页。

对接诉即办的日常监督，表现为加强对热线受理民生事项的全流程监督。如跟踪被监督单位工单处理情况，严肃查处群众诉求办理中的形式主义、官僚主义以及不作为、乱作为等问题，对相关人员进行约谈或依法依纪进行处理。监察机关还可针对屡次出现的同类问题，向监督单位下发监察建议，督促其把接诉即办工单办理融入日常工作，高位统筹协调，积极开展源头治理，做到未诉先办。

第四，司法监督在接诉即办机制框架下通过柔性监督推动溯源治理。

司法监督包括检察监督和法院监督两种形式。目前，北京市检察院和法院结合接诉即办改革，积极践行"枫桥经验"，即通过"个案办理－专项监督－溯源治理"的方式，在发现社会治理领域中存在引起矛盾纠纷多发、影响经济社会发展和人民群众权益保护的突出问题之后，可以通过向相关公权力机关发送检察建议和司法建议这一柔性司法监督方式，督促其依法履行职责，协助其进行诉源治理，将社会矛盾有效化解在基层。

四　全链条、全方位、全覆盖的监督类型：接诉即办　　人民监督体系对全过程人民民主的落实

基于接诉即办机制的人民监督体系是全过程人民民主理论在民主监督领域的新实践，涵盖了底线性监督和履职性监督、发现性监督和回应性监督，以及事前的预防性监督、事中的参与性监督与事后的问责性监督等多种监督类型，具有"全过程人民民主全链条、全方位、全覆盖的特征，体现了过程民主和成果民主、程序民主和实质民主、直接民主和间接民主、人民民主和国家意志的统一"。①

（一）协调底线性监督和履职性监督

基于接诉即办制度的人民监督体系当然包含着对乱作为的底线性监督，

---

① 曹劲松等：《从人民监督到自我革命："两个答案"的生成逻辑与实践统一》，《南京社会科学》2023 年第 7 期。

但重点在于对未作为或不作为的履职性监督。"法无授权不可为"，底线性监督是对公权力机关和行使公权力的个人是否滥用权力、违法乱纪的监督，是一切监督制度的基本功能。但是，基于接诉即办的人民监督体系须更强调"法定职责必须为"，着重推进履职性监督，通过细化、量化任务，针对性做好民生工作，督促承办单位严格落实责任，鼓励各级干部积极担当作为。

（二）结合发现性监督和回应性监督

基于接诉即办制度的人民监督体系实现了发现性监督和回应性监督的统一，是对习近平总书记以强烈的历史使命感和深沉的忧患意识提出的"六个如何始终"中"如何始终能够及时发现和解决自身存在的问题"交出的北京答卷。

接诉即办人民监督体系中的发现性监督，主要表现为群众监督形式，突出过程民主、程序民主、直接民主和人民民主；回应性监督，主要表现为各种公权力监督形式，突出成果民主、实质民主、间接民主和国家意志。基于接诉即办制度的人民监督体系，不仅要保障人民群众通过提出诉求、直接参与公共治理的过程性监督权利，还要求将这种权利切实地转化为城市公共治理得到改善的成果。这就要求通过监督体系的建设，督促公权力机关积极履行职责，使得"人民的期盼、希望和诉求，从国家大政方针，到社会治理，再到百姓衣食住行，有地方说，说了有人听，听了有反馈"。[①]

（三）整合预防性监督、参与性监督与问责性监督

基于接诉即办的人民监督体系整合了事前的预防性监督、事中的参与性监督与事后的问责性监督，形成了多主体共同参与的、完备周全的监督链条。在事前，接诉即办制度要求市、区人民政府聚焦高频共性难点问题，通过"每月一题"督促主动治理，切实提升城市治理的精准性、有效性，变接诉即办为"未诉先办"；在事中，接诉即办制度强调发挥社会、市场和公

---

① 朱跃庆：《全过程人民民主在构建权力监督体系中的价值》，《学术界》2022 年第 11 期。

民个人的力量，多方全程参与承办单位办理诉求过程，推进共建共治共享；在事后，接诉即办制度对于已经办结的诉求进行考评，要以接诉响应率、问题解决率、群众满意率为核心考察标准，同时通过考评机制形成绩效排名，并在一定范围内进行通报，确保监督的有效性。

五　结语：依托接诉即办机制打造中国式现代化人民监督体系

基于接诉即办机制的人民监督体系包含双重运行逻辑。首先，由市民提出诉求实现对社会的充分动员，再由公权力系统进行压力传导，借助党的统一领导和《北京市接诉即办工作条例》的黏合作用，使得前端的群众监督与后端的公权力监督有机结合在一起。在这一过程中，"提出诉求"环节是群众监督的体现，而"诉求办理"环节则依赖于公权力的监督，它们作为人民监督体系的"前端"与"后端"，对应着"人民监督"和"自我革命"两个要素，呼应着"人民意愿的充分表达"和"人民意愿的有效实现"，分别赋予该体系以鲜明的人民性和显著的实效性。在此基础上，基于接诉即办机制的人民监督体系实现了群众监督与多种公权力监督形式的协调，形成了强大的监督合力。其次，该体系整合了底线性监督与履职性监督、发现性监督与回应性监督，以及事前的预防性监督、事中的参与性监督与事后的问责性监督等多种监督类型，生动体现了全过程人民民主下人民监督的全链条性、全方位性、全覆盖性，是习近平新时代人民城市重要理念的生动实践。

党的二十大报告强调要"以中国式现代化全面推进中华民族伟大复兴"。以人民为中心是中国式现代化的本色，坚持中国共产党领导，发展全过程人民民主，把人民当家作主具体地、现实地体现到党治国理政的政策措施上来，具体地、现实地体现到党和国家机关各个方面各个层级的工作上来，具体地、现实地体现到实现人民对美好生活向往的工作上来，是中国式现代化的必然要求。在此背景下，北京市接诉即办改革贯彻落实习近平新时代人民城市重要理念，开辟了城市治理现代化的新境界，基于接诉即办机制形成的人民监督体系，在党的领导下实现了自我革命和人民监督的有机结合，并最终通过《北京市接诉即办工作条例》运行于法治轨道之上，统一于中国共产党领导人民实现中华民族伟大复兴的历史征程之中，"是国家治理体系和治理能力现代化的生动体现"，为新时代中国式现代化人民监督体系提供了北京经验。

B.7
"每月一题"：诉求驱动的
市域社会治理现代化探索*

杨荣 陈锋 安永军 李蹊 梁伟**

摘　要：　推进市域社会治理现代化是国家治理现代化的重要内容。北京市在接诉即办改革基础上建立的"每月一题"机制，是围绕广大群众的急难愁盼问题和超大城市基层治理的难点痛点问题展开的主动治理尝试，是深入推进市域社会治理现代化的重要探索。"每月一题"的运作机制可以划分为政策诉求驱动的议题甄选、条块联动的治理难题破解、多维评价的结题与持续追踪三个步骤，由此实现每个问题的闭环治理。"每月一题"是市民诉求驱动的市域专项治理机制，依靠问题导向的上下联动、标本兼治的目标驱动、高位推动的系统治理三个机制发挥作用。"每月一题"不仅通过主动治理明显提升了群众的获得感，而且还通过问题倒逼推动市域社会治理体系和治理能力的现代化转型，实现了市域治理问题筛选的精准化、市域复杂问题疏解的高效化和市域问题治理成果的长效化。

关键词：　市域社会治理　"每月一题"　接诉即办　专项治理

一　引言

2018 年中央政法委首次提出"市域社会治理"的概念。之后《人民

---

* 本研究系北京市社科基金决策咨询重点项目"'每月一题'问题治理的诉求驱动机制研究"（项目号：23TCB003）的阶段性成果。
** 杨荣，北京工业大学文法学部教授；陈锋，北京工业大学文法学部教授；安永军，北京工业大学副教授；李蹊、梁伟，北京工业大学文法学部讲师。此外，本报告还得到了唐军教授、闫泽华博士和徐宏宇博士的支持。

日报》发表题为《推进新时代市域社会治理现代化》的文章，对市域社会治理的功能定位和理论内涵进行了重点阐释。① 此后，国家对"市域社会治理现代化"的重视达到了前所未有的高度。党的十九届四中全会强调"加快推进市域社会治理现代化"。党的二十大报告指出，"加快推进市域社会治理现代化，提高市域社会治理能力"。这充分说明，推进市域社会治理现代化将是未来较长时间内推进国家治理现代化的重要内容。

自"市域社会治理"概念提出后，市域社会治理已在构建知识体系、完善制度体系和实践创新方面取得了进展。"市域社会治理是社会治理活动在市域范围内的逻辑展开"②，"具有集成性、联动性、枢纽性等特征，其内涵是以美好生活为目标、以多元组织为主体、以公共服务为核心、以社会质量为关键的城乡社会均衡发展"③。"市域社会治理的内容包括空间范围、行动主体、治理手段、治理目标、治理层级等五个基本部分"④。也有学者提出："市域社会治理是社会治理理念确立、社会治理目标细化、社会治理工作布局实化、社会治理体制创新、社会治理方式转型、社会治理政策行动提速、社会治理能力提升的实践表达。"⑤ "市域社会治理在国家治理中具有承上启下的枢纽作用，具有统筹城乡一体化的结构性优势、引领基层社会治理的专业性优势，以及协调区域发展的整体性优势，对摆脱基层治理的结构性困境具有实践价值。"⑥ 因此，积极推动市域社会治理现代化成为社会各界关注的焦点，综合来看，当前形成了市域社会治理现代化的四种路

---

① 陈一新：《推进新时代市域社会治理现代化》，《人民日报》2018 年 7 月 17 日。
② 徐汉明：《市域社会治理现代化：内在逻辑与推进路径》，《理论探索》2020 年第 1 期。
③ 姜晓萍、董家鸣：《市域社会治理现代化的理论认知与实现途径》，《社会政策研究》2019 年第 4 期。
④ 陈成文、陈静、陈建平：《市域社会治理现代化：理论建构与实践路径》，《江苏社会科学》2020 年第 1 期。
⑤ 徐汉明：《市域社会治理现代化：内在逻辑与推进路径》，《理论探索》2020 年第 1 期。
⑥ 王阳、熊万胜：《市域社会治理现代化的结构优势与优化路径》，《中州学刊》2021 年第 7 期。

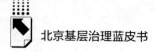

径，即"法治建设路径"①"智慧治理路径"②"多元共治路径"③"资源整合路径"④。

综上，市域社会治理可以从两个层面来加以理解，一是区域中包含城区与郊区的一体化治理；二是地级市行政区划范围内的区域整体性治理，不仅包括地级市辖区，也包括其所隶属的县域区域。本研究主要从第一个层面来理解市域社会治理。然而，有关市域社会治理的讨论大多停留在理论阐释和路径建构的层次上，缺少对于市域社会治理实践的实证研究。北京市既是首都，又是常住人口规模超过 2100 万人的超大城市，市域社会治理面临巨大挑战，如何深入推进市域社会治理现代化成为北京市必须回应的问题。2021年 2 月，北京市委全面深化改革委员会"接诉即办"改革专项小组印发了《"接诉即办""每月一题"推动解决重点民生诉求工作计划》的通知，这标志着北京市正式在全市范围内构建"每月一题"工作机制。"每月一题"是北京市针对超大城市基层治理的难点痛点问题，深入推进市域社会治理现代化的重要探索，深入剖析北京市"每月一题"的典型经验，对于在更大范围内推动市域社会治理的现代化具有重要意义。

二 市域社会治理创新："每月一题"及其运作机制

"每月一题"是超大城市治理现代化的创新举措，已成为北京市"我为群众办实事"实践活动的主要抓手，在解决群众急难愁盼问题方面取得了初步成效。"每月一题"的运作机制可以分为问题选取、问题破解、结题与追踪监督三个步骤。其中，"选题"的重点在于筛选出亟须以高位推动来解

① 闵长毅：《市域社会治理现代化：有机团结与法治纽带》，《社会科学家》2023 年第 3 期。
② 陈静、陈成文、王勇：《论市域社会治理现代化的"智慧治理"》，《城市发展研究》2021年第 4 期。
③ 何植民、毛胜根：《市域社会治理多元共治策略研究——基于后现代公共行政话语理论的分析》，《湘潭大学学报》（哲学社会科学版）2022 年第 1 期。
④ 杨小俊、陈成文、陈建平：《论市域社会治理现代化的资源整合能力——基于合作治理理论的分析视角》，《城市发展研究》2020 年第 6 期。

决的群众急难愁盼问题，并且保证问题解决的难易程度处于适宜的水平，其难点在于动员相关部门和属地政府认领对口议题；"破题"的重点是制定"一方案三清单"，即一个问题解决方案和任务清单、责任清单、政策清单三个清单，其难点是依照方案和清单，调动市域范围内不同政府层级和不同部门协力落实；"结题"的重点在于权衡判断议题的退出条件，其难点在于保证治理效果的可持续性。下文将逐一对"每月一题"的具体工作机制进行梳理，总结北京市攻克上述重点、难点问题的治理经验。

（一）政策诉求驱动的议题甄选

第一个步骤即"选题"要在本年度的年初统一完成，十余个治理议题的破题工作同时启动。鉴于"每月一题"是高位推动的专项治理，其选题重点是满足市民群众高频共性的政策诉求。"每月一题"的问题收集渠道广泛，包括 12345 热线市民诉求、北京市 22 个治理类街乡镇提出的问题建议、法院和检察院在诉源治理工作中提供的材料支撑等。迄今为止，议题的选择以上一年度"12345 市民服务热线"收集到的市民诉求为主要依据。

以 2022 年的议题选择为例，"每月一题"的问题来源有三类。第一类是"接诉即办"改革专项小组办公室委托第三方机构对 2021 年度市民诉求进行的大数据分析；第二类是保留前一年"每月一题"中诉求派单量较大的问题，对市民诉求突出的问题进行再次聚焦；第三类是虽然目前诉求量不大，但社会关注度较高、符合国家民生大政方针的重要问题。

此外，在选题的过程中，"接诉即办"改革专项小组办公室需要与主责部门充分沟通接题事宜，这一步骤通常在本年度 1 月 17 日之前完成。每个治理问题由一个市级部门牵头主责，相关单位协同配合。2021 年有 12 个市级主责部门、50 多个配合单位，2022 年有 13 个市级主责部门、40 多个配合单位。由此，在选题阶段多方已进行了较为充分的沟通协商，"每月一题"力求满足的政策诉求不仅是群众的需求，也包括基层政府和部门在治理过程中对上位政策法规指导的迫切需求。

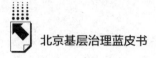
总之，"每月一题"以解决政策层面的空白和交叉为议题选择的主要目标。现阶段的选题重点关注政府部门职责交叉导致的问题悬置、新兴领域政策不足导致的无法可依、行政改革和时代变迁导致的政策不适用等问题，已有较为完善的政策但因执行力度不足、市场和社会力量发育不足等产生的问题不属于优先纳入的问题。

（二）条块联动的治理难题破解

第二个步骤即"破题"是贯穿全年的工作，通常在每年1月底之前完成"一方案三清单"的梳理，明确量化目标任务和计划安排，随后由主责部门在市委市政府的统筹下与相关部门共同推动对难题的破解。"一方案三清单"的落实方式实现了条块联动的"破题"。首先，"解决方案"指明了问题根源、治理目标与实现路径；"责任清单"则明确了破解难题的责任主体和配合单位的职责分工；"任务清单"罗列了实现总体目标的具体任务构成，又可以细分为月度、季度和年度等阶段性目标；"政策清单"列明了破解难题和预防问题发生需要出台的政策文件。

其次，针对"一方案三清单"的落实情况，市委主要领导同志每月主持召开市委接诉即办专题会，听取"每月一题"整体情况和当月主题1~2个具体问题推进情况汇报，其余情况以书面形式在每月20日左右提供量化工作进度的月报。由此，以市民诉求为驱动的市域治理年度计划得以紧密运转。除了召开每月例会，"接诉即办"改革专项小组还会不定期地召开专题会调度工作。此外，每个议题另由相关领域的分管市领导认领负责，每月以会议和现场检查等方式进行专题调度。

最后，自2023年开始，承接"每月一题"的主责部门和配合部门能够获得接诉即办年度考核加分激励。主责部门接题即可获得基础分0.2分，根据效果评估来决定是否可以获得效果分0.2分，每个议题加分满额为0.4分；配合部门每协助完成一项治理议题，可由主责部门申报、改革小组认定加分0.1分，每年度加分满额为0.3分。由此，"每月一题"设置了具体到部门和时间节点的明确的量化目标作为治理有效抓手，在不耗费额外财力的情况下盘活行政资源、优化配置财政资金。总之，在超大城市的市域治理中，之所以存在大量居民反复提出的共同诉求，一个重要原因是政策支撑与新发展问题的匹配程度有待提高。为了畅通市级政府与属地政府之间的信息渠道、协调不同部门之间的职责分工，"每月一题"由北京市委深改委下设的"接诉即办"改革专项小组实施高位推动。目前已经形成了主责部门与配合部门共同发力的工作氛围，建立了市、区、街乡镇三级协同联动共抓落实的工作机制，发挥了系统治理、协同治理的优势。

（三）多维评价的结题与持续追踪

第三个步骤即"结题"是将议题移出"每月一题"的清单，但这并不代表该项治理工作已结束。"每月一题"的选题与破题周期以年度为单位，但是入选的治理议题并不强制要求在为期一年的时间内彻底解决。由于"12345市民服务热线"的投诉量在一定时间内受到复杂因素的影响，破题成效也并非以诉求量的短期变化为唯一评判标准，群众诉求量、诉求解决数量、解决质量均被纳入考量。每年的年中与年末两次开展第三方满意度调查，年底满意率达85%以上，或者年底较年中满意度有较为明显的提高均可视为阶段性破题成果。市纪委市监委建立健全对"每月一题"的执纪问责监督机制，市政务服务管理局会同市委、市政府督查室建立日常联合督办、重点督查督办工作机制，市民热线服务中心定期通过市民回访了解难点诉求办理情况，监测诉求量变化。

结题的议题虽然退出了"每月一题"治理范围，但是接诉即办改革专项小组办公室仍然会对退出的议题开展"回头看"，尤其是持续监测诉求量的变化，将相关情况向主责部门通报，督促其进行持续治理。总而言之，"每月一题"虽然依靠大数据分析和目标量化实现了问题解决的闭环管理，但并不完全依赖于此，而是在结题之后仍然借助监督机制追求问题的源头治理与长效治理。在市委市政府建立健全的多重监督与跟踪制度之下，一套"全程督办、多方核验"的运行机制正在形成。

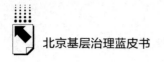

三 "每月一题"的作用机制：市民诉求驱动的市域专项治理

"每月一题"围绕特定议题以年为单位开展集中治理，即在特定时期为达成特定目标所开展的治理属于专项治理的范畴。相较于常规专项治理，"每月一题"的最大不同之处在于，其治理议题来自对市民诉求的大数据分析，是市民诉求驱动的专项治理。此外，"每月一题"还是市级层面开展的专项治理，因此可以称其为市民诉求驱动的市域专项治理。作为一种创新性的市域专项治理机制，"每月一题"能够通过以下三个作用机制推动市域社会治理的现代化转型。

（一）问题导向的上下联动

党的二十大报告指出，要"聚焦实践遇到的新问题、改革发展稳定存在的深层次问题……不断提出真正解决问题的新理念新思路新办法"。"每月一题"主要围绕市民诉求量大、涉及面广的急难愁盼问题进行主动治理，具有鲜明的问题导向。从市域社会治理角度来看，"每月一题"的问题导向具有以下两个鲜明特点。其一，"每月一题"的问题都是长期解决不好的高频共性难题，问题背后往往存在深层次的问题，既有历史遗留下来的利益纠葛复杂的痼疾顽症，也有伴随时代发展出现的新问题，仅仅依靠常规手段难以有效解决，必须积极进行改革创新，从政策、制度、职责等多方面、深层次地去解决问题。其二，"每月一题"的问题是适宜于在市级层面统筹解决的难题，是"街乡镇无法解决、各区无力解决"的问题，如房产证办理难问题，基层在解决时无法突破政策限制，需要在市级层面自上而下解决问题，各个难点问题的症结往往存在于市级层面，只有从市级层面推动才能从源头上破解这些问题。

市域社会治理面临上下信息不对称的挑战。市委市政府在市域社会治理中发挥着十分关键的统筹功能，很多难点问题只有在市级层面统筹解决才最为高效，但是，这些问题又发生在基层，与市级政府存在一定的距离，突破这个距离从而精准地解决人民群众关心的急难愁盼问题就成为市域社会治理面临的挑战。一般情况下，市委市政府通过市、区、街的层级化政府体系与广大市民发生联系，来自最基层的市民诉求经过层层向上传达，往往会出现信息失真问题，市委市政府和基层社会之间容易出现信息不对称，难以精准地把握市民普遍关心的难点问题。而"每月一题"则通过上下联动找到了应对信息不对称的解决方案，其中的关键就在于"每月一题"的问题来自接诉即办机制的大数据，通过对上一年度接诉即办数据的分析，找出群众诉求集中但解决率较低的高频共性难点问题，并对诉求问题形成的原因进行科学分析，选出政府职责范围内且适宜在市级层面统筹解决的问题作为下一年度的治理问题，并将这些治理问题转化为相应市级部门的治理任务，从年初开始对所有问题进行同时部署、同步推进，推动自上而下系统地解决问题。

（二）标本兼治的目标驱动

专项治理具有时间限定性，即要求在较短时间内完成治理目标，是一种短期性治理方式，如何确保其在短期治理中取得长期效果成为专项治理中的一个关键问题。有一种观点认为，专项治理短期内能够集中大量的治理资源并取得突出的治理绩效，但这种治理绩效是应急性的，其长期效果难以保持，在专项治理结束以后容易发生反复。但实际上，专项治理并不必然与长效治理相矛盾，这取决于专项治理的目标驱动，"每月一题"取得成效的关键就在于坚持标本兼治的目标驱动，既要求通过主动治理降低相关选题的市民诉求量，实现治标目标，更要求深挖市民诉求产生的根源，研究出台新的政策举措，用改革思路从根本上破解难题，实现治本目标。

具体而言，"每月一题"的治本取向主要体现在以下几个方面。一是政策举措具有延续性。"每月一题"问题的背后往往存在政策空白，比如房产证办理难就是政策衔接不顺畅产生的历史遗留问题，需要专门出台相关政策才能有效解决，而各项政策举措在该议题退出"每月一题"之后仍然持续发挥作用。二是制度机制具有延续性。"每月一题"中的部分问题源于制度不完善，例如，针对预付式消费退费难问题，审议通过了《北京市单用途预付卡管理条例》，从制度上加以监管规范。三是职责划分具有延续性。"每月一题"围绕问题场景，梳理市、区级部门和街乡镇职责，市委编办与"接诉即办"改革专项小组办公室联合印发《接诉即办"每月一题"专项清单》，进一步明确问题治理过程中各部门的职责，作为基层解决具体问题的"吹哨报到"工作的指引。

"每月一题"标本兼治的目标取向还体现在其考核机制与激励机制上。首先，在考核机制上，"每月一题"将诉求量的变化作为参考因素，更加注重"一方案三清单"的落实完成和实施效果。其次，在激励机制上，"每月一题"更侧重于正向激励，通过各种手段调动市级部门攻坚克难的积极性。市级部门在确保各项政策举措按时落实且第三方评估满意度提升的情况下，能够获得接诉即办考核加分，配合单位也能够获得配合加分，显著提升了市级部门攻坚克难的积极性。

（三）高位推动的系统治理

城市是一个复杂系统，市域社会治理也是一项系统工程，涉及多个层级、多个部门，需要在谋划和推进工作过程中始终坚持系统治理理念，将各方力量凝聚起来形成合力，才能够实现有效治理。北京市是一个超大城市，"每月一题"中的治理问题又多半是疑难复杂问题，这些问题的解决更是离不开系统治理，需要政府内部的层级协同和部门协同以及多方位协同才能实现整体性治理效果。以物业管理问题为例，看似只与社区居委会和物业公司有关，但其实小区内的事务涉及多个部门，例如管道问题、停车问题、安全问题等同时也与住建、交通、公安等部门相关，既涉及部门治理与社区治理的协同，也涉及部门之间的协同，小社区隐含着大问题，必须自上而下地进行系统治理。

高位推动是"每月一题"实现系统治理的关键。系统治理在实践中面临着纵向层级间的执行失真和横向部门间的"孤岛现象"等挑战，容易陷入"碎片化"困境，而高位推动是"具有中国特色党主导下的公共政策执行机制"，市委掌握抓大事的核心政治权力，依靠市委的高位统筹才能整合各方资源实现整体治理，避免出现"台上唱戏、台下看戏"的局面。① "每月一题"中的高位推动体现在以下两个方面。一是高位调度，市委主要领导同志每月主持召开市委接诉即办专题会，听取"每月一题"整体情况和当月主题的 1~2 个具体问题推进情况的汇报，市政府主要领导、分管市领导、"接诉即办"改革专项小组办公室也以各种方式进行定期或不定期的调度。二是高位赋权，赋予市级主责部门对配合部门与区级政府的评价权，积极配合的单位能够获得接诉即办年度考核加分，极大地调动了配合单位的积极性。

四 "每月一题"与市域社会治理现代化

"每月一题"强化了市域社会治理的顶层设计和协同治理，是市域社会治理的重大创新，不仅通过主动治理显著提升了群众获得感，而且还通过问题倒逼推动市域社会治理体系和治理能力的现代化转型。具体而言，"每月一题"在市域社会治理现代化方面的成效体现在以下三个方面。

（一）市域治理问题筛选的精准化

在超大城市快速发展过程中，人民群众基于对美好生活的向往会产生海量诉求。基层治理能力提升的首要条件便是从中捕捉亟待政府解决的急难愁盼问题。"每月一题"的问题筛选，正是精准聚焦于群众急难愁盼又需要协调多方力量攻坚克难的问题。

从横向分布的问题来看，梳理 2021~2024 年"每月一题"分别选取的27 个、18 个、18 个和 13 个年度治理议题，可以发现目前阶段"每月一题"着力解决的问题集中在四大领域。2021 年主要涵盖超大城市发展过程中的历史遗留问题、缺乏政策条例指导的新问题，以及重点基础设施和公共服务

---

① 贺东航、孔繁斌：《公共政策执行的中国经验》，《中国社会科学》2011 年第 5 期。

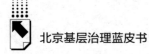

供给问题、监管类问题（见表1）。该工作机制基于数据驱动的系统治理，能够较为准确地"捕捞问题"，较好地实现重点问题的定位与聚焦。

表1　"每月一题"议题梳理（2021年）

历史遗留问题	缺乏政策条例指导的新问题	重点基础设施和公共服务供给问题	监管类问题
房产证难办问题	预付式消费退费难问题	普惠幼儿园入园问题	教育培训机构规范管理问题
小区充电桩安装难问题	无牌照电动车问题	医院医疗服务问题	房地产中介经营不规范问题
小区周边道路停车资源不足、违章停车问题	共享单车乱停乱放问题	居家养老保障问题	拖欠工资问题
农村宅基地问题	网络消费纠纷问题	社区医院资源不足问题	养老机构收费和服务问题
房屋使用问题	群租房问题	农村村民待遇问题	交通噪声扰民问题
老旧小区改造项目推进难问题		农村基础设施建设问题	垃圾清运不及时问题
	—	路灯问题	街头游商占道经营问题
—		地下通道和市政涵洞设施维护问题	大货车交通安全问题

资料来源：笔者整理。

从纵向变迁的问题表述来看，"每月一题"落地以来的问题筛选变化趋势表明，"精准化"的议题筛选是一个逐渐聚焦的过程（见表2）。比如，2021年"每月一题"27个问题中的"农村基础设施问题"涉及范围较广，包括道路、污水、路灯、公厕改造等诸多内容。经过一年的"每月议题"工作开展，对诉求进行深入分析后，发现该类诉求大量集中在农村污水问题。因此在2022年"每月一题"的选题中，将农村基础设施建设进一步缩小到污水治理，污水问题初步解决后，又进一步聚焦为2023年的"农村道路治理问题"，真正进行了"小切口"的精准治理。

表2 "每月一题"议题梳理（2022~2024年）

2022年	2023年	2024年
老楼加装电梯问题	规范物业收费问题	电动自行车充电设施建设问题
房产证办理难问题	老楼加装电梯问题	小区周边公共停车资源有偿错时共享问题
居住区电动自行车集中充电设施建设问题	养老机构监管问题	校园周边交通综合治理问题
中小学教学管理问题	城市绿地建设管理与养护问题	重点群体就业质量问题
新就业形态劳动者劳动保障问题	重点群体就业问题	公园管理服务优化问题
物业服务不规范问题	医保支付及报销问题	文明养犬问题
住宅楼内下水管道堵塞问题	民办义务教育规范管理问题	餐饮油烟治理问题
道路积水问题	农村道路治理问题	旅行社管理问题
农村污水治理问题	农村地区煤改清洁能源运行管护问题	快递末端网点投递服务质量问题
社区健身设施建设与管理问题	健身设施建设与管理问题	居民住宅老旧电梯安全监管问题
农村地区煤改清洁能源后期运行管护问题	社区卫生服务机构管理问题	物业服务规范管理问题
集中供暖不热问题	供水保障问题	体育行业预付式消费治理问题
公交运营调度优化问题	供电保障问题	医疗秩序管理问题
信号灯问题	集中供热问题	
餐饮行业食品安全问题	公交线路站点优化问题	
噪声扰民问题	直播带货虚假宣传问题	
0~3岁婴幼儿普惠托育服务资源不足问题	犬类管理问题	
老楼加装电梯问题	消防疏散通道不畅问题	

资料来源：笔者整理。

总之，"每月一题"立足市民诉求驱动、主动治理的理念，借助"12345市民服务热线"的大数据，实现了精准化的问题筛选。"精准化"既表现在从海量的具体诉求中提炼出类型化问题，也表现在以高频共诉的筛选标准聚焦群众急难愁盼的核心问题。借助上一年度诉求量大、涉及面广的治理问题大数据，基层治理在新一年度得以较为准确地进行问题预判，实施主动治理。

在"精准化"的问题筛选下，治理效率与效果均得以提升。北京市政务服务局统计数据显示，北京市部分高频热点的诉求量明显减少。截至2021年5月底，"27个高频难点问题中已经有15个问题的'12345市民服务热线'派单量出现环比下降。其中，对普惠幼儿园入园、居家养老保障、无牌照电动车充电、预付式消费退费难、教育培训机构规范管理等问题的派单量减少超过10%"。① 精准化的问题筛选为基层治理提供了核心抓手，"每月一题"对首都治理发挥了"磨刀不误砍柴工"的作用。

（二）市域复杂问题疏解的高效化

"每月一题"以高位推动解决重点民生诉求的工作举措，对群众诉求集中的高频共性难题进行专项治理、督促，帮助各主责部门对疑难复杂问题实施政策改革，发挥了从制度规范层面厘清部门职责、查漏补缺政策空白的作用，实现了从解决"一个问题"向解决"一类问题"治理思路的转变。2021年至2023年，依托"每月一题"的工作开展，北京市相关部门共计完成了1000余项任务，出台300多项政策法规。在作为破题成效重要评判依据的第三方满意度调查中，群众满意度占70%，基层一线工作人员的满意度占30%，此外满意度调查还显示，对每年治理的平均整体满意度保持在90%以上。②

"每月一题"在解决群众急难愁盼问题的同时，也有助于降低基层负担。市委编办、市委深改委"接诉即办"改革专项小组办公室名义联合印发的《接诉即办"每月一题"专项清单》等各种政策文件成为基层"吹哨报到"工作的有效指引。自上而下的政策设立、协调与监督工作，正在推动科学化的顶层设计和精准化的基层治理形成正向循环，推动北京市基础性制度的完善和治理能力现代化水平的进一步提升。

"每月一题"中的治理问题都是群众关心的急难愁盼问题，同时也是长

---

① 李文钊：《"每月一题"：推进首都治理体系和治理能力现代化》，http://www.xinhuanet.com/politics/2021-06/22/c_1127586452.htm。
② 《北京市"每月一题"机制有关情况汇报》。

期解决不好的"老大难"问题，这些问题既是挑战也是机遇，也是检验各级各部门干部政治担当的"试金石"，更是锻炼提升干部工作能力的"磨刀石"，大大调动了广大干部干事创业的积极性，形成了迎难而上的工作作风。攻坚克难的办法不是坐在办公室里想出来的，而是在面向一线调查研究的过程中研究出来的，这倒逼广大干部形成面向一线、深入一线的扎实作风。正如李强总理所说"坐在办公室碰到的都是问题，下去调研看到的全是办法"，在此过程中拉近了干群距离、密切了干群关系。

（三）市域问题治理成果的长效化

"每月一题"坚持标本兼治的目标取向，不仅着眼于一时的问题解决，更着眼于构建制度化的治理机制，在治理问题退出"每月一题"选题之后，制度化治理机制仍然能够持续运行，实现长效治理。具体表现在以下两个方面。

一是积极进行政策制度创新，建立长效治理机制。首先，针对疑难复杂问题出台改革创新举措。市规划自然资源委在房产证办理难问题解决中创新提出"尊重历史、无错优先、违法必究"原则，建立健全工作机制，形成"1+10+N"政策体系，为加快化解历史遗留项目不动产登记问题提供了有力支撑。市教委加强学科类校外培训规范管理，持续推动"双减"校外治理政策落地。市卫生健康委积极推进社区卫生服务中心建设，加强医联体内慢性病患者用药衔接，落实为"长处方"和老年人"送药上门"政策。市生态环境局编制《北京市固定设备噪声污染防治指引》，引导商户科学降噪。其次，针对新业态新领域问题加强服务监管。北京市市场监管局制定完善了《电子商务经营者主体责任清单》，强化对平台企业的合规指导和规范治理。市人力社保局规范平台用工、完善职业伤害社会保障制度，推动形成党建引领、行业规范、司法溯源、群团关爱、企业主责的工作格局。

二是明确场景化职责清单，建立部门和政府间的职责指引。"三定方案"界定的部门职责常常存在很多模糊之处，与群众诉求的综合性和复杂性不相匹配。"每月一题"从市民诉求出发，围绕诉求解决的治理场景，梳理更为精细的职责清单，实现了部门之间的科学分工和有效协同，从制度根源上提升了对市民诉求响应的效率。2021~2022 年，北京市政务服务和数据管理局组织市级主责部门共梳理了市、区级部门和街乡镇有关 44 个问题的538 项职责，市委编办、"接诉即办"改革专项小组办公室联合印发三批《接诉即办"每月一题"专项清单》，明确问题治理过程中各部门的职责，为"每月一题"的治理确立职责规范，为解决具体问题的"吹哨报到"提供工作指引，为市民热线服务中心精准派单提供派单目录。专项清单突出精细治理，每个问题均按照不同类型或工作流程细分，厘清各部门的职责分工；突出协同治理，每个场景均聚焦具体问题，并明确市、区级部门和街乡镇的职责分工。

五　结论与讨论

市域社会治理在国家治理中发挥着承上启下的枢纽作用，推进市域社会治理现代化是国家治理现代化的重要内容。北京市在接诉即办改革基础上建立的"每月一题"机制，是围绕广大群众的急难愁盼问题和超大城市基层治理的难点痛点问题展开的主动治理，是深入推进市域社会治理现代化的重要探索。"每月一题"的运作机制可以划分为政策诉求驱动的议题甄选、条块联动的治理难题破解、多维评价的结题与持续追踪三个步骤，由此建立了对每一个问题的闭环治理机制，确保每个问题都能得到及时处理。"每月一题"是市民诉求驱动的市域专项治理机制，它的作用机制表现在问题导向的上下联动、标本兼治的目标驱动、高位推动的系统治理等三个方面。"每月一题"不仅通过主动治理显著提升了群众的获得感，而且还通过问题倒逼推动市域社会治理体系和治理能力的现代化转型，实现了市域治理问题筛选的精准化、市域复杂问题疏解的高效化和市域问题治理成果的长效化。

"每月一题"在取得显著治理成效的同时，在以下几个方面仍有待完善。一是加强社会动员，提升政社协同共治水平。"每月一题"增强了政府内部的压力传导，推动了各个部门和各个层级之间的协同治理，显著提升了政府内部治理效能，但是，政府自身的治理资源是有限的，仅仅依靠政府资源，其治理效能也是有限的。因此，应进一步加强社会动员，推动市民、企业等多元主体的社会参与，积极吸纳社会资源，实现政府资源和社会资源的最大化合力。例如，在加装电梯问题上，可以借鉴其他城市的做法，由以政府出资为主转变为以社会出资为主，为此尚须通过深入的社会动员来引导居民观念的转变。

二是加强政策执行能力，实现政策创新与政策执行的同步发力。"每月一题"所要解决的都是市民急难愁盼的痛点难点问题，是区、街两级解决不了而适宜于由市级层面推动解决的问题，主要通过市级层面的政策创新来推动解决，例如面对新业态发展中出现的监管空白问题，亟须出台相关制度规范。但是，仅仅进行市级部门的政策创新是不够的，还应该进一步关注政策创新在基层的执行情况，创新政策往往容易遭受旧有政策的抵制，需要通过更有力的执行监督来推动其得到有效落实。此外，加强政策执行，还能够更及时地获得政策反馈信息，以更好地优化政策设计，实现政策设计与执行的支撑与互补。

三是加强需求导向，实现问题导向与需求导向的有效结合。"每月一题"是问题导向的治理机制，市民诉求就是治理问题的表现。但是，接诉即办中的市民诉求只是代表了一部分市民的诉求，还有很大一部分市民并未通过市民热线表达自己的诉求，可能具有局部性；而且，部分市民诉求可能超出政府职责范围，可能具有失真性。在这种情况下，完全以市民诉求表达的治理问题作为"每月一题"的治理目标具有一定局限性，"每月一题"应更多地从群众需求出发进行政策设计，而在政府资源有限的情况下，群众需求满足可能是一个长期的过程，对于短期内难以解决的诉求突出的问题，应当通过更长远的治理规划去渐进解决。

B.8
以接诉即办为牵引提升
街乡镇精细化治理水平
——治理类街乡镇治理的实践探索

鄂爱红 李澜佳*

摘 要： 治理类街乡镇治理是北京市接诉即办改革的重点工作。治理类街乡镇是指群众诉求集中的街乡镇，治理类街乡镇治理是依据接诉即办诉求情况进行动态管理的一种专项治理。在介绍治理类街乡镇的由来、治理类街乡镇治理的特征和做法的基础上，从动态能力理论的视角对治理类街乡镇治理的经验进行总结。治理类街乡镇治理的经验可以概括为：通过诉求感知治理问题，洞察治理能力短板；用好压力加减阀，激活治理动力；重组治理资源，提升治理能力；固化体制机制，创新治理工具等。未来治理类街乡镇治理还需要进一步平衡好治理与发展、治理与服务、治理与管理的关系，推进治理能力持续提升。

关键词： 接诉即办 治理类街乡镇治理 动态能力理论

近年来，北京市坚持以人民为中心的鲜明导向，以接诉即办改革为牵引，推动基层治理能力不断提升。以市民诉求为驱动的接诉即办改革，致力于通过"诉求"发现与群众生活密切相关的治理问题，建立政府部门与群

---

* 鄂爱红，博士，中共北京市委党校教授，北京市接诉即办改革研究中心研究员，主要研究方向为行政伦理、领导科学等；李澜佳，中共北京市委党校硕士研究生，主要研究方向为行政管理。

众之间的"供需"沟通机制，打通基层治理的痛点堵点，创造一系列机制体制创新的经验，打造"中国之治"的首都样板。其中，"治理类街乡镇治理"通过一系列体制与机制创新，推动了重点街乡镇治理能力和治理水平的提升。本文以治理类街乡镇为研究对象，从动态能力理论视角观察治理类街乡镇治理能力提升的经验密码。

一 背景概述

治理类街乡镇整治提升工作是选取群众诉求集中、基层治理基础薄弱的街乡镇，通过强化资源禀赋、优化治理单元，开展专项治理，持续缩减诉求问题。2019年5月，市委主要领导在区委书记点评会上要求，将每月接诉量前十位和常住人口20万人以上、需要补短板的街乡镇作为治理类街乡镇，深入开展整治提升，由市疏整促专班结合"疏解整治促提升"专项行动进行督导治理。

治理类街乡镇具有人口多、面积大、城乡发展问题交织等特征，成为接诉即办改革的重点和城市治理的痛点。自开展治理类街乡镇整治提升工作以来，累计30个治理类街乡镇被纳入市级督导范围，涉及10个区，面积1020平方公里，占全市面积的6.2%，常住人口532万人，占全市常住人口的24.3%。在北京市委市政府的带领下，疏整促专班督导各市直部门、各区、各街乡镇，通过聚焦重点问题、创新治理机制、改革治理体制等举措，解决了一大批关于城乡建设、物业管理、农村管理等多个领域的主要治理难题。2023年考核周期（2022年12月至2023年11月）数据监测显示，22个治理类街乡镇接诉量共16.9万件，占全市10.1%，较2022年同期下降5.3个百分点，17个街乡镇接诉量排名下降，14个街乡镇"三率"综合排名上升。

治理类街乡镇是基层治理问题集中的典型区域，是承载首都功能与经济发展的重点区域。治理类街乡镇在核心区、中心城区（除核心区）、城市副中心、平原新城、生态涵养区等不同功能区均有分布，涉及老城区街道、基本完成城市化的乡镇、城乡化进程中的乡镇、纯农村乡镇等不同形态。治理类街乡镇存在的违法建设、老旧小区综合整治、农村基础设施薄弱、小区配套设施不足等方面的问题基本涵盖了本市不同阶段街乡镇的发展问题和治理问题，具有代表性和普遍性。从接诉即办改革的视角来看，治理类街乡镇的主要特征有以下几点。

第一，治理类街乡镇是群众诉求最集中的区域。治理类街乡镇是依据接诉即办诉求情况进行动态管理的一种专项治理，其标准也会根据形势变化做出动态调整。2022 年出台的《深入推进治理类街乡镇整治提升工作实施方案》按照"诉求导向、综合考量、差进优出、滚动治理"的原则，重点对进入标准和退出标准进行调整。但无论怎样变化，坚持以接诉量为主要指标最基本的原则，在"月接诉量半年内累计三次进入全市前十"的基础上，将"年度接诉量位于全市前三十的街乡镇"作为纳入标准。同时，将"街乡镇'三率'年度综合排名处于全市街乡镇后一百名（全市共有 343 个街乡镇）"和"年度万人诉求比高于全市常住人口 10 万人以上街乡镇平均值（平均值为 624.5 件）"作为综合参考标准，主要反映街乡镇的治理能力和人口因素的影响。

第二，治理类街乡镇治理是政府主动治理的主要抓手。接诉即办改革从"街乡吹哨、部门报到"延伸到接诉即办，在这基础上又向"主动治理"深化。2021 年 9 月，《北京市接诉即办工作条例》作为全国第一部规范接诉即办工作的地方性法规发布施行。其中，单独设立了主动治理的章节，提出"市、区人民政府应当聚焦诉求反映集中的高频次、共性问题，开展重点领域和区域治理"。该条例明确了将重点区域治理纳入主动治理范围，为深入推进治理类街乡镇治理工作提供了法律保障。2021 年 11 月，北京市委深改委第二十三次会议审议通过了《关于推动主动治理未诉先办的指导意见》，对"每月一题""治理类街乡镇"等改革探索进行了固化提升，明确了专项治理解决重点区域问题的思路，条上主要抓"每月一题"，块上以治理类街乡镇为主要抓手。

第三，治理类街乡镇治理是解决首都基层治理痛点的实践探索。北京作为首都，基层治理面临一些特殊情况，一方面首都承担着重大活动服务保障、服务中央单位的重要职责，社会各界对首都城市治理能力和治理水平要求较高，比如市域内高铁和干线铁路承担较多特勤任务，对铁路沿线周边安全保障和环境整治提出更高要求，城乡接合部重点村人口倒挂、违法建设、消防安全隐患、社会治安等问题突出，社会各界高度关注。另一方面驻地主体多元，隶属各异，层级跨度大，统筹协调难度大，比如街乡镇作为最基层的一级政府，虽能发现问题，由于辖区单位部门级别高、无隶属关系等，往往只能是"看得见、管不了"。通过治理类街乡镇整治提升，进一步推动市、区、街多级协同联动、条块合力，探索提升首都基层治理能力的创新路径。

二　治理类街乡镇治理的具体做法

（一）治理类街乡镇的概念

治理类街乡镇是市民诉求集中、基层治理基础薄弱的街乡镇。但治理类街乡镇不是落后街乡镇，也不是软弱涣散街乡镇。它与治理类街乡镇进入标准和退出标准紧密相关，进入、退出标准进行了三次调整。2019 年 5 月，进入标准为"每月接诉量前十位和常住人口 20 万以上须补短板"；2019 年 10 月至 2021 年 12 月，进入标准调整为"月接诉量半年内累计三次进入全市前十"；退出标准确定为"降量、提率、脱低"。①

2021 年 12 月北京市接诉即办改革专项小组发布的《深入推进治理类街乡镇整治提升工作实施方案》对进入、退出标准根据科学研判进行适时调整。2022 年 1 月至今，在"月接诉量半年内累计三次进入全市前十"基础上，将"年度接诉量位于全市前三十"的街乡镇作为纳入标准。退出标准是三个条件达到其中之一：一是连续 12 个月未进入接诉量全市街乡镇前十，

---

① 降量指接诉量连续一年未进入全市街乡镇前十，提率指市民诉求解决率达到 60% 以上、满意率达到 70% 以上，脱低指一年内两率排名未进入全市街乡镇后 10%。

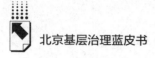

或年度接诉量未进入全市街乡镇接诉量前三十；二是连续 6 个月或年度"三率"综合排名在全市街乡镇前 50%；三是年度万人诉求比低于全市常住人口 10 万人以上街乡镇平均值。

（二）治理类街乡镇的治理思路

1. 近期目标与长远目标相结合

由于治理类街乡镇的进入、退出标准非常具体明确，因而，治理类街乡镇的治理目标和任务也高度明确和聚焦。其近期目标就是围绕接诉即办工作，降低治理类街乡镇派件诉求量，提升街乡镇综合排名，推动治理类街乡镇达标退出。从长远目标来看，与接诉即办改革目标相一致，坚持系统治理，整体提升区域治理水平。

2. 三阶段有序化逐渐推进治理

按照主动治理、未诉先办、巩固成果的要求，将街乡镇治理分为未进先治、治理提升、退出指导三个阶段。第一阶段为未进先治阶段。对月接诉量进入全市街乡镇前十但未达到治理标准的街乡镇开展"未进先治"约谈。第二阶段为治理提升阶段。包括确定治理类对象和任务，制订计划和方案，开展集中治理，评估体检，巩固成效等。第三阶段为退出指导阶段。治理类街乡镇经评估退出后，市疏整促专项办按照"退出不等于放松""一段时间内政策和机制不变"的要求，保持诉求动态监测跟踪。

3. 系统治理融入市级部门重点工作

坚持系统治理，将群众诉求解决与各项经济社会发展具体任务有机融合。具体地说，任务聚焦"两个围绕、四个结合、一个攻坚"等七个方面。两个围绕是围绕社区居住环境改善着力降低群众诉求、围绕党建引领提升基层治理软实力；四个结合是结合"每月一题"强化主动治理未诉先办，结合"疏解整治促提升"专项行动夯实城市治理基础，结合新农村建设提升村庄人居环境，结合城市更新提升完善区域功能，打造活力空间；一个攻坚是持续推进对历史遗留问题的攻坚治理。

（三）治理类街乡镇的治理路径

治理类街乡镇是北京市接诉即办改革的重要场域与创新载体，是提升首都治理精细化水平的抓手之一。其主要举措包括以下几点。

1. 实行"方案+清单"精细化管理

"方案+清单"是整治提升工作的基础。治理类街乡镇以及部分区统筹制定街乡镇和区级整治提升工作方案均借鉴疏整促专项行动管理经验，按照"量化、细化、具体化、项目化"原则，梳理形成资金项目清单、任务事项清单、需要上级支持事项清单、政策需求清单并动态更新，形成"一街镇一方案四清单"，各级围绕方案和清单推进整治提升工作。其中，资金项目清单和任务事项清单中的任务由街乡镇负责推进落实，市级牵头督导部门加大任务落实的市级督导和具体事项的协调力度；需要上级支持事项清单中的任务作为"吹哨报到"重点推动解决事项，由街乡镇"吹哨"，召集市区相关部门现场办公、集体会诊、合力推动解决问题。

2. "吹哨报到"解决基层实际问题

提级响应"吹哨报到"是市级支持治理类街乡镇治理的重要抓手。以提高"吹哨报到"效能为手段，以解决问题为最终目标，探索层级递进"吹哨报到"机制，从街乡镇"吹哨"到区级部门"报到"，再到市级部门提级响应，围绕重难点问题攻坚克难。针对跨行业、跨区域、超越基层权限的复杂难题，街乡镇提出"吹哨"诉求，组织市级部门提级"报到"响应，协调推进主管领域专项治理任务。2019年以来，市级单位到街乡镇"报到"150余次，召开部门协调会120余次。2022年，围绕需要上级支持事项清单涉及的103项任务开展"吹哨"30余次，市属国有企业在市国资委大力支持下，积极通过"吹哨报到"方式，与属地街乡镇共同推进基层治理。

3. 利用补助资金适度补齐设施短板

治理类街乡镇整治提升工作纳入"疏解整治促提升"市级引导资金补助范围，按照每个街乡镇每年2500万元的标准进行补助，采取"当年预拨、次年清算"方式拨付各区。一些区政府主动作为，参照北京市的相关政策，

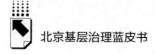

出台区级治理类街乡镇治理方案，推动重点街道乡镇治理水平提升，例如，朝阳区参照市级资金补助方案，在制定严格规范的使用规定的同时，给予每个治理类街乡镇1000万元的治理补助资金。

市级补助资金使用应坚持以诉求为导向，项目安排上既要避免"遍撒芝麻盐"，也不能过度集中，重点围绕社区居住环境改善、农村人居环境提升、公共空间综合整治、基础设施提升、公共服务补短板、低效闲置空间更新提升、基层治理能力提升、群众诉求集中社区（村）综合治理等治理类街乡镇整治提升专项任务，以及"每月一题"涉及在属地落地推进的治理任务。注重接诉即办与主动治理相结合、硬件设施和软治理能力双提升。

4. 举一反三，推动问题系统解决

聚焦重点领域开展专题研究。着力储备专题政策和典型案例，围绕物业管理、安置房小区、农村煤改电、小区停车收费、群众诉求集中领域和区域、城市更新体系、接诉即办体系等方面开展专题研究并形成报告。积极开展"抓案例促提升"。在治理类街乡镇治理和"向前一步"节目中形成案例池，从中精选剖析典型案例，形成《治理类街乡镇整治提升典型案例分析与对策建议》成果集，报送市委市政府领导，分送市级相关部门和16个区委区政府主要领导，供决策参考及各街乡镇深入学习借鉴。

5. 评估指导提升基层治理能力

引入第三方对治理类街乡镇治理活动开展评估体检，逐个盘点基本情况、存在的薄弱环节、诉求易发高发事项和治理对策，深入掌握一线具体情况，找准治理重点。把对基层培训指导作为提升治理能力的重要抓手，结合街乡镇基层一线具体需求，组织市级部门、相关专家详细解读物业管理条例、生活垃圾管理条例等政策文件，聚焦房山、通州、丰台等区的治理类街乡镇普遍反映的物业管理能力提升、社会组织参与、宅基地管理、老旧小区改造等问题，采取专家授课、案例分享、经验交流等方式，月月定期组织开展培训指导，提高基层干部精准把握和正确运用政策的能力。

三　动态能力视角下的治理类街乡镇治理的经验

城市中不同区域在基础设施、民生保障、公共服务等方面存在差距，这是快速城镇化和人口流动的社会发展进程中普遍面临的问题。治理类街乡镇治理瞄准群众诉求集中、基层治理基础薄弱的街乡镇开展集中整治，让群众切实感受到治理成效，为破解超大城市发展中不平衡不充分的矛盾探索了一条新路，也在推动基层政府治理创新、提升基层政府精细化管理和服务能力方面起到重要的示范作用。

治理类街乡镇治理的实践创新，一方面是致力于补硬件短板，激活发展潜力，平衡区域发展差距；另一方面是为街乡镇赋权，创新行政机制，政府各层级、各部门分工协同，系统性解决群众诉求的重点难点问题。治理类街乡镇治理作为一项专项治理措施，要解决的问题既包括长期以来与发展相伴生的老问题，也包括新的发展时期公共服务需求升级所带来的新问题。为了匹配治理类街乡镇治理能力不断提升的动态属性，引入了动态能力理论作为观察视角。

动态能力理论是组织战略管理中的一个经典理论，最初由美国管理学家大卫·梯斯等人提出。动态能力是指组织整合、构建、重新配置内部和外部能力以应对快速变化环境的能力，是指组织持续地建立、调适、重组其内外部的各项资源来达到竞争优势的一种弹性能力。动态能力理论认为组织在动态环境中维持竞争优势的关键要素是由资源识别能力、资源获取能力和资源整合能力所构成。还有学者研究认为，动态能力具有结构性层阶的属性，既包含处理常规事务的低阶能力，也包括各种创造、拓展和更新的高阶能力，隐含了追求组织日常管理和创新探索之间二元平衡的理念。受上述研究的启发，国内有学者认为："动态能力具体包含环境洞察能力、价值链配置与整合能力、资源配置与整合能力等。"[1]

---

① 李兴旺、王迎军：《企业动态能力理论综述与前瞻》，《当代财经》2004年第10期。

动态能力理论是基于企业组织战略管理的理论，但以之分析政府治理能力提升也具有一定的适配性，原因在于：其一，政府治理环境处于不断的变化之中，政府治理需要根据不断变化的环境来增加组织弹性；其二，在公共管理中激活现有的资源、开发新的治理资源已成为越来越重要的能力，这也是政府由管理迈向治理的必然要求；其三，政府平衡日常管理的稳定性与不断创新的动态性越来越重要，这也是韧性治理日益受到重视的原因。基于此，本报告以动态能力理论为分析框架，以能力为核心，从能力的感知、激活、提升、固化四个方面对治理类街乡镇治理能力提升的路径进行总结（见图1）。

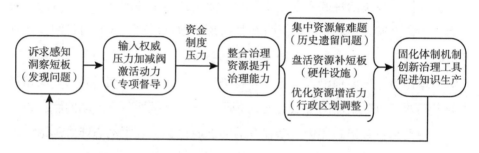

图1　治理类街乡镇能力提升路径

资料来源：笔者自制。

（一）通过诉求感知治理问题，洞察治理能力短板

对治理目标与问题进行感知与洞察是治理的前提。在政府决策过程中，长期存在政策供给与政策需求之间不对应、不平衡的问题，影响政府资源配置的精准度和政策的有效性。能否精准地感知公众的需求是衡量政府资源配置能力强弱的基础。在信息社会普遍存在信息失真现象的情况下，精准感知社会需求成为社会治理的难点。接诉即办机制以市民诉求为牵引，推动社会感知的发展，重新定义城市治理的社会协同，形塑了城市感知新范式，也为构建城市街道乡镇治理结构、创新城市治理模式提供了新的视野。与传统政府信息化工作和政务数据应用不同，在

接诉即办改革中，以市民诉求数据为代表的大数据扮演了核心角色，这种对治理环境的感知方式被称为"人感城市"。接诉即办改革机制的一大特点在于以市民诉求驱动治理，因为市民诉求能感知当前城市治理中存在的短板与问题。

街乡镇治理能力提升与政府的洞察能力密切相关，只有先知道问题出在哪里，才能在治理上精准发力。在治理类街乡镇整治提升工作中，接诉即办机制提供的群众诉求为街乡镇摸清问题症结所在、对症下药、开展主动精准治理提供了前提。

1. 洞察全局，把握问题全貌

有时候问题本身或许会带来许多新的机会和可能性。全局思维可以帮助发现并利用这些机会，从而为工作带来更多的创新和成长。一方面，市民诉求作为一种综合性的数据汇总，可以帮助全面了解治理方面的各种问题，为做出决策提供支持。治理类街乡镇高发的群众诉求暴露了城市快速发展进程中包括规划、建设、管理等各个领域存在的问题。另一方面，以全局思维把握问题全貌，有利于寻求解决问题的路径。

2. 分析细节，摸清问题症结

治理类街乡镇整治提升工作坚持以人民为中心、以区域治理能力系统提升为方向，围绕群众身边的操心事、烦心事、揪心事，实施一批基础设施补建、公共服务配套、环境治理、腾退空间利用等方面的主动精准治理项目，让群众切实感受到公共治理的成效。要想主动精准治理，街乡镇必须"先诊断再治理"。在诉求评估基础上，围绕多方面社会反映、疏整促存量情况、规划落实情况、基层治理情况等开展综合诊断，形成综合诊断报告。主动精准治理在推动基层政府治理创新、提升基层政府精细化管理和服务能力方面起到重要的示范作用。

（二）用好压力加减阀，激活治理动力

疏整促专项办的督导办理是治理类街乡镇治理的关键机制。首先，治理类街乡镇整治提升工作正是在压力型体制作用下得以高效完成，这一过程中疏整促专项办发挥了关键作用。在开展治理类街乡镇整治提升工作过程中,各街乡镇作为诉求办理量较多的行政区域,治理成效高度影响着行政主官和本级政府职员的晋升、福利等利益,因此他们会下大力气完成疏整促专项办等安排的任务,并积极开展主动治理。其次,疏整促专项办通过区级帮扶督导方案、整治提升方案、资金项目清单和任务事项清单即"两方案+两清单"对各治理类街乡镇的治理任务进行安排并以此作为考核依据。最后,市级层面会对治理类街乡镇进行资金和相关政策照顾,协助提升治理。

1. 加压阀一:"两方案+两清单"明晰目标与考核依据

在治理类街乡镇整治提升过程中,各区以评估报告、综合诊断报告结论为引导,组织编制方案和清单。区级帮扶督导方案侧重健全完善区级工作组织和工作机制;街乡镇尤其是末位提升的街乡镇紧紧围绕"降量提率"编制整治提升方案、资金项目清单和任务事项清单,力争当年纳入当年退出;挂账整改的街乡镇以确保年底前达标退出为目标,编制综合整改方案、资金项目清单和任务事项清单;主动精准治理的街乡镇以提升区域治理能力为目标,编制为期两年的主动精准治理方案、资金项目清单和任务事项清单,并明确各项任务的年度目标,其中精准治理的重点领域在任务和清单中单列。"两方案+两清单"从制度层面将治理压力明确传递到街乡镇政府,构成了整治提升的加压阀,从而激活治理动力。

2. 加压阀二:考核结果与晋升福利挂钩

接诉即办"三率"考核结果成为各级各部门主要的绩效考核依据。每月对各承办单位接诉即办案件情况进行排名,对排名靠后单位的负责人进行约谈。将接诉即办办理情况作为干部平时考核、年度评优选先以及绩效考核的重要参考依据,督促各承办部门切实提高服务工作质量和效率。各地区各部门纪委、监委立足监督首要职责,紧盯监督重点和群众反映诉求较多的问题,压紧压实主体责任。正是在这一机制的作用下,疏整促专项办的督导办理得以发挥实效,各单位不遗余力朝着预定目标努力。

3. 减压阀：资金与政策扶持

资金缺口与协调难题是基层治理中面临的两大难题。需要精准对标难题，为治理类街乡镇综合整治提升提供相应支持。一方面，将治理类街乡镇整治提升工作纳入"疏解整治促提升"市级引导资金补助范围，按照每个街乡镇每年固定的标准进行补助，采取"当年预拨、次年清算"方式拨付各区。原则上对每个街乡镇支持最长不超过三年。各区在市财政局、市发改委督导下，负责资金使用和管理，对已纳入其他专项资金保障的、政策明确要求通过市场化方式推进的、保障街乡镇及下属机构日常运行的项目，原则上不得使用市级补助资金。另一方面，为保证治理类街乡镇能为老百姓办成事，市委市政府对于一些跨区难题、历史难题会出面协调，给予政策支持。

（三）重组治理资源，提升治理能力

识别、获取与配置资源构成政府动态能力的核心，感知需求与对需求的分析管理决定了资源配置的方向，同时通过制定标准、确定规则、打造范式等营造出有利于问题解决的形势和局面。治理类街乡镇重组利用资源的做法可概括为以下三方面：集中资源解决历史难题、盘活资源补充硬件短板、优化资源提升体制活力。

1. 集中资源解决历史难题

历史遗留难题背后涉及诸多主体，利益关系复杂，时间跨度久远，随着时间发展和环境变化，解决难度持续增加。接诉即办改革触动的这类问题也是市民诉求相当集中的领域。2023 年，北京市疏整促专项办首次对连续三年未能退出的 7 个治理类街乡镇实施为期一年的重点挂账治理，集中整改，统筹市区资源，下大力气推动问题解决。截至 2023 年底，7 个挂账整改类街乡镇 189 项年度整治提升任务已全部完成。

2. 盘活资源补充硬件短板

唤醒"沉睡资源"，激活"治理潜能"，真正让闲置资产活起来、动起来。治理类街乡镇以盘活资源为思路，积累了盘活资源补充硬件短板的经验。一方面，协调职能部门补充建设完善硬件基础设施；另一方面，通过盘活资源，使沉睡的资源在补齐民生短板、基础设施建设等方面发挥更大作用。通过摸清家底、弄清存量资金数量、对各项往来资金进行详细核算、合规合理地申请使用经费，使原有的闲置资源最大限度地发挥作用。什刹海街道兴华社区失管央产房更新改造案例就是协调闲置资源补充硬件短板的典型。

此外，对社区进行"微更新""微改造"，通过多方资源和力量的叠加，实现社区空间环境品质提升和功能塑造，是治理类街道乡镇整治提升的又一用活资源的经验做法。闲置场地利用的主要方向是通过活化利用改善公共活动空间和提升居住区风貌。对社区闲置、废弃的空间进行微改造、精提升，补充居民需要的休闲空间、游憩空间、儿童游乐空间、老年人交流空间、健身场地、健身设施等，以此来丰富公共活动空间，通过改造绿化、种植绿植，建设微花园、微绿地等途径来提升居住区风貌。

3. 优化资源提升体制活力

传统的行政区域划分是由外部性、规模经济、服务边界、人口密度、地理和文化差异决定的。行政区域过小，容易触发外部性且无法形成规模经济；行政区域过大，会导致偏远地区居民获取公共服务的代价过大。规模经济与人口密度是决定行政区划大小合理的关键因素。从服务与管理的角度来说，面积过大、人口过多会带来一系列管理难题，如公共配套设施跟不上，社会治安管理难度大，公共服务不能全面覆盖等。区域人口众多导致基层治理力量与服务人口数量不匹配，这也是本地群众诉求多的重要原因之一，需要采取城市管理体制改革的手段加以解决，通过合理调整街乡镇行政区划，进一步扩大服务群众的资源和力量，提升服务群众的能力和水平。

北京市近年来推动接诉即办改革，一些区域内接诉即办量居高不下的重要原因之一就是行政区域过大、人口过多，从而影响了管理效率与效果。行政区域小了，居民人数少了，街乡镇政府就可以更好地满足群众诉求，提供更精细化的管理和服务。北京市从调整行政区划和增设社区两方面优化行政资源。截至目前，已推动昌平区回龙观镇，通州区梨园镇、永顺镇，丰台区大红门街道、东铁匠营街道等 7 个街镇完成了行政区划调整。

（四）固化体制机制，创新治理工具

1. 固化体制机制

在治理类街乡镇治理中，要注意硬件、软件一起提升，治理、服务同时推进，加快补齐民生短板，着力解决引发诉求的重点难点问题，同时形成并固化一系列的治理机制。《关于深化治理类街乡镇整治提升工作实施方案》对治理类街乡镇工作进行了全面系统的制度化设计，进一步增强了工作的系统性、科学性、有效性和针对性。在进入标准和退出标准上，按照"诉求导向、综合考量、差进优出、滚动治理"的原则，使进入标准和退出标准更加科学合理、精准有序。在工作机制上，明确深化"吹哨报到"、加强政策创新、强化资金支持等保障措施，更好发挥好治理类街乡镇作为基层治理创新重要载体的作用。

2. 创新治理工具

治理工具是指参与治理的各主体为了解决公共问题、实现一定治理目标而采用的可辨别的工作机制或策略。没有治理工具，任何一个政策的执行都是空中楼阁，治理类街乡镇治理通过一系列机制、体制与方法的创新，创造和增加了政府的治理工具。一是通过对新的工具与技术的控制和指引来提升治理效果，为解决超大城市规模问题及其治理负荷问题提供了可行路径，同时也为解决"最后一百米""看得见、管不着"的问题提供了具体方法。二是在治理类街乡镇治理中，因资源的聚合与投入，带动了项目与活动，在提升重点街乡镇治理水平的过程中，社会组织与群众的积极性被调动起来，成为构建基层治理共同体的积极力量。治理类街乡镇在整治提升过程中不断开展主动治理，在搭建治理平台、推动基层治理共同体形成方面的效果非常显著。如利用社区网、业主 App、微信群等线上议事协商平台，引导居民参加社区事务讨论，协商解决社区各类问题。

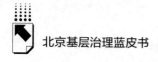

3.促进知识生产

围绕"整顿、治理、改革"生动实践，及时总结和深化提炼治理类街乡镇整治提升中好的做法，编制印发治理类街乡镇治理典型经验，从问题整治、机制创新、体制改革等方面为街乡镇治理提供标杆经验。

治理类街乡镇是城市治理的痛点和接诉即办的重点。治理类街乡镇在治理过程中着力储备专题政策和典型案例，围绕物业管理、安置房小区、农村煤改电、小区停车收费等群众诉求集中领域和区域，以及城市更新体系、接诉即办体制等方面开展专题研究并形成报告。北京市"疏解整治促提升"专项行动工作办公室从治理类街乡镇"抓案例、促提升"活动上报案例及《向前一步》节目案例中，精选群众诉求强烈、代表性强、难度大的领域和群众诉求集中的高频问题进行典型案例分析，形成了《治理类街乡镇整治提升典型案例分析与对策建议》成果集，共研究形成典型案例分析报告15篇，涉及地下停车位争议、生活噪声扰民、共有产权房维保、新能源充电配套设施安装、电动自行车安全充电等内容。这些案例分析及对策建议能够帮助各街乡镇全面提升接诉即办工作绩效，促进提升基层治理体系和治理能力现代化水平。

把对基层的培训指导工作作为提升治理能力的重要抓手，结合街乡镇基层一线具体需求，组织市级部门、相关专家详细解读物业管理条例、生活垃圾管理条例等政策文件，聚焦房山、通州、丰台等区的治理类街乡镇普遍反映的物业管理能力提升、社会组织参与、宅基地管理、老旧小区改造等问题，采取专家授课、案例分享、经验交流等方式，月月定期组织开展培训指导，提高基层干部精准把握和正确运用政策的能力。

四　结语

街乡镇一级政府是最接近民众、最接近问题源的政府组织，是政府治理与社会治理密切联系的层级，是超大城市精细化治理的主要场域。街乡镇的治理水平是政府治理能力最集中的体现，治理类街乡镇治理以接诉即办诉求牵引，在提升街乡镇精细化治理水平方面取得显著效果，创造了经验。治理类街乡镇整治提升作为一项专项治理，其最大的启示是坚持问题导向、系统治理，将制度优势转化为治理效能，通过考核排名、资金支持、荣誉激励等一整套目标任务明确、时间节点清晰、验收评估严格的程序化治理，在最短的时间内取得最显著的效果。

不同于一般的运动式专项治理，经过五年的实践，治理类街乡镇整治提升已经形成固化的机制和体制，在治理工具创新和推动知识生产方面产生了长期的效果。但从动态能力理论的视角来看，治理类街乡镇治理尚须重点处理好以下几个关系。

第一，治理与发展的关系。治理类街乡镇并不是经济落后的街乡镇，而是由于城市发展新产生的治理问题较多的街乡镇。在城市发展的进程中，治理类街乡镇承载了大量的流动人口管理、核心城区功能疏解等功能。接诉即办改革使诸多潜在的治理问题得以显现。治理类街乡镇治理通过解决物业管理、老旧小区改造、重点工程扰民等方面的问题后，"降量、提率"的效果极为明显，同时也对发展产生一定的影响，需要不断统筹治理与发展的关系，实现治理能力的持续提升。

第二，治理与服务的关系。以接诉即办诉求为问题感知，调动一切资源和力量解决群众的诉求，在一定程度上解决了对"诉求人"的公共服务短板问题，提升了群众的获得感和幸福感。尽管有些问题的形成与规划不合理、建设不达标、治理权责不清晰等相关，存在被诉求方"无过错"的问题，但解决类似的问题需要投入大量的治理资源，势必会影响关涉大多数人利益的公共服务设施的建设与维护。平衡好二者的关系是治理类街乡镇治理中需要把握的"度"。

第三，治理与管理的关系。治理类街乡镇在开展治理中，特别重视与其他工作的相融相接。如在与"每月一题"相融合中创造了政策解读、高位协调、重点攻坚等机制，对于破解难题效果显著，但总体来说，这些做法都是在体制之外以"专项"整治的形式推动问题解决的。未来还需要在专项治理与日常管理中寻找平衡，将重视问题处置转向重视消除治理问题产生的

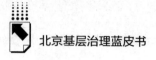

根源，以提升管理的专业化、科学化、法治化水平，推进治理体系与治理能力的现代化。

参考文献

1. 北京市"疏解整治促提升"专项行动工作办公室编《治理类街乡镇整治提升典型案例分析与对策建议》，2021年12月，内部资料。

2. 北京市委全面深化改革委员会接诉即办改革专项小组：《北京市党建引领接诉即办改革典型案例》，2022年12月，内部资料。

3. 北京市"疏解整治促提升"专项行动工作办公室编《街乡镇治理典型案例集》，2023年12月，内部资料。

4. 中共北京市委深改委"接诉即办"改革专项小组：《关于推动主动治理未诉先办的指导意见》，2021年12月。

5. 张革、张强主编《北京接诉即办改革发展报告（2021~2022）》，社会科学文献出版社，2022。

6. 中国社会科学院政治学研究所课题组：《坚持人民至上 共创美好生活——北京党建引领接诉即办改革发展报告》，《管理世界》2023年第1期。

7. 李兴旺、王迎军：《企业动态能力理论综述与前瞻》，《当代财经》2004年第10期。

B.9
深化接诉即办改革与优化北京营商环境联动性研究

张泽林　王健人　安晖*

摘　要：　接诉即办和优化营商环境的结合不仅意味着政府要提供更为优质的公共服务，也意味着要把两者纳入统一的治理界面。这需要设立新的治理单元，实施内部结构变革，激发并带动企业主体与政府相关管理部门的参与。基于深化接诉即办改革来优化营商环境的路径主要有：整合主体、强化业务协同；削减行政成本、提升财政效能；增强政企互动质量。

关键词：　接诉即办　营商环境　界面治理　数字治理

党的二十大报告提出，要"营造市场化、法治化、国际化的一流营商环境"。2023 年 11 月，北京市委市政府印发《关于北京市全面优化营商环境打造"北京服务"的意见》，提出塑造"北京服务"品牌，这标志着北京营商环境建设进入全面整体优化升级的新阶段。接诉即办作为一种典型的界面治理模式，在实现及时响应、快速解决问题的同时，也将来自社会各界的诉求转化为决策信息，并为优化政策制定和落实以及改善政务环境创造良好的基础环境，能够更为全面地统筹社会诉求和治理资源。接诉即办改革和优

---

* 张泽林，中国人民大学商学院市场营销系主任、教授、博士生导师，长期从事接诉即办改革研究，主要研究方向为营销模型、社交网络，大数据分析等；王健人，民盟北京市委参政议政部二级主任科员、政工师，长期从事统战工作，主要研究方向为协商民主、公共治理；安晖，中国电子信息产业发展研究院副总工程师、正高级工程师，长期从事产业发展、政策规划与技术创新等方面的研究工作，主要研究方向为信息技术与工程、数字化、人工智能。

化营商环境的结合不仅意味着政府要提供更为优质的公共服务，也意味着要以接诉即办改革为杠杆支点、以回应企业合理诉求为发力点，推动优化公共治理，破解产业发展的难题。必须把两者纳入统一的治理界面，在复杂的公共治理过程中设立新的治理单元，并通过内部结构变革来适应复杂的外部环境。

一　营商环境是制度和行为的集合体

营商环境这一概念源于世界银行的相关调查和测评，按照世界银行的界定，营商环境是指"企业活动从开办到结束的各环节中所面临的外部环境状况"①。营商环境对企业发展和经济运行起到重要作用，既有助于降低企业进入市场门槛、削减企业经营成本、减少权力寻租空间，也是促进企业创新、提升市场活力、实现高质量发展的关键环节。

营商环境涉及企业所面临的政治、经济、社会、科技、文化等领域，包括经济发展中的不同主体和要素，兼具生态性和制度性。一方面，由于社会系统的复杂性和自适应性，经济主体之间的复杂联系导致彼此互为外部性，由此产生了源于经济系统内部的营商环境，而这是极为开放和复杂的互动过程；另一方面，政府作为营造良好营商环境的主要责任人，需要提供优惠政务服务和更为优质的公共产品，因此营商环境首先体现为政务服务，而后向其他领域扩展。

作为制度和行为的集合体，良好的营商环境能够显著降低市场中存在的制度性成本，促进不同市场主体更高效率地参与市场活动，更活跃地创新发展。现有研究表明，营商环境不仅在通用意义上对企业发展具有重大影响，而且对以专精特新、小巨人、制造业单项冠军、隐形冠军为代表的优质企业以及区域经济发展和创新创业城市建设等起到重要作用。研究发现："单个

---

① 转引自张三保、康璧成、张志学《中国省份营商环境评价：指标体系与量化分析》，《经济管理》2020 年第 4 期。

营商环境要素并不构成高创业活跃度产生的必要条件，但是提升政府效率在产生高创业活跃度上发挥着较普适的作用。"[1] 有助于企业发展的营商环境生态可以有不同的类型，但均要实现政府同市场间的互利共生，从而促进城市创业活跃度。

现有的营商环境改革主要集中在"放管服"。然而，基于"放管服"改革的营商环境优化主要体现为办理行政事务的便利性，随着"放管服"改革的持续深入，应当更多考虑协调经济系统中不同主体间的关系，更多地吸纳政府之外的力量参与营商环境的改善。

二　接诉即办改革为优化营商环境提供新的路径

"接诉即办主要依赖以市民诉求为先导的社会动员机制、以技术平台为支撑的数字治理机制，以及通过政治统合来协调的整体性治理机制。"[2] 优化营商环境是为企业生存和长远发展创造更好的外部条件，进而促进区域经济增长。因此，优化营商环境的本质是站在企业发展的角度，提供适合企业需求的整套服务。接诉即办改革与优化营商环境的联结点在于将满足企业诉求纳入接诉即办的常态工作之中。这有赖于接诉即办工作进一步改革内部结构和流程、增设新的治理界面，从而创造更多更大的公共治理价值。

（一）接诉即办是基于现有政务服务范式的迁移

"企业热线"的设立不仅源于接诉即办改革的内在要求，而且也是优化营商环境、增强城市竞争力的必要条件。由于12345热线在回应市民诉求上的成功，很自然地会将这一模式延伸至企业用户。2019年10月12日，北京市12345热线增设企业服务功能，在优化营商环境改革、助力民营经济发

---

① 杜运周、刘秋辰、程建青：《什么样的营商环境生态产生城市高创业活跃度？——基于制度组态的分析》，《管理世界》2020年第9期。

② 陈锋、王泽林：《全域中心工作：市民诉求驱动的基层治理——基于北京市"接诉即办"工作的实践研究》，《陕西师范大学学报》（哲学社会科学版）2023年第2期。

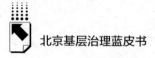
展中发挥了重要作用。

具体而言，企业服务热线主要开展如下工作。一是畅通企业诉求表达渠道。实行企业主体来电"一键直达"的企业专席，在畅通企业诉求表达渠道的同时也提高了企业诉求受理时效。二是组织企业热线开放日活动。邀请企业代表走进企业服务热线，围绕企业关心的热点政策、经营发展中的堵点和痛点以及营商环境的相关问题，广泛听取企业意见建议。三是实行企业诉求匿名交办制度。四是实行京津冀企业服务热线互通联动，打通京津冀企业服务热线的受理系统，推动实现异地同标、话务呼转、诉求互派、政务知识库共享，构建诉求处置联动平台，提高京津冀地区企业诉求的协同办理质效。五是完善企业知识库内容，统一对市政府和各级部门发布的政策、解读以及共性问题的答复口径。

（二）企业服务热线优化营商环境渠道是界面治理同企业全生命周期的融合

企业成长有其自身的轨迹，在经历发展、成长、成熟、衰退四个阶段后，企业通常会出现稳定、消亡以及转向三种结局。企业在生命周期不同阶段的需求具有较大差异，因此企业需要找到一个适应自身发展阶段的运行模式。企业必须获取外部资源才能实现自身发展，由此产生打破内外壁垒、实现企业同外部主体良好互动的需求。对公共治理参与者而言，需要有统一的界面以实现嵌入式交互，进而创造治理价值和塑造治理共同体，而统一的界面包括众多的子界面，它们承担着不同的功能。"不同界面（子界面）通过跨域互动，在内外贯通中实现功能协同。但界面固有的边界性又会带来系统与系统之间及系统内部的交互障碍，尤其是当界面形成相对稳态结构时，界面交互壁垒便会产生甚至固化，带来界面冲突。"①"界面治理的核心就是打

---

① 胡峰、王秉、张思芊：《从边界分野到跨界共轭：政府数据协同治理交互困境扫描与纾困路径探赜》，《电子政务》2023 年第 4 期。

破原有边界而进行界面重构。"① 必须推动跨界面的主体交流和有效联结，并在界面上形塑基于共享知识、价值、动机等的协同机制，建构具有开放性、互补性、交互性的治理共同体。因此，从界面治理角度理解企业服务热线乃至市民热线，并不能局限于政府-市场-社会的回应，而应当重视塑造能够彼此沟通的媒介和交换知识、价值、动机、意向的平台，不断塑造治理共识和行为，让市场和社会在某种程度上能够发挥治理主体的作用。

企业服务热线作为获取信息资讯的重要渠道，理所当然承担起市场同政府间交互的职能。随着企业成长，企业在不同阶段有不同的需求，根据企业服务热线数据，结合企查查的企业数据，2020~2023 年的来电数量中，拨打企业服务热线的企业整体属于偏年轻的市场主体，其中成立 10 年以内的企业占比超过一半。

首先，北京市初创企业的整体数量较高。企查查数据显示，截至 2023 年 11 月，北京市所有企业主体数量为 2385832 家，其中成立年限少于 5 年的初创企业数量为 1095623 家，占比为 45.92%；成立年限 5~10 年的成长期企业数量为 443980 家，占比为 18.61%。在京企业中，有接近一半的企业是初创企业，这也是此类企业来电量占比高的主要原因之一。

其次，初创企业的业务往往还处于探索和开拓期，资金相对短缺，人才也比较匮乏，企业组织结构也不够完备，企业日常经营面临的问题和困难较多，也缺乏应对的解决方法和渠道。大量企业未能闯过初创阶段。这其中虽然有市场筛选和淘汰机制的影响，但也说明初创企业更需要良好的经济环境和营商环境的滋养和培育。而企业服务热线恰好为这些企业在政策解读、信息获取和资源对接等方面提供了便捷且免费的渠道，同时也能通过反馈机制帮助相关管理部门持续优化营商环境，这既对初创企业的良性培育与健康成长具有重要的价值，也对经济的整体可持续发展具有重要的意义。

最后，初创企业中小微型企业占比较高。企查查数据显示，1095623 家

---

① 李文钊：《理解中国城市治理：一个界面治理理论的视角》，《中国行政管理》2019 年第 9 期。

初创企业中，小微型企业有958533家，占比达到87.49%，从企业规模的层面也进一步交叉印证了初创企业拨打企业服务热线意愿高的原因。

通过以上的拨打机制与意愿分析，不难发现拨打企业服务热线主体的主要特征为：小微企业和个体工商户、民营企业和初创企业，且基本上是来自京籍企业主体。这与企业服务热线的特点和拨打服务热线的企业所处阶段及诉求高度相关。

经济的高质量发展需要所有类型的企业主体充分释放活力，优化营商环境也需要所有经济主体和管理主体的共同参与，推进经济社会的价值共创。因此，虽然企业服务热线在当前阶段的主要定位是服务初创型小微民营企业，但也需要通过多种创新形式，激发并带动其他类型企业主体与政府相关管理部门的参与。

（三）企业服务热线推动城市资源禀赋的合理配置

站在城市管理者的角度，企业服务热线不仅应重视提升政府办事效率、更好地满足企业需求、加强人民群众对政府工作的监督，而且更应充分利用北京的城市资源禀赋，增强资源合理配置能力。

首先，企业服务热线事实上发挥着营商政策集成平台的作用，通过构建大容量的实时政策资讯库，将原本分散在各个部门的政策以统一的方式加以宣布，并针对性地解决企业问题。

其次，企业服务热线起到调解经济主体间行为的功能。营商环境的概念要大于政务环境，不仅包括国家提供的公共服务，也包含经济主体间的相互关系。从企业服务热线实际接办情况来看，解决企业间合同纠纷、协调物业管理等非政务类的诉求占比较高。

再次，企业服务热线折射出建设回应型政府的时代难题。回应型政府意味着政府和社会处于平等地位，双方基于合作治理的理念，以解决公共问题为目标，形成自觉、可持续、可预期的回应机制。政府不仅要对公共诉求进行回应，同时应不断地对政策进行调整。由于技术的进步，接诉即办能够汇集和处理的公共诉求数量庞大、涉及的行业领域宽广、行政层级众多，能够对公共政策的利弊得失予以更全面和精细的判断。

最后，企业服务热线有助于增强地方政策的确定性。研究发现，地方政策的不确定性对民营企业经营活力有着显著的负向影响。相比之下，贸易环境不确定性对民营企业经营活力无显著影响。[①] 企业服务热线不仅以统一规范的方式解释了政策，同时也由于 12345 热线联合相关部门对企业来电情况进行大数据分析，针对共性问题进行深入研究，并向有关部门提出政策建议，为政府科学决策提供了源于实际的信息支持和智力支撑。更有针对性的政府政策有助于企业获得更为明晰的预期，从而稳定企业活力。

三 塑造高水平营商环境仍须持久优化治理模式

塑造高水平营商环境需要多种主体共同发力。动力源于企业而非国家，而国家通过有效调控各方，创造更有助于企业良性发展的环境。基于深化接诉即办改革来优化营商环境的路径主要有三条。一是整合主体、强化业务协同。该路径重点在于弥合国家和社会之间的割裂，打破部门壁垒，实现系统兼容协调。最为典型的是近年来以"放管服"为代表的行政审批制度改革，通过部门整合和业务链条重塑，减少行政流程中不必要的环节，提升行政效率。接诉即办改革仍需要进一步优化业务流程，强调政府整合功能。二是削减行政成本、提升财政效能。该路径关键因素在于技术赋能，减少国家与市场、社会互动中的行政成本，提升财政投入的产出-投入比，进而提高政府效能及促进经济发展。三是增强政企互动质量。在这一路径中，政府和企业的沟通效能得以提升，政府得以更精准地了解市场和社会真相，避免非理性决策带来的损失，企业也能够更多地得到政府的实质性扶持，改善企业发展的外部环境。

从目前情况看，北京市距离高水平营商环境仍有一定差距。

---

① 于文超、梁平汉：《不确定性、营商环境与民营企业经营活力》，《中国工业经济》2019 年第 11 期。

第一，行政服务效率需要进一步提高。现实中行政机关、事业单位、社会团体、园区平台等机构存在多头管理、服务领域交叉重合等问题，亟待通过统一的治理界面予以解决。人力资源、财政税收、土地建设、市场监管等重点领域的信息获取和政策的集成优化，还需要进一步深化改革。

第二，经济发展面临新要求。立足"四个中心"，以"五子"联动服务和融合新发展格局，对北京市产业发展和要素集成提出新需求。战略性新兴产业和未来产业加速培育发展，表现出与传统产业不同的规律和特点，需要有更加系统的产业服务支撑，推动产业链、创新链健全和新兴产业的国际化迈进。数据要素的战略性价值和驱动作用愈发显著，需要有更加明确、有效的举措，引导和帮助产业主体会用、用好数据要素，掌握创新发展新动力。

第三，智能治理能力亟待提升。当前全球正处于由信息化社会向智能化社会转化的起点，政务服务向企业服务、公共服务延伸拓展，数字化、智能化的政府运行新形态加速构建，需要进一步提高政务服务的规范化、便利化和数智化水平，为产业创新提供更佳的便利条件。

由此可见，企业服务热线需要从简单的以政策咨询、诉求转办为主向整合资源、推动高质量发展转化，从"一事一办"向"综合研判、系统办理"转化。为此，企业服务热线未来发展的主要方向与核心定位应该是：提供以激发经济环境活力、促进北京市经济可持续发展为根本目标，以重点服务初创型小微民营企业为核心任务，辐射并带动多种企业主体参与北京市营商环境持续优化和价值共创的政府公共服务活动。

四 依托企业服务热线改善营商环境的路径分析

如前所述，企业服务热线的核心功能是帮助企业了解政策法规和办事流程，反馈政策盲区和堵点，以此来优化政策体系，监督政务服务质量，其根本目的在于持续优化北京市的营商环境。为此，将从显性与隐性两条路径对企业服务热线提升营商环境的方式与机制进行专题分析。

（一）企业服务热线提升营商环境的方式

企业服务热线提升营商环境的方式主要有四种。一是提升企业的政策熟悉度与理解力，促进政策效用发挥，推动政策红利释放。二是识别高发诉求问题背后的政策堵点、难点与缺口，优化政策要素环境。三是以点带面，由热线高发咨询和诉求类事项促使政策制定部门开展政策研究，并进行专项政策的优化，而这一过程也会迁移并赋能改善其他相关问题。四是强化政务管理部门的服务意识，提升服务能力，简化服务流程，提高企业的经营效率，节约企业办事成本。

这四种方式中，前两种都是与咨询和诉求事项直接相关的显性路径。第三种则是由热线高发咨询和诉求类事项促使政策制定部门开展政策研究，并进行专项政策优化，进而涉及并赋能其他相关问题的一条隐性路径。而第四种则兼具了显性路径与隐性路径的机制，显性路径为政务管理部门会对被举报的事项进行有针对性的整改和优化；隐性路径为会激发部门整体的服务优化、人员提升和流程再造，提高部门整体的服务水平。

（二）企业服务热线提升营商环境的显性路径机制分析

显性路径就是直接机制，也是企业服务热线直接导致相关来电问题的解决，进而实现营商环境的优化与提升。企业服务热线提升营商环境的显性路径机制主要包括三条子路径。

1. 显性路径第一条子路径机制分析

如前所述，第一条子路径主要以企业咨询类事项为载体。通过拨打企业服务热线咨询，企业会对相关政策、法规和流程有更为清晰、明确和深入的认知，对经营过程中的一些不确定性会有所了解，从而更有效地发挥公共政策效能，提振市场主体信心，增强市场活力。

2. 显性路径第二条子路径机制分析

显性路径机制的第二条子路径是通过政策或流程的优化来产生效果，其原理机制和数据分析相较于第一条子路径更为复杂。企业服务热线在运行中会观测并识别到高频发生的咨询或诉求问题，特别是对于颗粒度最细的三级分类问题，其问题的具象性更强、清晰度更高、指向性也更准。这些高频发生的三级分类问题，其背后的深层原因很可能是政策的堵点、难点与缺口，或工作流程的缺陷，往往需要通过对政策或流程的优化来解决。

一方面，接诉单位在面对问题的高频诉求工单时，除了解决每一个工单的具体诉求外，也会有动机去梳理和分析相关的政策和流程，找到问题的源头，并通过优化和出台新政策的方式从根本上解决问题，以减少未来相关诉求的数量。

另一方面，北京市级部门也会对企业服务热线高频发生的问题进行监测，并从市级层面开展协调，推动相关政策的优化。对于高频发生的问题，在一定时间后，应可观测到相应政府部门优化后的新政策出台，并将看到相关问题来电量在新政策出台及调整适应期后呈现下降趋势。

3. 显性路径第三条子路径机制分析

显性路径机制的第三条子路径主要是指政府服务部门有针对性地对投诉举报问题的整改和优化。当企业服务热线中针对某个政府部门某类问题的投诉举报来电量较高时，说明这个部门对相关问题的服务很可能存在不专业、不规范和不合理的地方。借助企业服务热线的信息收集、反馈和监督机制，较高的投诉举报来电一定会受到被投诉部门及其上级主管部门的关注，并会促使相关针对性整改和优化工作的开展，从而提升营商环境中的服务质量与服务水平。

（三）企业热线提升营商环境的隐性路径机制分析

不同于显性路径机制，隐性路径主要指受企业服务热线间接影响所带来的营商环境的优化。隐性路径机制包括两条子路径。一是由企业服务热线高发咨询和诉求类事项促使政策制定部门开展政策研究，并进行专项政策优化，而这个过程也会涉及并赋能其他相关问题情况的改善。二是某个政府部门某类问题的投诉举报来电量较高时，会激发该部门整体的服务优化、人员提升和流程再造，提高部门整体的服务水平。与显性路径机制相比，分析隐性路径机制的难度更大，主要源于隐性路径的传导链条较显性路径的传导链条更长，且需要依靠间接证据来对机制进行识别。在下面的分析中，将充分借鉴显性路径机制的分析思路，对隐性路径的两条子路径机制进行分析。

1.隐性路径第一条子路径机制分析

隐性路径第一条子路径的逻辑在于：政策制定并不是孤立的事项，而是需要通盘考虑政策本身的自洽性、合理性，政策与其他政策之间的一致性和融合性，以及与其他政策并行调整和优化的整体性、系统性。政策制定时，其主管部门需要梳理研究与其相关的各类政策和法规，走访并调研与政策相关的其他部门，这些过程都会将政策优化的影响向外溢出，产生间接效应。因此，隐性路径第一条子路径机制主要指向被企业服务热线问题汇总、定量分析与量化考评所激发的相关主管部门和委办局间的沟通与协作。不同委办局在面对反映问题重叠、反映主体重叠或政策优化协同需求的时候，必须打破部门壁垒，通过建立沟通渠道、优化工作模式、推进价值共创来实现部门间的互动与协作，进而提升整体营商环境的合理性与融合性。从这个角度来看，有理由认为由高频来电问题所推动的相关政策优化，不仅会直接导致该来电问题情况的改善，也会通过提升跨部门间协作，间接导致其周边相关问题情况的改善。

2.隐性路径第二条子路径机制分析

不同于跨部门间协作的第一条子路径机制，这一条子路径主要指向相关管理部门内部的优化与提升。而这个提升机制与显性路径中第三条子路径的提升机制并不一样，显性路径中的机制更多是针对某个高频来电的咨询或诉求进行有针对性和专业性的改进与提升，其优化营商环境的核心抓手和载体是高频来电问题。而隐性路径第二条子路径机制关注的则是部门规章、制度、流程、人员等方面整体性的提升和优化，其核心抓手和载体是组织提升、制度优化、流程再造等，而不只是就事论事地解决问题，可以说这一条子路径是更为深刻的变革，对社会整体营商环境的优化具有更深层次和更长效的影响。

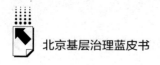

五　对策建议

（一）围绕政务服务、产业培育塑造更趋专业化的应答服务体系

未来，企业服务热线不仅需要能够给予政策咨询和意见收集，而且要扩大公共治理参与范围，将社会组织、高水平中介组织纳入公共治理体系。基于企业前期绩效，推出高质量产业服务伙伴计划，征集遴选确定能力强、经验足、负责任、重成效的专业服务机构，建立产业服务资源池，发布并持续更新服务资源目录，向有需求的来电企业推荐。

针对各新兴产业领域，构建涵盖知识产权、检测认证、技术交易、科技咨询、人力资源、法律税务、创业辅导、金融投资等的专业服务体系，帮助处于初创期的企业成长。

（二）简化监管流程，打造数字政务提质增效样板

建议北京市政府面向代表性行业领域、业务领域，分类梳理行业管理部门、综合执法部门、基层管理部门的监管事项，编制形成监管事项清单。绘制"监管事项表与办事流程图"，帮助企业明白"怎么办""找谁办""如何快速办"，依托12345热线平台提供相应办理服务。

对界限模糊、职责交叉的高频事项，逐领域、逐事项明确监管责任边界和相关部门职责定位，进而整合部门职责，简化监管流程，变"多头监管"为"统一监管"，推动一体化综合监管落地实施。

发挥企业服务热线汇聚信息诉求的优势，持续收集企业在监管"减负"方面的问题和诉求，及时整理形成改革任务清单，持续推进政府部门职能优化协同高效。

（三）应用基于政务大模型的智能服务系统，打造政策环境规范提升样板

以推动"人工智能+政务服务"为目标，发挥北京大规模企业云集优

势，支持企业积极研发政务大模型产品，及时应用于包括 12345 热线在内的政务部门。重点提供政务咨询、辅助办理等服务，让政务服务更加精准智能、高效便捷；提供政策咨询服务，强化政策通达性，让企业和公众对出台的政策找得着、看得懂、用得上。不断丰富政务大模型内容、拓展应用范围，以数字化、智能化技术支撑实现更有温度的政务服务，进一步优化北京市的营商环境。

（四）加强高位统筹，以政治势能驱动优化营商环境的资源汇集

发挥企业服务热线的作用，离不开坚持依托企业服务热线的市级高位统筹，进一步整合条块资源，通过组织内部的动员体系，打破组织内外壁垒，更好地汇聚优化营商环境的资源。积极推动从企业需求出发、以自下而上的方式形成政策，并对政策实施过程中的问题予以及时纠正。加强点评调度，完善针对企业用户的考评体系，围绕营商环境重点工作和热点议题设置专班。倡导整体性政绩观，扩大宣传范围，提升企业服务热线吸附能力。

B.10
强化社会认同　提升接诉即办的治理水平

谭日辉*

摘　要： 接诉即办是暖民心、聚民心的重大社会工程。一直以来，通过接诉即办解决了一大批难事要事，办成了很多好事实事。调研表明，街道层面做出了大量积极有效的努力，人民群众的获得感、幸福感、安全感有了很大提升。为更好地提升基层治理效能，应进一步加强接诉即办的制度认同、能力认同、心理认同，以践行人民至上理念，推动习近平新时代中国特色社会主义思想在北京市的生动实践。

关键词： 接诉即办　社会认同　制度认同　能力认同　心理认同

接诉即办是首都落实"以人民为中心"发展思想的生动实践，是畅通沟通渠道、完善基层民主、坚持和发扬新时代"枫桥经验"的重要途径，是推进基层治理的一场深刻变革。自 2021 年 9 月以来，北京市各街道在《北京市接诉即办工作条例》的指引下，不断转变治理思路和理念，着力提升基层治理能力和治理水平，解决了一大批难事要事，办成了很多好事实事。但与人民对于美好生活的需求还存在不小的差距，对接诉即办也存在一些误解甚至曲解。化解基层社会矛盾，推进人民美好生活的实现，还需要继续构建对接诉即办工作的社会认同。基于此，本研究拟以社会认同为视角，

---

* 谭日辉，北京市社会科学院智库处处长、研究员，主要研究方向为城市治理、社会治理等。

探讨在基层社会治理中如何增强对接诉即办工作的社会认同，以优化接诉即办工作，进一步提升基层社会治理水平。

一 社会认同理论与接诉即办

社会认同理论认为，社会认同的构建包括社会分类、社会比较和积极区分以建构"意义"三个主要过程。社会分类指不同社会群体对自我和自我群体的分类，即"我是谁"或者"我们是谁"的问题。人民会自动区分自我群体和外部群体，并对自我群体具有亲和性，对外部群体产生排斥心理。研究发现，一个群体天然具有对自我群体成员祖护的心理，而且竞争关系也并非引起这一关系的必要条件。社会比较则使社会分类更有意义。一旦人们将自己纳入一个特定群体，就会自然地将自己所属的群体与其他群体进行比较，从而锚定自我和自我群体在社会上的位置。曼纽尔·卡斯特在《认同的力量》一书中指出："认同是人们意识与经验的来源。当认同与社会行动关联起来时，'认同'就是在社会情境或文化、政治体制的基础上建构意义的过程，具有时代特色的文化在意义和认同的构建过程中占有优先地位。我们无法一般地抽象地来讨论不同的认同是如何建构起来的、由谁建构起来的以及它们的结果如何：因为它是与社会脉络有关的。"

因此，从这个意义上来分析接诉即办的社会认同，分析接诉即办的制度认同、能力认同、心理认同，首先应以人民追求美好生活的目标来建构社会认同。接诉即办工作主体在基层，大致包括街道社区、市场主体、社会组织、广大居民等，市民自下而上地拨打12345热线反映急难愁盼问题，政府通过自上而下的治理机制将问题反馈给相关主体，最终使问题获得解决。在这一解决链条中，居民通过自觉分类，并通过比较和区分，构建起对基层政府的高度认同。这也促进了广大居民对政府的制度认同、能力认同和心理认同，从而产生积极的社会意义。

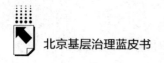

二 街道接诉即办的主要做法及成效

基层治理是一个持续不断提升和改进的过程，需要久久为功。基层治理实践中，接诉即办获得了社会各界的广泛认同。本文实地调研了朝阳区团结湖街道、大兴区清源街道、延庆区百泉街道，发现社会各界对接诉即办的主要做法及其成效都高度认同。

（一）接诉即办工作总体情况

总体来看，通过这几年的集中深入推进，接诉即办工作在街道社区层面获得了广大市民群众的高度认同。如团结湖街道是 20 世纪 80 年代建成的居住小区，辖区面积小且人口数量较多，是朝阳区人口密度最大的街道。随着社会发展，地区居民对美好生活的向往与公共服务配套不足、服务设施老化等的矛盾日益凸显。街道工委、办事处聚焦群众集中反映的问题，提出"四先五一""五做三定"工作法，使接诉即办与主动治理相结合，将基层社区群众急难愁盼的问题进行分类，比较和解决，解决了一批居民关注的问题，提升了基层治理水平。自 2022 年以来，团结湖街道接诉即办综合考评成绩基本保持在全市前 1/3 梯队，考核结果比较真实地反映了团结湖街道工作开展情况。2023 年 1~10 月，该街道共受理诉求 4341 件，其中市级直派 2586 件，占比 60%，区级转办 1755 件，占比 40%。诉求量前三的诉求为物业管理类、噪声扰民类和道路交通类，合计占比超过 50%。

大兴区清源街道总面积 5.58 平方公里，作为 2001 年建成的老城区，具有"五多"的特点，即人口多（人口总数全区镇街排名第四，街道中排名第一）、社区类型多（既有农村整建制回迁社区，也有国家政策房社区，还有央企的家属院社区以及商品房社区）、高校多（目前 4 所，共有学生17000 人左右）、商业门店多（1100 余家）、商务楼宇多（11 栋）。总体来说，街道人口密度大，群众诉求多元化、复杂化，但机关、社区工作人员与其他街道持平，"人少事多"的矛盾比较突出，在精细化治理与精准化服务方面，面临着更多新情况和新挑战。截至 2023 年 12 月，清源街道承办 12345 市民热线工单 14000 余件，平均每天 40 余件。1~10 月考核期，市直派工单解决率达 97.80%、满意率达 97.83%，综合得分 98.03，在全市 343 个镇街排名中列第 59 位、在大兴区 20 个镇街排名中列第 3 位。市直派加区分转工单解决率达 94.45%、满意率达 95.90%，综合得分 96.45，在大兴区排名中列第 7 位，万人诉求比排名第 2 位。

延庆区百泉街道重视依法依规处理工单，用法治思维强化攻坚克难，不断提升接诉即办工作质量，以持续领先的"三率"水平彰显了为民服务的决心和信心。同时坚持以接诉即办为抓手推进基层治理，提高基层党组织解民忧、办实事的能力，有效提升了居民的幸福感、获得感。

（二）主要做法

1. 强化党建引领，筑牢基层干部的心理认同

在接诉即办工作中，街道工委、办事处坚持主要领导高位统筹、班子成员包片、各部门负责人及社区书记亲自办理的工作模式。以党建为引领，加强统筹调度的全面性与深入性，重视并做好资源整合，积极推动主动治理，把诉求办理与老旧小区综合整治、"疏解整治促提升"专项行动等相融合，推动基层治理实现从"事后管理、被动反应"到"事前管理、主动回应"的转变。如延庆区百泉街道始终将接诉即办作为"一号民生"工程，强化党建引领，将党的政治优势、组织优势和密切联系群众的作风优势转化为基层治理优势；将接诉即办工作情况作为党员干部评优评先的重要依据，将群众满意度作为考核"指挥棒"，确保党员干部在接诉即办工作中担当作为。在面对时间跨度长的复杂情况时，成立临时党支部，基层党组织面对面倾听群众诉求，心贴心感知群众冷暖，手握手破解群众难题。在莲花苑社区老旧小区改造过程中，由住建委、庆隆公司、社区党委、业委会、物业公司等部门组成临时党支部，积极发挥战斗堡垒作用，及时有效地处理居民反映的改造问题，工单量减少 50%，居民对老旧小区改造的满意度显著提高，切实打通服务群众的"最后一百米"。

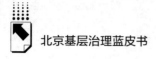

2. 落实"五做"要求，提高工作认同

一是先做。坚持未诉先办，看到隐患第一时间介入、第一时间处置，前置化解诉求矛盾。如团结湖街道中路北社区发现大风刮倒树木造成停电后，立即发动楼门长利用微信群通知居民，并迅速联系电力公司及时维修，至隐患消除未接到一个诉求电话。二是快做。提高办理速度，尤其是涉及水电气暖等维稳的案件，第一时间接单、第一时间响应。三是实做。对群众合理诉求，想实招、出真招，暂时不能解决的主动做好谋划工作并持续跟进直至问题解决。水碓子东里21号楼前餐厅污水井满冒，街道第一时间清理了管道；后续联系产权单位进行污水管道改造，彻底解决了问题。四是合作做。坚持党建引领，凝聚众人智慧和力量合作解决问题。部分居民对垃圾分类撤桶并站不理解，中路南社区多次召开居民会议共同商议垃圾桶摆放位置及数量，最终达成一致。五是常做。建立工作的长效机制，防止问题反弹，常态化推进工作。

3. "三定"分类解决，提升治理的能力认同

一是重点问题定量解决。针对群众反映加装电梯、老楼改造等难题，逐个分析后确定工作方案，运用吹哨报到机制，条件成熟一个解决一个，不求大而全。二是一般问题定向施策。针对游商、黑车等难以彻底解决的一般问题，按高发、偶尔、间歇等频次确定问题性质，根据不同性质制定针对性的解决措施，提高一般案件的解决率。三是不属实问题定向处置。针对反映不属实、特殊人群（精神疾病或重点信访人）来电或是通过12345热线来达到个人私利的情况，在认真研判的基础上，确定工作方向后，以加强沟通、联系家属、普法宣传等手段办理此类诉求。

4. 分类考核制度，提升考核认同

把解决群众诉求作为考核工作的导向，以响应率、解决率、满意率为考核工作的核心，健全加分激励机制，制定科室、社区、物业接诉即办工作考核办法。如大兴区清源街道考核依据的是在回访过程中诉求人的反馈情况。一是确定科室、社区考核办法。鼓励科室首接负责、勇于承担，在对科室的考核中，设置了"承办量"指标。本着"小事不出楼门，大事不出社区"

的原则，鼓励社区做好家门口的服务；在对社区的考核中，设置了"万人诉求比"指标。鼓励科室、社区积极参与媒体宣传工作，凡是在大兴广播电视台"言之有理"节目、北京广播电视台"接诉即办""向前一步"节目录制并播出的，给予加分。二是注重科室、社区考核结果应用。每个考核期，街道纪工委对综合得分排名最后的科室负责人和综合得分排名后三的社区书记进行提醒、约谈、督办、通报；全年十二个考核期，综合得分平均成绩排名最后的科室，所有在编人员取消评优资格；总分100分的年度社区绩效考核中，接诉即办工作占10分，对社区绩效影响较大。三是确定对物业公司的考核办法。结合12345热线物业服务类诉求，制定《物业履约考评方案》和《物业改造提升奖罚办法》。每年11月，按照《物业履约考评方案》的规定，给辖区内物业公司打分，并通报区住建委，区住建委在汇总各镇街打分情况后，形成物业公司"红黑榜"并向社会公布。每年3月，按照《物业改造提升奖罚办法》的规定，根据上一年物业履约考评结果和物业服务类诉求办理情况，给物业公司打分并排名。凡是物业公司对小区环境、安全、综合治理等方面进行改造提升工作的，经街道相关科室和社区把关后，按照排名给予相应级别的奖励。奖励标准为：前3名，补贴标准为40%；第4名至第20名，补贴标准为30%；第20名之后，补贴标准为20%。

5. 规范办理流程，做好流程认同

以清源街道为例，经统计，清源街道前六类诉求分别是物业服务、房屋修缮、小区配套、老楼改造、环境保护和水电气热等问题。物业服务、房屋修缮、小区配套、老楼改造、环境保护属于一般诉求，办理时限是2天，办理流程包括4个环节。一是响应。在派单后2个小时内，社区书记和诉求人见面，书记不能见面的，副书记、副主任和诉求人见面，见面时留存照片。诉求人不能见面的要留有电话录音。二是办理。社区能自行处理的，自行办理，在派单后48小时内向科室提交办理材料。社区不能自行办理的，在派单后12小时内联系科室共同办理，科室在社区吹哨后2小时内报到，调动科室资源与社区共同办理。社区协助科室收集材料，科室负责撰写材料，科

室在派单后 48 小时内向接诉即办专班提交办理材料。科室、社区不能办理的，及时向主管副职、包片副职汇报，提级办理。三是反馈。科室、社区将办理结果反馈给诉求人，邀请诉求人参与现场复查，争取满意解决。四是核查。专班回访对问题解决的满意度，网格员负责核查，核查不合格的，打回科室、社区继续办理。

（三）取得的成效

一是合法必办，一办到底，以制度认同推进接诉即办工作。街道通过吹哨报到、综合执法等途径，组织、协调各职能部门和驻区单位解决了一批群众关注的热点难点问题。如团结湖街道妥善解决了 9 个社区 180 户老旧楼房雨季漏水问题；修缮更换居民区门禁、健身器材等配套设施 300 处；治理居民区乱停车问题 199 件，通过合理疏导、扩充停车位等方式有效缓解停车难问题；解决居民反映的物业管理类问题 268 件。百泉街道充分联合相关单位协同发力，确保吹哨报到有理有力，综合执法见质见效，有效化解诉求和矛盾。街道工委的办事能力得到群众认可。2023 年，有效解决了辖区 8 个工地噪声扰民问题、100 余处高大树木遮阳问题、80 个老旧小区改造衍生问题，在全市工单量大幅增长的背景下，其工单量与 2022 年同比持平。

二是以扎实的办事能力引领居民参与，建构居民的能力认同。街道秉持民生无小事理念，耐心倾听居民反映的夜施扰民、施工扬尘等问题，街道综合执法队通过重点巡查、"点穴"执法等方式解决了这些困扰居民的问题。社区通过开展"爱心敲门"活动，在给居民送服务、送关爱、送政策的同时开展调解工作，共解决 30 余起居民纠纷，收到表扬工单、信件、锦旗 25 次，群众参与社区治理的热情显著提升。

百泉街道以法治思维引领接诉即办工作，依法依规办理诉求人工单，争取诉求人的理解和支持，进而将诉求人纳入社区治理体系，并充分发挥诉求人才智，使其成为社区建设发展的谋策者，实现了办理一个工单、结交一个朋友、增加一分社区建设力量的良性互动，为提高居民的满意度和幸福指数贡献力量。

　　三是以实际成效收获居民信任，建构居民的心理认同。团结湖街道主要领导亲自办单、亲自调度、亲自督办、亲自回访，充分彰显街道对民生工作的重视，逐渐形成了居民有话敢说、有话想说、有话放心说的良好风气。截至2023年10月18日，共接收办理工单815件，其中响应率达100%，解决率达99.73%，满意率达99.92%。综合成绩排名全区第一，反映了居民对接诉即办工作的支持配合。百泉街道本着接诉即办为了群众同时又依靠群众推动共治的原则，创新居民议事方式，开设社区24小时民情热线，设立"流动议事桌""家门口议事会"，创立"六步议事""五步十动"工作法，深入推进"参与式协商"，主动治理效能明显提升。通过居民议事协商，解决了一批难事和历史遗留问题。如采取"打点注浆"的方式彻底解决了颍泽洲18号楼、20号楼多年来雨季地下室渗水问题；增设隔音墙解决莲花苑社区临近妫川路的居民多年饱受公路货车噪声影响的问题。在振兴北社区创建"接诉即办党建+"工作模式试点，通过一个调解队伍、一本民情手账、一套信息树图、一张党建积分卡，提高主动治理能力，把矛盾化解在萌芽阶段。

三　工作面临的困境

（一）诉求责任边界不清晰，社会认同的分类原则不准确

　　接件时对非理性工单、个人利益最大化工单、应寻求司法途径解决的工单、隐含报复或者威胁的"不恰当"工单没有做到精确划定、精准识别。将一些"不恰当"工单或有明确单一责任权属的工单派往街乡，因剔除工单的条件较为严格，街乡为了考核成绩，不得不投入大量的人、财、物及时间成本去解决上述工单。这在增加政府负担的同时，也使部分人滋生了依赖心理，也让政府的责任边界更加模糊化。比如，市属央产小区物业管理诉求较多，物业管理部门以未收取物业费或资金紧张为由，对居民提出的环境卫生、设施老化等问题不予处理。街道对有些紧急问题进行了兜底解决，却让

产权单位变本加厉，物业人员自己打 12345 热线电话，要求街道解决装修垃圾、停车等问题。有部分居民认为打工单没有成本，走法律程序费时费力，不愿通过法律程序维权。基层行政执法职权还存在模糊边界。如违法建设拆除问题，存在调查认定和拆除周期长的情况，街道短期内难以满足来电人的期待；楼道堆物堆料和占用消防通道等问题，如违规人拒不配合，消防部门缺乏相应的强制措施，影响了执法权威。

（二）考核机制需要不断完善，社会认同的积极区分原则存在短板

单纯以诉求人的主观评价为依据，尤其是"否决式"考评（回访中单方"解决满意否"）需要弱化。虽然当前考评指标更加细致、考核评分计算方式更加科学，但在客观性、全面性等方面还应进一步优化完善。在评估地区工作开展的实际成效时，目前仍是绝对以分数的高低定优劣，对成绩背后存在的问题没有进行认真的分析研判，而"唯分数论"往往造成街道、社区持续高强度、高成本投入，投入产出比过低，牵扯精力过多。目前对不当诉求人缺乏有效的制约措施，个别居民经常提出不当诉求，导致基层工作成本增加，造成公共资源浪费。实名制投诉和个人信用还没有实现联动。同时，对一些不合理且没有相关剔除政策的诉求，也应尽快制定剔除政策。

（三）解决难题方法不多，社会认同的意义建构存在短板

团结湖街道属居住型老旧小区，建成时间早，人口密度大，老年人居多，停车难、加装电梯、遗留违法建设、电动车充电桩等各类问题日益凸显。人民日益增长的需求与实际空间有限、资源有限的现状之间存在矛盾，比如新能源车增量与停车难之间的矛盾、旧政策下自建房屋与新形势下拆违要求之间的矛盾等，相关诉求如果单一治理往往会引发更多诉求。面对这种共性的又与群众生活息息相关的"老大难"问题，街道在统筹协调、系统联系、创新破局方面的能力显然不足。

四 进一步提升接诉即办社会认同水平的几点思考

（一）提升制度认同感，让基层治理更贴心

制度认同是宏观层面的社会认同，是推进接诉即办工作的重大顶层设计，也是提升基层社会治理水平的重要内在力量。

1. 深化党建引领

打通市、区、街、社区四级党建工作协调委员会，统筹区域央产、市管、区管单位，充分发挥党建协调作用，提高调度单位的积极性和配合度。接诉即办工作的关键在"办"，核心在"干"、在"解决"，街道社区要自觉地增强为人民服务的意识，加强对自身工作的认同，化解认同困境，只有围着群众转，奔着问题去，坚持在主动治理上下功夫，以"钉钉子"的精神解决问题，才能不断提高群众的获得感、满意度，提升基层治理水平。尽管在实际工作中，街道社区会遇到工作不被理解，甚至胡搅蛮缠的人员，但总体上来讲，他们也是被服务的对象，是相对的弱势群体，政府有责任、有义务为广大居民群众提供最暖心、最贴心的服务，社会认同的积极区分原则也是基层党建发挥引领力、组织力的重要理论来源，诚如政治上的清醒源于理论上的坚定。

2. 依照法定职责分派工单

《北京市街道办事处条例》第七条明确规定了街道办事处对于市民服务热线工单的处置原则。但在运用过程中仍存在权限清晰的案件派单不准确的情况，一些明确属于单一区级以上部门的职责也让社区报到，在对接联系上也存在壁垒，在依法履职上有瑕疵，相关细则的实施落地有待进一步细化。建议增加工单前置分配的专业性，通过精准划定责任边界实现源头减量，对明显不合理的诉求予以剔除，同时严格按照法定职责分派工单，在强化属地责任的同时提升单一部门职责案件的派件精准度，达到减量、提效、降成本的效果。

3. 不断优化考核机制，建立健全工作机制

构建"三全"机制，以全覆盖的规范责任体系、全过程依法办理的考核机制、全员参与的工作态势，保证合法诉求有呼必应。完善机制、健全体系是做好接诉即办工作的有力保障，建立领导包案、全员办单、协调调度、考核评价等十一项制度，形成了主要领导"盯"全程、主管领导及班子成员"抓"落实、分管部门及相关社区"办"到底的三级办单体系，形成全员参与的工作态势。如建立协调调度机制，"单丝不成线，独木难成林"，在办理工单过程中，属地与部门之间形成合力才能有效解决群众诉求。又如建立归类办理机制，纵向横向收集各社区、各点位同类问题，汇总之后吹"综合哨"，通过一个工单，解决一类问题。

考核应避免"唯排名论"的方式，强化"能力式"考核，更注重治理能力、治理水平、治理效果。建议通过调整考核机制解决效率和成本不匹配的问题，要做到三个区分，即区分合理诉求与不合理诉求（合理的办，不合理的不办），区分个性诉求与共性诉求（损害他人利益的极端个性诉求不考虑，重要共性诉求用好"每月一题"高位统筹），区分应及时解决的诉求与短期无法解决的诉求（应及时解决的想方设法快办，因历史遗留、政策、资金等因素短期无法解决的逐步推进）。在考核规则方面，应有动态调整机制，定期征求基层意见建议，结合实际情况适时修订或调整考核规则，同时强化结果运用，不把考核分数作为评价工作的唯一标准，而是作为发现问题、解决问题、提升整体工作效能的抓手。

（二）强化能力认同，让基层治理更专业

当前，街道和社区承载的功能和责任越来越多，对基层干部和社区工作者专业能力的要求也越来越高。不断充实基层治理骨干力量、加强街道和社区人才队伍建设、增强其业务水平和服务能力是提高基层治理效能的必然要求。这需要专业的社会治理知识指导，需要强化专业认同。

习近平总书记曾经用"春江水暖鸭先知"比喻基层政府的重要性，居民的诉求是由柴米油盐酱醋茶等琐碎小事构成的，事虽小但关系到居民的幸

福生活，如果处理不及时，小矛盾积累成大纠纷，小问题衍生出大隐患，既不利于群众身边烦心事的及时解决，也不利于社会的和谐稳定。接诉即办改革能最大限度地调动各单位各部门和广大市民群众参与北京城市治理的主观能动性，同时又尊重经济社会发展规律。对于市民群众反映强烈的突出问题，通过建立健全定期调度、会商研判、"每月一题"、专项攻坚等工作机制，实现面上工作整体推动，重点问题挂账督办，共性问题一揽子攻坚。

一是转变宣传思路。在宣传引导中应该客观明确地指出政府的权责边界和服务范围，减少群众对政府职责范围的错误认知和对政府服务的盲目依赖。二是设置诉求门槛。建议可参考政务信息中申请公开相关制度，诉求人应如实提供个人姓名、身份证号及联系方式，同时通过信息化手段，适当增加不当诉求人的诉求成本。三是依法治理。依据法规完善细则，对明显违法的诉求和有明确法律法规解决路径的诉求应依法解决，不应通过接诉即办途径解决，从源头减量。四是加强数据运用。让基层治理更智能，要重视并发挥大数据作用，将信息化手段与社区治理深度融合，用好群众诉求数据库，助力大数据预警和智能化决策，通过解决一个诉求解决一类问题，通过一个案例带动一片治理。

（三）强化心理认同，凝聚基层共识

一个好的社会必然是充满活力的社会，这是党的十八大以来基层治理理念的一个重要变化，也是过去十多年基层治理工作的总体指引。这意味着，民众不仅仅是政府管理的对象，民众参与本身更是赋予治理可持续活力的必然路径，是基层治理要追求的目标。民众在参与中达成共识，共担服务、共创价值，这是走向基层善治的必然要求。尤其在主动治理阶段更强调将诉求解决在萌芽状态，其本质就是"要在政府做好普惠性、兜底性工作的同时，坚持运用社会和公民的力量，注重调动各方主体参与城市治理的积极性、主动性、创造性"。这就需要强化心理认同，广泛凝聚共识。

一是提高系统治理、主动治理的能力。加大对共性问题的专项治理力度，进一步优化成本，提升群众满意度。接诉即办的各个主体要达到充分的

心理认同，凝聚共识，认识到接诉即办工作的社会意义。探索居民自治共治新路径，通过居民议事协商会、社区微信群等渠道听民声、汇民意、集民智，动员居民群众共同参与家园建设和社区治理，这是提升基层治理水平的有效途径。二是深化"每月一题"。市、区、街道对共性问题进行系统的探讨，让问题自下而上集中、政策自上而下实施，统一施策、系统治理。三是深化吹哨报到。杜绝报到中的"形式主义"，把指挥棒和考评表都交给街道。

参考文献

1. 〔美〕曼纽尔·卡斯特：《认同的力量》，曹荣湘译，社会科学文献出版社，2006。

2. 〔澳〕迈克尔·A. 豪格、〔英〕多米尼克·阿布拉姆斯：《社会认同过程》，高明华译，中国人民大学出版社，2011。

3. 周晓虹：《认同理论：社会学与心理学的分析路径》，《社会科学》2008 年第4 期。

4. 孟天广等：《政务热线驱动的超大城市社会治理创新——以北京市"接诉即办"改革为例》，《公共管理学报》2021 年第 2 期。

5. 程行仑：《未诉先办：首都基层治理新探索》，《前线》2022 年第 9 期。

6. 李文钊：《从"接诉即办"透视中国基层之治——基于北京样板的国家治理现代化逻辑阐释》，《中国行政管理》2023 年第 6 期。

B.11
政民互动视角下接诉即办
与群众路线的实践创新*

陈寒非**

摘 要: 群众路线是党的生命线和根本工作路线，其内涵包括"一切为了群众，一切依靠群众"和"从群众中来，到群众中去"。由于"群众"概念保留了传统"官-民"结构下"民"的含义，因此党群关系在群众路线话语下表现为干群互动，在科层制话语下表现为政民互动。从政民互动关系变迁视角观察群众路线演进史，可以发现群众路线实践发展的基本规律。群众路线初期实践阶段形成了"群众运动型政民互动"模式；群众路线多元实践阶段形成了"职能分工型政民互动"模式，其又可分为"政治代表型政民互动""人民司法型政民互动""信访维稳型政民互动"三种形态；群众路线实践创新阶段形成了"接诉即办型政民互动"模式，它是对前两个阶段政民互动关系的新发展。

关键词: 群众路线 政民互动 接诉即办 群众诉求

一 问题的提出

群众路线是党的生命线和根本工作路线，是革命、建设和改革的制胜法宝，贯穿于党的百年发展历程。一般认为，"群众路线"这一概念首见于

---

* 本文系北京市社科基金青年项目"新时代北京乡村治理法治化的路径优化研究"（22FXC017）的阶段性研究成果。
** 陈寒非，首都经济贸易大学法学院副教授，法学博士，主要研究方向为法理学、法律社会学。

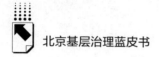
1929 年 9 月《中央给红军第四军前委的指示信》，即《九月来信》，由李立三、周恩来、陈毅组成的"三人委员会"共同起草，用于描述"红军"与"群众/群众组织"之间的关系，将其作为党依靠群众开展军事工作的一种方法。① 此后，"群众路线"的内涵经过了两次系统性阐释。第一次是毛泽东于 1943 年在《关于领导方法的若干问题》中从领导和工作方法角度作出的阐释，将其上升到哲学认识论层面。② 第二次是刘少奇于 1945 年在中共七大关于修改党章的报告（《论党》）中作出的更为全面的阐释，将其概括为群众观点和群众方法两个层面。③ 自此之后，群众路线概念的内涵和外延基本成熟定型，形成了具有中国特色的党群关系理论。如 1956 年邓小平在中共八大上作的修改党章的报告、1981 年 6 月中共中央《关于建国以来党的若干历史问题的决议》以及习近平总书记《在庆祝中国共产党成立 100 周年大会上的讲话》中均沿用了 1943 年和 1945 年形成的群众路线内涵。

根据群众路线的既定内涵，其大致可以分为群众观点（世界观）和群众方法（方法论）两个相互联系的层面。群众观点的核心是"一切为了群众，一切依靠群众"，要求相信群众、依靠群众、了解群众、服务群众和解放群众，与群众始终保持血肉联系；群众方法的核心则是"从群众中来，到群众中去"，善于运用群众喜闻乐见的工作方法来解决群众的问题。无论是群众观点还是群众方法，群众路线的两个层面都围绕"群众"这一对象展开。"群众"概念保留传统政治文化中"民"的内涵是其不彻底的"人民"化之体现。一方面，执政党认可"群众"在历史发展中的主导性地位，认为人民群众是历史发展的动力源泉，故而引申出向群众学习、相信依靠群众的群众观点，这与西方语境中群众心理学对"群众"概念作出的冲动多

---

① 《周恩来选集》（上卷），人民出版社，1980，第 295 页。
② 《毛泽东选集》（第三卷），人民出版社，1991，第 899 页。
③ 《建国以来刘少奇文稿》第一册，中央文献出版社，2005，第 335 页。

变、易受暗示和轻信、情绪夸张与单纯、偏执、专横和保守等贬低化描述不同。[①] 另一方面，执政党认为"群众"属于社会下层，党需要不断对其进行教育、唤醒，进而构建出"先锋队-群众"政治教化模型，作为党联系群众，依靠群众，"从群众中来，到群众中去"的基本前提。当"群众"概念对传统官民结构中的"民"进行"创造性转化"后，在群众话语下传统官民结构演化为干群结构，官民矛盾也就转变成干群矛盾。[②] 从现代科层官僚制来看，这种干群结构在今天主要表现为政民结构（这里所说的"政"泛指国家公权力主体），干群关系也体现为政民互动关系，后者是群众路线中群众观点和群众方法的综合映射。从国家治理视角进行观察，政民互动还承载了执政者联系群众，进而依靠群众、动员群众参与社会治理的使命。在此语境下，基层治理更是政民互动的关键场域，是官方直接面向群众并与其进行沟通交流的前沿阵地，是缓和干群紧张关系的重要单元。

既然政民互动与群众路线之间存在紧密的关联性，那么有必要从政民互动关系变迁角度考察群众路线的历史演进。那么，从新中国成立至今，以政民互动为中心的群众路线经历了何种变迁？党的十八大报告向全党发出"脱离群众的危险"[③] 的警告，群众路线存在"从群众中来，却上不来；到群众中去，却下不去"[④] 的现实困境。面对党的警告和现实困境，应如何改革政民互动关系进而创新发展群众路线，在时代发展中不断加强党与人民群众的血肉联系？以 1949~2022 年政民互动关系变迁为中心，本文分三个阶段考察新中国成立以来群众路线的发展历程，认为新时期以接诉即办为中心的政民互动是对既往群众路线的新发展，赋予了群众路线新的时代内涵。

---

① 〔法〕古斯塔夫·勒庞：《乌合之众：大众心理研究》，冯克利译，广西师范大学出版社，2015，第 75~101 页。

② 孔凡义、涂万平：《科层制、群众路线和国家治理模式》，《领导科学论坛》2016 年第17 期。

③ 高祖林：《群众路线的意义、问题与时代主题》，《毛泽东邓小平理论研究》2013 年第 6 期。

④ 许一飞：《群众路线：中国特色参与式民主及其网络实现策略》，《理论导刊》2014 年第2 期。

二 群众路线的历史实践：政民互动的多元类型

新中国成立以后，群众路线不断发展，形塑出不同类型的政民互动模式。按照历史演进阶段，可分为群众运动型政民互动和职能分工型政民互动。其中，职能分工型政民互动又具体包括政治代表型政民互动、人民司法型政民互动和信访维稳型政民互动。

第一，群众运动型政民互动。新中国成立之后，通过群众运动方式贯彻群众路线，形成了"群众运动型政民互动"关系模式，这是群众路线初期实践的主要形态。群众运动型政民互动具有如下特点。一是这种互动模式的主要目的是克服官僚主义弊病，即以自下而上的群众运动消除科层官僚制的责任推诿与低效拖拉、对上负责与沟通不畅、层级隔阂与监督不力、组织僵化与创新不足、职业固化与工作懈怠、人浮于事与运转失灵等倾向。二是其以领导的个人权威为其动力来源，群众运动的目标设定、主要任务、实施进程、组织方式、深入程度以及结束时机等均由领导人的主观意志来决定。三是其试图重建政民沟通机制，即通过群众自行组织和群众自己解放自己的方式来破除曾经构建的科层化体制和制度体系，在此基础上形成以群众为主导的政民互动关系。四是缺乏必要的制度保障，容易陷入极端的"无政府主义"，这也决定了其无法持续性开展，同时也具有较大的破坏性。尽管如此，群众运动型政民互动仍然可以在一定程度上应对官僚体制困难及其组织失败，以此为基础形成的"运动型"治理机制可以"（暂时）打断、叫停官僚体制中各就其位、按部就班的常规运作过程，意在替代、突破或整治原有的官僚体制及其常规机制，代以自上而下、政治动员的方式来调动资源、集中各方力量和注意力来完成某一特定任务"。① 因此，新时期群众运动型政民互动仍以"中心工作""综合治理"等方式与官僚体制进行配合，继续发

① 周雪光：《中国国家治理的制度逻辑：一个组织学研究》，生活·读书·新知三联书店，2017，第125页。

挥其治理功能，在必要的时候发挥加强政民互动以及沟通执政党与群众联系的作用。

第二，职能分工型政民互动。改革开放以后，群众路线主要依托于职能分工的科层官僚制，因此群众路线表现出多元化的立法、司法及行政实践机制，形成了职能分工型政民互动关系模式。这种职能分工型政民互动具体包括三种形式。一是政治代表型政民互动。这种政民互动模式建立在两种代表理论基础之上。第一种是"先锋队-群众"代表理论，此理论基于无产阶级政党的建党理论而形成，其内涵包括无产阶级政党的性质和使命以及无产阶级政党在国家政权建设中如何处理党和群众的关系两个方面。第二种是"人民代表大会-人大代表-公民"代表理论。这一代表理论是第一种代表理论在国家政体理论上的映射，它的制度表现形式是人民代表大会制。不过这两种代表理论之间存在着理论和实践的张力，在一定程度上会影响政治代表型政民互动关系。二是人民司法型政民互动。人民司法传统肇始于陕甘宁边区司法实践，在后来的革命和政权建设中逐渐完善成熟，形成了以党的领导和群众路线为主要特点的司法理念、技术和实践。"人民司法对群众路线的选择，实际上是应对官僚制的兴起和现代国家的建成之间的不同步的产物。"① 人民司法的群众路线特质决定了它应具有能动性、主动性、大众性。"能动司法"是"缓解我国社会基础性矛盾（如干群矛盾）、应对我国社会纠纷的必要措施，是对各种社会批评与非议的恰当回应"。② 这种缓解和回应恰恰是司法完成其政民互动使命的必然要求。三是信访维稳型政民互动。这种政民互动模式是群众路线在行政层面的体现，它从国家与社会视角处理了政民互动问题。从国家视角出发，信访充当了中央联系基层、收集民意的渠道；从社会视角出发，信访又承载了群众对于自身利益诉求的解决机制。因此，信访制度是党的基本政治路线和群众路线的直接检验机制，甚至作为政权合法性的基础。信访法治化试图进一步突出信访的冲突化解功能，并试

---

① 李斯特：《人民司法群众路线的谱系》，苏力主编《法律和社会科学》（第一卷），法律出版社，2006，第298页。

② 顾培东：《能动司法若干问题研究》，《中国法学》2010年第4期。

图通过法治化的方式限制信访的群众动员功能，将信访确定为与诉讼、调解等并列的救济方式，但这种处理方式并未解决信访制度本身具有的制度性张力。

三　群众路线的实践创新：接诉即办型政民互动

党的十八大以来，群众路线进入飞跃与创新发展的新阶段。这种创新发展表现在如下几个方面。一是以习近平同志为核心的党中央始终坚持人民主体地位，提出了以人民为中心的"人民立场"。二是习近平总书记作出"群众路线是我们党的生命线和根本工作路线"的新论断。三是开展了一系列以群众路线为主题的党员教育活动。四是创造性提出"网络群众路线"，要求"改进和创新联系群众的途径方法，坚持走好网上群众路线"。① 在新时代群众路线的创新和发展过程中，构建以政民互动为中心的群众路线实现机制是一个至关重要而又无法回避的问题。为此，各地在实践中对此进行了积极探索，北京市实践探索出接诉即办型政民互动模式，创新发展了群众路线的实现机制。

北京市接诉即办改革以习近平新时代中国特色社会主义思想为指导，深入贯彻习近平总书记对北京市的一系列重要讲话精神，聚焦群众急需解决的问题，积极探索新时代特大城市基层社会治理的新路径。自 2017 年至今，北京市接诉即办改革经过了三个阶段。第一阶段是"吹哨报到"，此系平谷区试点首创。平谷区街乡镇为了有效治理辖区内多年禁绝不止的盗采金矿、盗偷砂石、盗挖山体的现象，创造性地提出了"街乡吹哨、部门报到"的工作机制，其主要内容包括执法机构快速响应机制和乡镇主导的联合执法机制，取得了良好的治理效果。2018 年 2 月北京市进一步总结平谷的"吹哨报到"机制，并在 16 个区进行推广试点；2018 年 11 月习近平总书记主持

---

① 《中共中央关于加强党的政治建设的意见（2019 年 1 月 31 日）》，《人民日报》2019 年 2 月 28 日。

中央深改委第五次会议，充分肯定了北京市"吹哨报到"工作机制。第二阶段是"接诉即办"，将"吹哨报到"向"群众吹哨"延伸，以市民的诉求为中心，受理群众诉求，解决群众关切的问题。自2019年1月以来，北京市先后印发《关于优化提升市民服务热线反映问题"接诉即办"工作的实施方案》《关于进一步深化"接诉即办"改革工作意见》等文件，从工作机制、工作体系等方面建立并完善接诉即办工作机制。第三阶段为"主动治理"，即通过"每月一题"和确定"治理类街乡镇"等方式，推动接诉即办从"被动接诉"向"主动治理、未诉先办"转变。这一阶段的标志性成果主要有两个：一是出台《北京市接诉即办工作条例》，将接诉即办工作纳入法治化轨道；二是审议通过《关于推动主动治理未诉先办的指导意见》，明确主动治理、源头治理的具体路径和机制。①

接诉即办改革的基本流程可分解为受理、响应、派单、办理、反馈、考评等环节，每一个环节均围绕群众诉求而展开。其中，受理环节主要依托12345热线，将全市各领域、各区的政务热线进行整合，与公共服务热线进行对接，形成一条热线统一管理和响应。响应环节主要是根据群众诉求类型进行差异化管理，按照诉求事项的轻重缓急进行分级处置，提高诉求处理的精准性。派单环节主要是按照管辖权属和职能职责拟定接诉即办职责目录（目录动态调整），同时将全市343个街乡镇、65家市级部门和49家承担公共服务职能的企事业单位全部纳入热线平台，再根据群众诉求的类型和性质选择直派或双派，抑或会商确定。办理环节则根据诉求情况有针对性地选择处理方式，对于需要跨部门处理的复杂问题由街乡"吹哨"后召集各相关部门现场办公、集体会诊及联合解决；对于跨行业、跨区域的诉求，则采取分级协调办理机制；对本级难以解决的重点、难点诉求，提请上级党委或相关部门进行协调解决。反馈环节主要是对群众诉求办理情况进行点对点反馈和回访，即由12345热线服务中心通过电话、短信和网络等方式回访提出诉

---

① 北京市委全面深化改革委员会"接诉即办"改革专项小组课题组：《北京党建引领接诉即办改革报告》；张革、张强主编《北京接诉即办改革发展报告（2021~2022）》，社会科学文献出版社，2022，第4~6页。

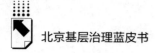

求的群众，由群众对诉求反馈情况、解决情况、办理效果和工作人员态度进行评价。考评环节主要是将接诉响应率、问题解决率和群众满意率作为核心指标，建立"七有""五性"监测评价指标体系，将接诉即办工作情况纳入各级领导班子和党员干部日常考核，将考核结果作为分析研判和动议干部的重要参考。

接诉即办改革是对政民互动模式的创新，发展了党的群众路线。

第一，接诉即办是新时代党的群众路线的新发展。接诉即办依托12345热线服务平台建立起群众诉求快速响应处理机制，把群众的诉求放在首要位置，凸显人民群众在特大城市治理中的主体性地位，践行了"一切为了群众，一切依靠群众"的群众理念。在处理群众诉求的时候依靠群众、相信群众，使政府官员主动去倾听民意，积极沟通联系群众，在诉求处理完毕后重视群众反馈意见和满意度评价，使各级政府在社会治理中真正考虑到群众的需求、意见及感受，充分体现出"从群众中来，到群众中去"的群众方法。因此，无论是从群众观点还是从群众方法层面而言，接诉即办都创新发展了群众路线。

第二，接诉即办探索出群众路线的实现机制。群众路线在实践中面临诸多困难，如"群众"内部阶层分化导致利益冲突、"领导"陷入官僚主义导致脱离群众、社会快速发展导致干群沟通机制陈旧等。[①] 这些都直接制约了群众路线的实现。接诉即办通过12345热线建立起新的干群沟通机制，遵循接诉无门槛原则，对群众诉求进行"一号响应"，精确分类群众诉求，高效派单职能部门，将问题的发现权交给群众，对问题的解决情况进行追踪反馈。这些举措都创新发展了群众路线的实现机制。

第三，接诉即办构建了良性高效的政民互动关系。良性高效的政民互动关系是检验法治国家、法治政府和法治社会一体建设的重要标准，它要求政府向服务型政府转变，高效快速回应处理群众的诉求。但限于条块分割的行政职能格局，政民互动在实践中容易出现推诿和低效的情况，直接制约了群

---

① 许一飞：《群众路线：中国特色参与式民主及其网络实现策略》，《理论导刊》2014年第2期。

众诉求的表达和回应，造成了政民互动关系的恶化，导致干群关系的疏离。接诉即办改革打破了行政机关的条块分割，整合全市分属不同部门的 64 条热线，在此基础上形成"一号受理""分级响应""快速直派""协同办理""逐一回访"的管理体系，让人民群众真正感觉到打 12345 热线管用、实用，形成了良性的政民互动关系。

从比较的视角来看，接诉即办型政民互动是对既往政民互动关系的新发展。

第一，接诉即办型政民互动发展了群众路线初期实践阶段的"群众运动型政民互动"模式。尽管群众运动型政民互动具有克服官僚主义弊端和集中动员群众的特点，但是其也存在过于依靠领导人个人意志、非常规化和缺乏制度保障的缺陷，而且在实践中存在失控的风险。接诉即办型政民互动保留了群众运动型政民互动的社会动员性，接受群众诉求不设门槛，甚至鼓励群众提出利益诉求、批评建议和监督意见，以此作为倒逼政府服务改革的重要动力来源，续建政权合法性的群众路线基础。同时，接诉即办型政民互动的这种群众性动员并不排斥官僚制，相反依靠常规化的官僚制来运作，群众诉求的解决最终限定于既有的科层体系中。因此，与群众运动型政民互动相比，接诉即办型政民互动实现了群众动员和官僚制、中心工作和常规工作、运动型治理和常规化治理的统一。

第二，接诉即办型政民互动创新发展了群众路线多元实践阶段的"职能分工型政民互动"模式。职能分工型政民互动虽然摒弃了群众运动型政民互动的去官僚化做法，按照国家权力的科层化分工重新建构政民互动关系，分别形成了政治代表型政民互动、人民司法型政民互动和信访维稳型政民互动，但这在实践中造成了政民互动的职能分工壁垒，群众诉求表达和对此进行处理时出现了责任主体的推诿和拖宕，最终导致政民互动陷入职能分工带来的内耗困境。最为典型的是涉诉信访现象，涉诉信访事项本属人民司法型政民互动中的诉讼救济范畴，当事人却因司法救济途径的困难而选择继续上访，而信访部门在收到信访人诉求后则会批转到司法部门，如此形成恶性循环，当事人的诉求难以得到有效解决。接诉即办型政民互动打破了职能分工型政民互动的条块分割格局，以群众关切的问题为中心，调动职能部门合力来解决，首接负责制有效防止涉及多个责任主体时相互推诿的现象。此外，接诉即办型政民互动也克服了政治代表型政民互动、人民司法型政民互动和信访维稳型政民互动固有的弊病，在信息化基础上创新发展了政民互动关系。

第三，相较于前两种类型的政民互动，接诉即办型政民互动有明确的法治化保障。前两种类型的政民互动均没有系统明确的立法表达，多散见于职能分工模式下的制度体系中，制度层面的互动和衔接存在一定的困难。《北京市接诉即办工作条例》首次以地方性法规的形式将接诉即办型政民互动进行制度化，在此基础上推动新时代群众路线的法治化，其立法宗旨是"以人民为中心"，将党建引领基层治理改革纳入法治化轨道，尤其是将主动治理下多元化参与机制进行了法治化表达，具有高度的原创性和引领性。[1]

此外，接诉即办型政民互动创造出一个新的"网络群众路线"平台。在此平台中，"群众路线的三个环节（调查收集、辩谈统合、政策反馈）以及前期的政府信息公开与后期的群众监督程序，都能够通过网络平台达到有效制度化展开，从而有效降低了包括时间在内的群众路线实践之物质性成本"。[2] 在接诉即办搭建的政民互动"公共领域"中，群众不仅可以表达利益诉求，进行社会动员，也能够有效参与公共事务，形成政民之间的沟通理性和协商民主，进一步加强了党和人民之间的血肉联系。

四　结论

中国共产党在百年征程中所形成的"一切为了群众，一切依靠群众"和"从群众中来，到群众中去"的优良传统，不仅是我们党革命、建设和

---

① 张小劲、杨惠：《以法规文件固化和提升改革成果：以〈北京市接诉即办工作条例〉为个案的观察》；张革、张强主编《北京接诉即办改革发展报告（2021~2022）》，社会科学文献出版社，2022，第134~136页。
② 吴冠军：《重新激活"群众路线"的两个关键问题：为什么与如何》，《政治学研究》2016年第3期。

改革取得胜利的重要法宝，也是政权合法性续造的根基所在。党的十九届六中全会通过的《中共中央关于党的百年奋斗重大成就和历史经验的决议》系统总结了我们党百年奋斗历程中的宝贵经验，"坚持以人民为中心"正是宝贵经验之一。"坚持以人民为中心"要求我们在"坚持党的群众路线"的基础上，"领导人民夺取中国特色社会主义新的伟大胜利"。① 我们党一百年来的历史正是不断探索、实践和完善群众路线的历史。

从群众路线的词源考察来看，群众路线中的"群众"一词是本土语词的创造性运用。当"群众路线"语词形成后，"群众"逐渐取代"民众""大众"成为主流性话语，但这并没有消除"群众"概念本身所具有的"民"的内涵。"群众"概念不彻底的"人民"化，使其部分地承载了官民互动的功能，这种官民互动在群众路线话语下表现为干群互动，在科层制话语下表现为政民互动。因此，我们可以从政民互动关系变迁视角观察群众路线演进史，从中探寻群众路线实践发展的基本规律。

从政民互动关系变迁视角出发，我们可以分阶段考察新中国成立以来群众路线的发展变迁。第一阶段为群众路线初期实践阶段，此阶段群众路线表现为"群众运动型政民互动"模式。虽然群众运动型政民互动具有抵制官僚主义的正向功能，但其过于依靠领导人意志，缺乏必要的制度保障，以非常规化治理为主，因此在改革开放后逐渐弱化。第二阶段为群众路线多元实践阶段，此阶段群众路线表现为"职能分工型政民互动"模式。此种政民互动的特点是以科层官僚制及其职能分工为基础，具体包括政治代表型政民互动、人民司法型政民互动和信访维稳型政民互动，分别对应权力分工模式下的立法、司法和行政领域。第三阶段为群众路线的实践创新阶段，此阶段形成了"接诉即办型政民互动"模式。接诉即办改革发展了党的群众路线，构建出新的政民互动机制。接诉即办型政民互动不仅发展了群众路线初期实践阶段的群众运动型政民互动关系模式，也推进了群众路线多元实践阶段形

---

① 《中共中央关于党的百年奋斗重大成就和历史经验的决议》，《人民日报》2021年11月17日。

成的职能分工型政民互动关系模式。接诉即办构建出良性的政民互动关系，标志着群众路线的时代新发展。

　　接诉即办意味着一场深刻的治理革命，只有进行时，没有完成时。党的群众路线是生命线，也会随着时代的发展不断创新。接诉即办为新时代群众路线内涵新发展提供了可行的路径，未来应在此基础上进一步完善，继续系统地深入推进接诉即办改革，为超大城市基层社会治理贡献"北京方案"，引领新时代超大城市治理中党群关系的建设方向。

B.12
接诉即办诉求办理的
互动关系与策略选择[*]

袁振龙[**]

摘　要： 本文抓住接诉即办工作中诉求办理的关键环节，从互动角度分析诉求发起方和诉求承办方等不同行动者在诉求办理中的持续性互动关系，研究不同行动者在互动过程中的差异化策略选择及不同策略选择的后果。诉求发起人主要存在满意互动、无效互动和错位互动等情形，诉求承办人则存在高效互动、提级互动、内部互动、循环互动和逃避型互动等情况。本文着眼于治理体系和治理能力现代化建设，针对诉求办理不同行动者的策略选择，从诉求发起的责任自觉、诉求派单的精准追求、难点诉求的协同治理和剔除工单的优化调整等四个方面提出相应的应对策略。

关键词： 接诉即办　诉求办理　互动关系　策略选择

北京接诉即办是由市民直接发起诉求、市民热线服务中心接单派单、相关责任单位办单、市民热线服务中心回访、市民评价打分、对责任单位考核排名的全流程城市治理运动。接诉即办改革借助大数据分析、人工智能等技术重塑了城市治理范式，深刻地改变了传统城市治理的理念、逻辑与方式，大大提升了城市治理的效率，受到了社会的广泛赞誉，是大数据时代超大城市治理创新的一场伟大变革。接诉即办改革凸显了人民和企业在城市治理中

* 本文为北京市社会科学院 2024 年度重点课题（KY2024G0154）的阶段性成果。

** 袁振龙，北京市社会科学院综合治理研究所所长，研究员，社会学博士，主要研究方向为社会治理、社会治安、城市安全等。

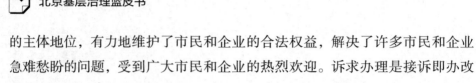

的主体地位，有力地维护了市民和企业的合法权益，解决了许多市民和企业急难愁盼的问题，受到广大市民和企业的热烈欢迎。诉求办理是接诉即办改革的最重要环节，是判断接诉即办改革是否成功的最重要指标，直接决定着接诉即办改革的持久生命力。观察和研究接诉即办诉求办理过程，特别是其中诉求发起方与诉求办理方之间的互动关系，对于我们更好地理解和把握接诉即办改革的重要价值，进一步推进接诉即办改革具有极为重要的意义。

一 诉求办理中重要行动者之间的互动关系

接诉即办重在派单，关键在办。诉求办理是接诉即办工作中最重要最关键的环节，是串联起广大市民诉求发起、办理评价和市民热线服务中心派单、考核评价等工作的核心枢纽，直接关系到群众的诉求是否能得到及时有效的解决，也是衡量接诉即办改革价值及成功与否的重要指标。在诉求办理过程中，诉求发起方和诉求办理方等相关各方的认识判断与策略选择持续影响着各自的态度和行为方式，两者之间存在着反复的持续性互动关系，共同形塑着接诉即办的整体面貌和未来改革的基本走向，显示着接诉即办改革的生命力，决定着接诉即办改革的成败。

诉求办理工作涉及投诉、接诉、派单、办单、回访、评价等环节。诉求办理是接诉即办工作所有环节中情况最复杂、参与主体最多、工作量最大、花费时间和资源最多、难度最大且需要直接面向群众的工作，处于最重要的位置，却难以全面地进入公众关注的视野。诉求办理的行动主体既包括市区相关职能部门，市区国有企业、企业单位、街道（乡镇）、社区（村）、平台企业、物业公司、社会组织、居民群众等众多主体，还包括区级分中心等主体。这些主体在地方党委的领导下，根据各自职责履行各自在诉求办理中的责任，并彼此联系，相互影响，同时也影响着其他行动者的态度和行动。随着互动性特征日益强化，各主体的策略选择也在不断塑造着新的诉求运动，凸显了首都超大城市治理的复杂性和反复性。理解和分析不同行动主体的互动关系，有助于更好地理解和把握接诉即办工作的实质与改革走向。

根据各主体在诉求办理中所处的地位和承担的责任，大致可以把行动主体划分为两类主要行动者。一是诉求发起方，主要包括居民群众和企业。其发起的诉求成为接诉即办改革的"源头活水"，同时，其也对诉求办理全过程进行监督，对诉求办理结果进行评价，在诉求办理中处于主动位置，引导着接诉即办的发展方向。二是诉求承办方，包括市区相关职能部门、市区国有企业、事业单位、街道（乡镇）、社区（村）、平台企业、物业公司、社会组织、部分居民群众及区级分中心。在组织、考核、评价等压力下，承办方积极办理企业和市民诉求，努力推动"响应率""解决率""满意率"的提升，同时，为避免在考核中处于不利地位，也会主动申请剔除。同时市民热线服务中心在地方党委的统一领导下，处于监督评价者的位置，在人工智能、大数据分析等技术的加持下，根据市民和企业诉求的变化不断优化诉求分类并实现精准派单，同时根据诉求承办方的意见不断调整优化考核评价标准细则，建立并调整激励、剔除等机制，以有效调动并激励相关单位诉求办理的积极性。

二 诉求办理中行动者互动的不同情形及策略选择

美国现代社会学家兰德尔·柯林斯指出："互动是社会动力的来源，每个个体在社会中所呈现的形象是在与其他人的社会互动中逐渐形成的。"这里主要讨论诉求发起者和诉求承办者在互动过程中的策略选择，这两者在接诉即办中的形象建构与行动选择既是日常互动的过程，也是经过理性权衡后的策略选择。这些策略选择以不同的方式共同推动接诉即办改革不断深化，为超大城市共建共治共享共同体的构建提供强大的动力。

（一）诉求发起方在互动过程中的情形及策略选择

广大企业和市民无疑是北京接诉即办改革的最大受益者，也是接诉即办改革最坚定的支持者。从诉求发起者的角度，在互动过程中有三种不同的情况及策略选择。

1. 投诉圆满解决的满意互动

北京接诉即办改革坚持"全过程人民民主",坚持人民城市人民建、建好城市为人民的人民城市理念,把居民摆在城市规划、建设和管理的重要位置,重视居民在城市工作、生活、学习中的感受和体验。北京市政府陆续整合64条非紧急救助热线并开通17条网络端口来接受企业和市民的投诉和咨询,同时在人工智能和大数据分析等技术的支撑下,通过不断的学习调整,对咨询类诉求进行在线精准回答,对办理类诉求进行精准派单并全程监督评价,真正把人民摆在了城市治理的重要位置。

在诉求办理过程中,诉求承办单位工作人员必须在诉求发起人的参与和监督下推动诉求的处置解决,诉求最后是否得到解决、诉求发起人对诉求解决情况是否满意成为评价诉求办理质量的最主要标准。市民不仅可以毫无门槛地提出诉求,而且有权对诉求办理的全过程进行监督并进行最终的评价,正是这种对人民权利的落实和尊重,保障了企业和市民在城市治理中的主体地位,并赋予企业和市民在城市治理中的主动地位,让人民城市的理念真正落在实处。所以,广大企业和市民对北京接诉即办改革给予了最广泛最坚定的支持和信任,企业和市民愿意通过12345热线电话端或网络端反映诉求,也愿意实事求是地对诉求办理情况作出客观的评价,这也是市民服务热线诉求总量逐年增加,解决率和满意率也逐年升高的重要原因。北京接诉即办改革推进五年多来,全市共接到企业和市民诉求1.3022亿件,响应率始终保持在99%以上,问题解决率和满意率分别上升至94.6%和95.6%。企业和市民对接诉即办工作的支持、信任和鼓励,既给予市委市政府推进接诉即办改革最坚定的政治支持,也给予了诉求承办方最宝贵的理解和尊重,这也是接诉即办改革设计者和推动者最为期待的良性互动。正因如此,北京接诉即办改革成为超大城市治理的一场伟大的自我革命,其对人民主体地位的尊重及蕴含的价值理念将在今后的实践中被进一步所证明。

2. 反复投诉差评的无效互动

在办理诉求的过程中,也有少数诉求发起者忽视了自身在城市治理中的责任和义务,利用接诉即办对诉求办理单位的考核机制,过度使用诉求发起的权利，不恰当地使用了评价权利，给诉求承办单位工作人员的积极性造成一定的打击，给接诉即办工作带来了一定的影响，产生了资源和人力的浪费，这就形成了不良的互动。

基层调研中发现，常常有某项诉求确实难以办理或其他难以言明的原因，在短期内难以得到较好解决，诉求人就反复投诉并给予负面的评价，导致某一地区某一单位某一时期较高的诉求总量、较低的解决率和较低的满意率，给诉求承办单位带来了巨大的压力，承办工作人员往往"有苦难言"。在基层调研过程中，有人反映，个别居民短时期内拨打 12345 热线几十次之多，大多数时候的评价都是"没解决""不满意"，导致相关单位考核成绩偏差。至于诉求难以办理的原因，既有诉求发起人"表里不一"、诉求"不实"等问题，也有沟通不畅、相互不信任的情况。这种不良的互动虽是少数，但对接诉即办改革的伤害较大，特别容易打击基层工作人员的积极性，因此必须加以重视，想办法予以适当化解。

3. 涉法诉求的"错位"互动

按照条例规定："依法应当通过或者已进入诉讼、仲裁、纪检监察、行政复议、政府信息公开等法定途径和已进入信访渠道办理的事项，应告知诉求人相应法定渠道。"[①] 由于信息不够畅通和相关界线不够明确，接线员在接到市民相关投诉时，并没有足够的信息和合适的能力来及时确认某一诉求是否已经进入诉讼，或已经进入信访渠道等途径，所以，这些诉求大概率会被派往某一单位具体承办。而当诉求办理单位在办理过程中发现这一诉求已经进入诉讼等途径或信访等渠道时，就需要走申请剔除渠道来申请剔除。而申请剔除有一套非常严格的程序和资料要求，工作人员需要花费较多的时间和精力按照相关要求提供相应的证明材料，市民热线服务中心又需要拿出足够的人力、物力来验收审核材料。由于申请剔除工单数量大，相关机制不够健全，信息流转不够畅通，很多时候回复不及时和回复信息不充分，诉求承办单位无从具体了解申请剔除是否成功通过，只能被动地重复之前的诉求办

[①] 参见北京市人大常委会《北京市接诉即办工作条例》，2021 年 9 月。

理和申请剔除行动，从而导致人力、物力和其他治理资源的错配与浪费，这是一种因诉求发起方不恰当地使用投诉权利而导致的诉求办理方和监督评价方无效劳动的"错位"互动。

（二）诉求承办方在互动过程中的不同情形及策略选择

与诉求发起方相比，诉求承办方虽然总体数量要少一些，但涉及的责任单位多、层次多，北京接诉即办改革把"市区政府部门、街道办事处、乡镇人民政府、法律和法规授权的具有管理公共事务职能的组织、承担公共服务职能的企事业单位"[①] 等都列为诉求承办单位。这些部门、单位和组织基本上都能按照法规及相关制度标准要求，"及时联系诉求人，听取诉求人的意见建议，了解诉求具体情况，依法履行职责，及时办理诉求；确须依法延长办理时限的，向诉求人说明理由，并通报市民热线服务机构；对受客观因素制约暂时无法解决的，向诉求人做好解释工作；在规定时限内向诉求人和市民热线服务工作机构反馈办理情况"。[②] 在大多数时候诉求承办方与诉求发起方和监督评价方形成常态的良好互动，共同推动诉求的解决和城市治理水平的提升。在实际工作中，由于具体诉求与诉求人情况千差万别，诉求承办方对不同类型的诉求往往形成不同的策略选择，分别形成了良性互动的三种类型和不良互动的两种情况。

1. 第一类是简单诉求快速办理的高效互动

简单诉求派单准确，责任清晰，明确具体，诉求承办人往往能在较短时间内与诉求发起方建立起联系，了解情况，办理诉求并形成积极良性的互动。这是诉求承办方和诉求发起方的共同选择，也是政府最期待、社会最欢迎的积极互动方式，更是诉求承办方和诉求发起方都愿意接受的处理方式。随着持续五年多接诉即办改革的推进，特别是随着《北京市接诉即办工作条例》的颁布实施，绝大多数承办单位对接诉即办工作达成了共识，成立

---

① 参见北京市人大常委会《北京市接诉即办工作条例》，2021 年 9 月。
② 参见北京市人大常委会《北京市接诉即办工作条例》，2021 年 9 月。

了工作专班，制定了相应的制度来落实推进接诉即办工作，同时配备专门的资源和资金来负责诉求的办理，绝大多数负责诉求办理的工作人员均经过培训和反复的学习，已经能够做到认真对待，容易获得诉求发起方的支持、理解、信任和认可，从而得到较高的解决率和满意率，成为接诉即办改革过程中最普遍、最广泛的良性互动模式。

2. 第二类是集中治理共性诉求的提级互动

这主要是通过推进"每月一题"和"治理类街乡镇"机制对高频共性问题和区域性诉求进行集中治理。高频共性问题产生的源头往往在上级部门，这些问题基层在办理过程中往往难以解决。区域性诉求往往出现在人口密集、面积大、基础设施短板弱项多、城乡问题交织、基层治理能力偏弱，因而群众诉求相对集中的一些地区。

从 2021 年起，北京市建立了"每月一题"和"治理类街乡镇"机制对高频共性问题和诉求集中的街乡镇进行集中治理，通过市领导牵头，市级部门提级办理和相关街乡镇的集中治理，采取政策调整、政策创新和"方案+清单"重点治理等方式，实现办理一批诉求解决同一类问题，集中治理一个乡镇或街道，重建其基础设施并完善基本公共服务，推动了历史遗留问题的解决。一些街乡镇经过持续治理已经退出"治理类街乡镇"名单，解决了某类问题高发多发和某些地区诉求集中等问题，推进了城市整体治理能力和水平的共同提升，成为接诉即办良性互动的典型，取得了接诉即办改革向深层次推进的重要成果。很多存在同样类似问题的市民和居住在"治理类街乡镇"的市民，在不知不觉中就分享了政策调整、政策创新和集中治理等带来的"红利"，成为接诉即办改革的共同受益人。

3. 第三类是未诉先办主动治理的内部互动

通过对历年大数据的分析，发现一些部门（单位）、区、街道（乡镇）和社区（村）已经在主动开展相关问题的治理。其通过网格化、微信群、电话、网站、家访等渠道及时收集辖区企业和市民诉求，通过为民办实事、制订年度工作计划、推动相关项目和议事协商等方式，对接资源与需求，形成项目清单，落人落点落图落实，自觉主动地推进相关问题的治理。诸多部门、单位、街道

（乡镇）和基层社区（村）通过自身积极主动的行动，努力实现了诉求总量的减少，赢得了所管行业、辖区企业和市民的信任和认可，从源头上实现了未诉先办、主动治理。这是目前基层很多单位和地区正在努力推进的生动实践，房山区南广阳城村就是其中典型的生动案例。目前，年度或月度工作考核中，常常会出现一些零诉求或少诉求的部门、单位和社区（村），成为未诉先办、主动治理的先进典型。这意味着诉求承办方与诉求发起人正在进入一个新的良性互动阶段，他们日常保持紧密联系，相互信任，有问题及时报告，发现问题马上解决，相互影响，这也是接诉即办改革希望通过共同努力实现的一个结果。

4. 第四类是反复处置重点诉求的循环互动

在落实接诉即办工作的过程中，各种各样的原因使部分辖区在某一时期内出现某些人因某一事项或不同事项反复发起诉求的情况，但出于各种原因，这些诉求的办理缺少现实条件的支持，或者诉求办理工作人员敷衍办案、结案不实，导致诉求在短期内无法得到有效解决，诉求发起人因不满意又反复提出诉求，从而陷入"提出诉求-无法解决-不满意-继续提出诉求-无法解决-不满意"的循环之中，诉求承办单位与诉求发起人陷入低效甚至是无效的反复互动，诉求承办单位最终考核排名往往靠后，背负着巨大的压力。这是下一步接诉即办改革过程中需要重点关注并努力破解的一个问题。

5. 第五类是申请剔除难点诉求的逃避型互动

在诉求办理过程中，尽管基层工作人员围绕诉求做了很多工作，但由于受制于职责资源、政策权力及各种现实因素，诉求办理工作往往得不到诉求发起人的配合、支持、肯定和认可，有的诉求发起人对工作人员采取"不同意家访""不接电话"等不配合态度，致使诉求办理工作迟迟没有结果，眼看即将到期，为避免考核出现不好结果，工作人员不得不使用诉求工单申请剔除的机制。按照诉求工单申请剔除的相关规定，工作人员需要留存相应的工作记录、电话录音、相关照片等证据，逐级向上提交。由于申请剔除工单过多，审核要求相当严格，上级无法一一及时反馈详细情况，最终申请剔除工单是否能通过迟迟无法确定。一些诉求办理工作进入一段"黑不见底"的"黑洞"中，诉求发起方、诉求承办方和监督评价方均陷入付出巨大努力却效率低下的反复互动中。工单申请剔除机制迫切需要进一步改革完善。

概括起来，诉求发起方和诉求承办方两类主体在互动过程中形成了八种不同的情形及策略选择（见表1）。

表1　诉求发起方和承办方两类主体在互动过程中的不同情形及互动策略

主体	互动场景	互动特征	互动策略	未来展望
诉求发起方	投诉圆满解决的满意互动	单一诉求、一次投诉、圆满解决、满意好评	信任、合作、满意	大数据分析和经验总结，减量削峰，实现诉求总量稳中有降
	反复投诉差评的无效互动	同一诉求、难以解决、反复诉求、满意率低、无效果	不信任、不合作、不满意	个案分析、主动服务、专业介入、解开心结
	涉法诉求的错位互动	涉法诉求、渠道错位、难以解决、满意率低	希望过高、难以解决、难以满意	热线+法治、畅通信息交换渠道、规范精准派单、推进依法治理
诉求承办方	简单诉求快速办理的高效互动	单一诉求、认真办理、解决率高、满意度好	认真履职、热情服务	以诉求办理为契机，推动基层社会治理共同体建设
	集中治理共性诉求的提级互动	共性诉求、部门协同、政策优化、项目治理	科学决策、提级办理、完善政策、提升水平	完善"每月一题"和"治理类街乡镇"机制，推动首都治理体系和治理能力现代化
	未诉先办主动治理的内部互动	激发基层治理动力、完善基层协商治理平台、建设基层社会治理共同体	组织动员居民群众、畅通情况问题反映渠道、落实工作责任、及时高效处置相关诉求	党建引领基层社会治理，组织动员居民群众、完善基层协商治理平台，推动基层治理智能化、完善基层治理机制，着力构建基层社会治理共同体
	反复处置重点诉求的循环互动	单一个体、反复诉求、反复联系、难以沟通	主动接洽、小心应对、如履薄冰、留存记录	提级处置、个案分析、一案一策、专业介入、解开心结
	申请剔除难点诉求的逃避式互动	沟通不畅、办理未果	主动联系、留存证据、申请剔除	规范剔除、提级处置、个案分析、一案一策、专业介入、着力破局

资料来源：笔者根据分析整理自制。

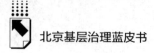

诉求发起者主要有三种情形：一是投诉圆满解决的满意互动；二是反复投诉差评的无效互动；三是涉法诉求的错位互动。很显然，第一种情形是市民投诉、中心接单派单、相关单位办单、中心回访、市民满意、承办单位考核排名成绩好，这是市民与承办单位双赢的选择，也是接诉即办改革追求的效果，反映了城市治理的效果和效率。第二种情形和第三种情形分别属于重复的无效互动和诉求的错位互动，迫切需要重点研究加以完善处置流程。

诉求承办方主要有五种情形：一是简单诉求快速办理的高效互动；二是集中治理共性诉求的提级互动；三是未诉先办主动治理的内部互动；四是反复处置重点诉求的循环互动；五是申请剔除难点诉求的逃避式互动。前三种情形属于城市治理良性互动的情况，有利于城市治理水平的提升。后两种情形对人力、物力和时间的浪费较多，是城市治理过程需要加以控制的。

三 以接诉即办良性互动助推超大城市治理的未来展望

诉求办理是接诉即办改革最重要的行动，良性互动是城市治理体系和治理能力现代化的整体体现。针对接诉即办诉求办理中不同行动者在互动过程中的不同策略选择，要以推动诉求办理良性互动为目标，借助大数据分析、人工智能和传统的治理经验，鼓励和引导诉求办理中的良性互动，尽量避免并不断修正诉求办理的不良互动，推动首都超大城市治理体系和治理能力现代化。

（一）诉求发起的责任自觉

提出诉求是市民的法定权利，依法依规提出诉求是市民行使权利的基本要求，合理行使自己的权利是市民综合素质的体现。必须认识到，无论市民热线服务中心如何提升能力，热线的容量总是有限度的，城市治理的资源总量也是有限的，如何把热线留给更加需要的市民来使用，确保热线能够及时接通及合理的诉求得到有效处置，如何把城市治理的资源配置好，实质性地提升城市治理的效率，这是接诉即办改革必须考虑的大局和全局。从市民角度出发，应遵循"自力解决—市场解决—自治解决—拨打热线求助"的顺序，确认诉求发起的正当性、合理性和必要性，这是诉求发起者的责任自觉。每个市民只有在确认自己的能力和市场渠道都无法解决相关问题时，再考虑基层自治解决或求助热线帮助。能够向所在单位、所在社区反映，通过基层自治渠道解决的，应以未诉先办、主动治理的方式进行处理。只有当这种渠道无法解决问题时，再通过拨打 12345 热线来提出诉求。只有所有市民都意识到这种责任自觉时，市民诉求的总量才可以控制在一个合理的幅度与范围。市民诉求的总量并不是越多越好，而是应坚持必要适度的原则，在各方都积极主动发挥自身作用的前提下，接诉即办改革才会处于最佳的运行状态，才能为市民带来最好的社会效果。

（二）诉求派单的精准追求

接诉即办高效推进的重要环节在于派单的精准性。这些年来，北京市围绕实现精准派单采取了诸多措施，包括对诉求问题的分类优化，对政府、企业和社会责任边界的划分，接诉即办知识库的建设，大数据分析和人工智能的使用，等等，这些举措推动派单越来越科学合理。但必须看到，面对企业和市民的多种诉求，现有的诉求问题分类依然显得不够完整，知识库必须不断地更新充实，分类标准要更加科学合理。特别是针对基层反映较多的反复诉求、涉法类诉求、无解诉求等难点问题，如何派单更合理，如何算单更科学，如何考核让人更服气，等等，都需要做进一步的研究和优化调整。

（三）难点诉求的协同治理

针对诉求办理过程中遇到的难点诉求，如何根据实际为基层建立起诉求办理的部门协同、社会组织协同、单位协同、专家协同等定向帮扶机制是需要努力研究的问题。特别是针对基层反映的一些难以办理、办理后诉求发起

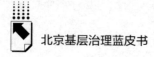

人仍不满意的诉求，以及承办方敷衍办案、结案不实等问题，应建立起难点诉求的攻坚行动机制，通过部门协同、单位协同和社会组织、专家等的介入，群策群力，共同探寻难点诉求的破解之道，为基层工作人员提供有力的智力支持和指导。

（四）剔除工单的优化调整

为了解决一些诉求派单不合理的问题，北京市建立了诉求工单申请剔除制度，为缓解基层单位考核压力提供了一条救济通道。调研中发现，针对一些办理有困难的诉求工单，基层单位习惯性地使用申请剔除机制，导致各部门、各单位申请剔除的工单数量越来越多，给相关单位的审核工作带来很大的工作量。由于申请剔除工单、审核剔除工单都需要花费较多的人力和物力，而这些工作无助于诉求问题的实质性解决，这与接诉即办改革的目标有所背离。所以，下一步应对申请剔除工单、审核剔除工单的相关制度进行优化调整，总的思路应是控制总量，引导诉求承办单位通过引入专业力量，把资源和精力用在解决诉求问题上，而不是利用申请剔除机制来回避矛盾问题。

参考文献

1. 沈彬华、张强主编《北京接诉即办改革发展报告（2022~2023）》，社会科学文献出版社，2023。

2. 袁振龙主编《北京社会治理发展报告（2022~2023）》，社会科学文献出版社，2023。

3. 〔美〕兰德尔·柯林斯：《互动仪式链》，林聚任、王鹏、宋丽君译，商务印书馆，2017。

4. 郑智航：《"技术-组织"互动论视角下的中国智慧司法》，《中国法学》2023年第3期。

5. 郑玉雨、段显明：《"双循环"视角下生态消耗、福利水平与环境污染的互动机制研究》，《资源与产业》2023年第5期。

6. 王勇、蒋扬天：《产业升级与共同富裕的互动机制和实现路径》，《国家现代化建设研究》2023 年第 2 期。

7. 景璟：《创新街区推动城市更新：构成要素、互动机制和发展策略》，《求索》2022 年第 6 期。

8. 王绪、王敏：《党的领导优势转化为政府治理效能的"组织–技术"互动机制——基于数字政府建设的思考》，《党政研究》2023 年第 4 期。

9. 郝文强、黄钰婷：《基层治理的复合联动结构与长效互动机制——基于 C 市 R 社区的案例研究》，《北京理工大学学报》（社会科学版）2023 年第 6 期。

B.13
接诉即办改革中多元参与机制的
实施困境与完善路径[*]

——来自首都社会治理的经验分析

陈磊　郑淼^{**}

摘　要： 目前我国多元主体参与基层治理改革的探索尝试中，普遍存在公众参与积极性不高、社会组织自治功能缺失、基层治理工作者匮乏且能力有待提升、多元参与治理科技化不完善等现实困境。在接诉即办改革中，需要稳步提高基层治理组织和治理者服务水平，充分调动公众参与基层治理的积极性，系统搭建多元参与基层治理的智能化平台，积极引导大数据赋能智慧社区多元主体协同治理。

关键词： 基层治理　接诉即办　多元参与　主动治理

一　研究背景及实践现状

　　"十四五"规划强调，要完善共建共治共享的社会治理制度，建设人人有责、人人尽责、人人享有的社会治理共同体。《中共中央国务院关于加强

---

　* 本文系北京市社科基金重点项目"接诉即办改革中的社会治理共同体研究"（23FXA001）的阶段性成果；本文受"北京市属高等学校优秀青年人才培育计划项目"、首都经济贸易大学北京市属高校基本科研业务费专项资金资助。

** 陈磊，法学博士，首都经济贸易大学法学院副教授，主要研究方向为民商法、社会治理法学；郑淼，首都经济贸易大学法学院民商法专业硕士研究生，主要研究方向为民商法、社会治理法学。

基层治理体系和治理能力现代化建设的意见》提出："建立健全基层治理体制机制……加强基层智慧治理能力建设。"我国各地区对于完善基层社会治理进行了不同的探索，开创了多种多元参与基层治理的方法，形成了不同的治理模式。

作为首都和国家中心城市，北京"在发展过程中城市化、老龄化、信息化等相互交错，加剧了现代社会治理的困境"①。北京结合自身实际情况，为了解决基层社会治理的难题，进行了"街乡吹哨、部门报到"的创新尝试，并由此发展出接诉即办机制，创造性地将社会治理与 12345 热线相结合，坚持为人民服务的根本宗旨，将维护人民权益作为出发点和落脚点，并于2021 年出台《北京市接诉即办工作条例》，为接诉即办改革的实施提供体系和制度标准，建立了以响应率、解决率、满意率为核心的考评机制、科学的正向和负向的激励制度以及较为有效的监督机制，以期提高治理效能和效率。北京接诉即办改革取得了阶段性成果，多元参与机制是其中的重要一环。该机制强调消除不同治理主体之间的利益壁垒，督促各有关治理主体共同参与基层治理，优化协同合作，提高城市治理水平，增强治理力量，弥补治理人员匮乏的问题，破除目前诉求表达不畅的困境。北京接诉即办改革的着力点是完善多元参与社会治理制度，加强党建引领，拓宽群众反映渠道，激发社会活力，发展民主协商机制，及时高效地解决群众问题，因地制宜地探索治理模式和制定策略，利用现代科技，努力打造共建共治共享的社会治理新格局，打造服务型政府，为其他地区的发展和治理改革提供先进的经验。

不过，大数据时代信息畅通的同时也给社会治理带来了一些新困境，治理行为透明度的提升以及表达诉求智能化平台的搭建成为基层治理现代化的重要内容。面对社会治理中的诸多难题，需要更主动积极地创新社会治理机制，促进多元主体参与基层治理，拓宽公众诉求反映渠道，改变原有治理主体单一的弊端。基于上述问题意识，本文力图对社会治理共同体构建的现实境遇、实践路径等进行系统研究，对构建社会治理共同体所面临的利益诉求

---

① 王敬波、张泽宇：《接诉即办：基层治理现代化的实践探索》，《行政管理改革》2022 年第 4 期。

多元化、主体力量参与不足和治理机制不健全等现实挑战予以理论回应和实践关照。

二 接诉即办改革中多元参与机制实施的现实困境

自党中央提出"国家治理体系和治理能力现代化"的重大命题以来，我国部分地区对多元参与社会治理机制改革进行了积极探索，并获得了不少先进经验。然而，在推动多元参与社会基层治理、解决群众纠纷的过程中仍存在一些亟须解决的问题，如公众参与程度不高、社会组织依赖性较强、自治功能缺失、缺乏有力的引导和监管、参与基层治理的主体不足且能力有待提升、尚未与现代科技实现完美结合等，本部分将探究上述问题的成因，为解决这些问题奠定基础。

（一）社区自治功能有待提升

目前我国多元参与社会治理机制下，政府与社区之间形成一种"委托－代理"的关系。① 政府享有资源的控制权，社区往往对政府有所依赖，具体表现在权力行使、资金使用或者资源享有方面，社区更多以实现政府行政目标为导向，而忽略自身的服务性质和自治功能，成为政府履行公共服务的分担者或实际履行者。"社区结构的模糊性也是限制社区发展的一个重要原因，有关部门将一些处理基层事务的压力下沉到基层社区后，社区容易受到忽视从而被行政边缘化。"② 社区一方面对其领导机构负责，另一方面也要对所管辖区内的公众负责，为了达到平衡，往往更注重扮演政府与公众诉求之间传达者的角色，忽视了自身进行自治的职能。随着公众诉求的增长，社区对政府及有关部门的依赖性和依附性更强，进一步阻碍了社区自治功能的发挥。此外，随着现阶段对社会组织准入门槛的降低，社会组织数量激增，

① 周晓梅、任雷：《社区基金会的兴起与基层社会治理共同体的建构：从参与主体多元到资源渠道多元》，《华东理工大学学报》（社会科学版）2019年第6期。
② 陈运：《基层社会治理创新与社区经济发展路径》，《山西财经大学学报》2022年第S1期。

但多数社会组织提供专业服务、整合和分配资源、搭建信息共享平台以及将社会治理与政府相联结的能力不足，未能达到社会组织成立的预期效果。

（二）基层治理工作者的能力有待强化

受现存自上而下治理结构的影响，基层政府尤其是社区处于底端，直接参与基层社会的治理工作。目前社区面临的难题是基层治理工作的繁忙，特别是开展接诉即办改革以及多元参与基层治理的创新后，群众反映的问题激增，但解决问题的工作人员严重缺乏。一方面，基层社会工作者需要完成的任务量过多，工作压力很大，还要兼顾解决效率和公众满意度，且薪酬较低，相关的激励政策不完善，对人才的吸引力不强；另一方面，多数社区基层工作人员没有经过系统的培训，管理现代社区事务的能力不强，通常中老年人更愿意承担基层社会治理工作，但缺乏创新能力，基层社会治理工作人员不具备较高的治理水平和治理能力，仅能参与简单的公共事务管理，难以完成接诉即办多元参与机制改革的目标，社区自治和"不诉先办"也很难实现，解决深层次问题的公众满意率难以提升。

（三）公众参与的积极性有待提升

"公众参与是社会治理现代化的重要方面，也是推进社会共治的关键环节。"[1] 然而，公众在社区生活中受传统思维的影响，认为社区治理是政府或街道办事处等专门机构的职责，而自己本身只是被动接受治理和享受服务的一方，因而通常会对一些社区问题采取"事不关己高高挂起"的消极态度，对社区治理的认同度较低，这也导致许多问题得不到妥善解决。此外，公众表达诉求的渠道较少，公众很难找到表达自身利益诉求的场所，且往往即使提出了诉求也很难得到回应，从而降低了公众对基层治理的信任度，这也是公众参与社会基层治理积极性不高的原因之一。同时，各地有关基层社会治理的政策法规尚不完善，也大大降低了公众参与基层治理的积极性。

---

[1]　周文翠、于景志：《新时代公众参与社会治理的推进路径》，《学术交流》2023 年第 2 期。

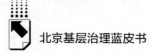

政府与公众信息不对称的现状导致政府制定的相关政策与公众的需求相脱节，无法保证公民有效参与社会治理，保障公众实现自治的权利，公众参与基层社会治理缺乏制度保障也是公民参与社会基层治理积极性不高的重要原因。

（四）多元参与治理的科技化水平有待完善

随着互联网技术的高速发展，5G、智能 AI、大数据、区块链已经进入人们的视域和生产生活当中。把"科技支撑"纳入社会治理体系有助于"促进科技优势与制度优势深度融合，推动社会治理科学化、智能化、高效化"。[①] 北京采取了与 12345 热线电话相结合的方式，充分利用媒体资源推进公民参与社会基层治理。但整体而言，信息化程度仍有待提升，信息孤岛现象仍然存在，政府等有关部门掌握着大部分社会信息和资源，社会公众及社会组织通过热线电话或传统的任务执行模式只能获取少量的信息和资源，尚未形成一个资源共享的平台。即使部分社区建立了线上政务服务平台，但沟通协商不畅通、治理过程和信息透明度不高，从而限制了接诉即办基层治理改革的有效性。

在接诉即办改革中，对于治理行为的监督成为公众关心的重点。北京的接诉即办改革利用 12345 热线接受群众诉求，通过满意度反馈机制加强监督，但也出现了新的问题，许多群众在问题得到解决后参与反馈的意愿不强，且存在热线电话难以打通的情况。有些投诉人为了满足自身的不合理诉求，频繁拨打 12345 热线电话，占用了他人合理表达诉求和反馈的机会。对此必须采取有效措施予以制止，甄别不当投诉的科技化治理水平需要进一步提升。

（五）大数据共建共治的效果有待彰显

社区治理是城市治理的缩影，智慧社区的构建是社区治理现代化的重要体现。到目前为止，在北京智慧社区建设过程中，社区居民自我管理、自我

---

① 张文显：《推动信息化时代社会治理法治化》，《法制与社会发展》2023 年第 5 期。

教育、自我监督的自治状况并不尽如人意，政府主管部门在社会治理中仍扮演绝对主导者的角色，而社区居民和企业等其他主体往往处于被动状态。但是"政府主导模式，既不能涵盖现实中的多样化合作模式，也未能对政府和市场主体在不同场域下发挥的不同程度的作用进行精细考察"。① 在智慧社区构建中依然实行的是行政配置和政府主导模式，政府发挥较大的影响力，居民委员会和其他社会组织的作用和影响力有限，"各个治理主体参与社区治理时缺乏必要的协调性和统一性，导致矛盾和分歧的出现，形成工作壁垒，这又必然导致群众在参与社区治理中存在个别或参与过度或参与不足的困境"，② 进而致使智慧社区建设内容和居民日常需求不匹配，共治要素的缺位直接影响社区治理效能，降低了居民的安全感和归属感。

共治要素的缺位主要体现在三个主体层面，只有多元主体共同参与智慧社区建设，才能使智慧社区的"智慧"实现最大化发展，才能使多方主体受益。首先，在政府相关部门层面，目前北京并没有出现自上而下的智慧社区建设部门，而是多个部门协同治理，导致主体资源整合困难，未能形成跨部门联动。其次，在社区层面，缺乏治理的创新思维，通常继续沿用传统的治理模式；对于智慧社区构建过于功利主义，盲目追求硬件指标，忽视智慧社区建设质量，存在数据失真、信息孤岛等现象。而企业和其他市场主体，未能充分发挥应有的作用和价值，很多智慧产品与技术方案并不成熟，导致社区平台服务单一。最后，在居民层面，许多居民对智慧社区的认可度较低，智慧产品的投入和使用与社区联系并不紧密，用户参与度很低。

三 接诉即办改革中多元主体参与的优化路径

依据上述对接诉即办改革困境成因的分析，提出接诉即办改革中多元主体参与的优化路径。建议借鉴"嵌入式"改革的做法，消除社区在

① 赵聚军、王智睿：《超越 PPP：智慧社区建设中的政企合作模式及其演进路径》，《城市发展研究》2023 年第 8 期。
② 王小强：《大数据推进社区治理和服务创新的路径》，《人民论坛》2021 年第 12 期。

资金、资源等方面对政府的高度依赖，提高社区和基层治理工作者的能力和水平；转变传统思维，提高公众在社会治理中的参与程度；打造现代化多元参与社会治理的网络平台，为建设数字中国、打造智慧社区提供策略与方法。

（一）强化"嵌入式"参与社会治理模式

社会治理离不开社会组织的大力协作。应协调好政府、社会组织和社会公众之间的关系，督促社会组织去行政化，充分发挥自身的优势和作用，提高自身服务公众和社会的责任意识。各个社会组织充分发挥自己独特的优势，针对具有不同地域特色的地方性问题，充当好公众与有关部门之间的协调方，因地制宜地进行接诉即办改革。北京市各个行业协会应提升社会责任感，例如律师协会可以定期为社会公众提供"法律诊所"服务，为群众普及法律知识，一方面能够为公众反映社会问题提供法律支撑，另一方面，也可以减少公众因不知晓法律而提出的不合法诉求，达到诉源治理的目标。同时，也可对公众提出的诉求提供法律帮助或法律建议，保证对公众诉求的依法治理。

"嵌入式"改革是北京接诉即办中的一大亮点，通过"政治嵌入"和"社会嵌入"将不同治理主体自然地联结起来，形成新的治理共同体。[①] 利用"社会嵌入"的治理方法，不同社会主体从内部形成对各自的认同，使社会组织、行业协会真正成为帮助政府进行接诉即办改革的社会力量。如运用PPP模式，建立政府与社会组织在公共服务领域的长期稳定合作关系，政府委托社会组织在基层治理中发挥治理效能，为接诉即办改革中多元参与社会基层治理提供社会资本保障，解决资金难题；同时也可以帮助一些社会组织摆脱部分必须依赖政府拨款事项的限制，减少依附性，将自身的服务性质放在首位，合理调配社会资源。对于资金缺乏的社区，也可以利用北京市

---

① 王佃利、孙妍：《基层社会治理共同体与城市街道的"嵌入式"改革——以青岛市街道办改革为例》，《公共管理与政策评论》2020年第5期。

设立的社区基金会，为基层社区治理提供资金支持，打破政府作为单一资金来源的限制。①

（二）逐步提高基层治理工作者的服务水平

各基层组织和基层治理管理单位应提高基层治理人员的准入条件，形成完善的考评机制和激励机制，在提升治理人员积极性的同时兼顾对治理工作者行为的监督，对治理工作者定期进行专业化培训，打造高素质多元参与基层治理的团队，形成示范效应。需要改善工作者待遇，增强治理岗位的吸引力，为中老年治理者提供保障的同时，为年轻治理者提供发展空间，为社会组织、社区骨干、参与多元治理的志愿者提供专门、专业的指导，更好地吸引多元主体参与共同治理，加快打造共建共治共享格局的进程。

为了尽快实现"未诉先办"和"不诉自办"，可以采取北京接诉即办改革中"每月一题"的做法，这是北京在接诉即办向"未诉先办"转变的一大创新性尝试，由原来的被动发现问题转变为主动找出问题，在群众尚未提起诉求前将问题解决，这样既可以减轻有关部门和相关参与治理主体的压力，也能提高公众对政府等有关部门的信任程度。除了在自身治理能力方面的转变，对治理行为的监督也是提高治理效能的重要法宝，北京在接诉即办改革过程中充分发挥纪委监委、网络媒体、社会大众的监督职能，要求治理主体遵守纪律，约束治理行为，并且将"每月一题"的实施情况作为专项监督内容，防止其流于形式，通过排名制度对排名靠后的有关部门或社区进行谈话，督促其改进治理措施。

（三）充分调动公众参与基层治理的积极性

社会由人民大众所组成，公众在社会治理过程中的参与程度对实现多元参与基层治理有关键的影响；公众参与程度越高、积极性越强，社会治理的

---

① 周晓梅、任雷：《社区基金会的兴起与基层社会治理共同体的建构：从参与主体多元到资源渠道多元》，《华东理工大学学报》（社会科学版）2019年第6期。

效果就越好，社会更加和谐稳定，人民的幸福感能进一步提高。调动公众参与社会基层治理的积极性，就要帮助社会公众摆脱传统思维的束缚，一改只是被动接受政府有关部门、街道办事处管理的状况，引领居民实现自治，实现由接诉即办向主动治理的"不诉自办"转变。增强市民主人翁意识，提升其社会责任感，吸引其参与社会治理，这就需要通过一些宣传和教育来改变他们的思维模式，引导公众从点滴做起，从自身做起，自觉成为基层社区的管理者和参与者。

进一步拓宽诉求反映渠道和搭建提供治理策略的平台，对群众的诉求和意见予以重视，做到事事有回应，提升社会公众的参与感，增强社会公众参与社会治理的信心。增加对公众反馈问题的处理过程和有关治理信息的公开度和透明度，一方面可以让公众了解对类似问题应该如何表达诉求，另一方面公众也可以了解自身关注的热点问题是如何处理的，对处理过程和行为进行监督。及时公开信息还可消除公众的误解，公众自身也要提升网络时代辨别信息真伪的能力和独立思考的能力，避免"随大流"式的诉求表达方式。

（四）系统搭建多元参与社会基层治理的智能化平台

在科技迅速发展的当下，接诉即办改革要与科技接轨。[①] 将基层社会治理与现代科技相融合是当代接诉即办改革提高效率、提升科技化水平的关键所在。将云计算、大数据等嵌入多元参与社会基层治理的过程，除现有的服务热线和部分政务留言平台，还应搭建一个集"反映诉求-接收诉求-部门报到-处理诉求-结果反馈"于一体的新型接诉即办平台，形成"互联网+接诉即办"的治理模式，将接诉即办改革与数字治理结合起来，打破条块分割的局面，突破信息孤岛的壁垒，形成现代社会基层治理网格化治理体系，提高治理的精准度。

利用现代化技术和"网上购物"形式的志愿服务平台，使"志愿者可

---

① 陈红爱：《推动多元主体参与的城市基层治理对策研究》，《三晋基层治理》2020 年第 2 期。

以在信息平台进行注册、报名、记录志愿时长等，将公众诉求放置在信息平台中，志愿者可以根据自身情况选择想要参加的志愿活动，或了解在自身能力范围内可以解决的基层治理问题，拓宽诉求反映渠道的同时也增加了参与社会基层治理的主体力量"。① 对于志愿者可以设立一定的激励机制，对于达到规定时长或解决纠纷达到规定数量且群众满意度达到一定标准的志愿者给予奖励，达到稳定志愿岗位的作用。

对于不当投诉问题，在提高接受诉求反映时的甄别能力和筛选水平的同时，需要制定具体的管理方案，对于不当投诉人进行重点关注，发布不当占用投诉热线的典型案例，净化接诉即办机制接收群众诉求的治理环境，提高接诉即办改革中多元参与治理的效率。"目前的行政组织结构呈现扁平化趋势"②，需要打破科层制结构下阻碍信息交流和互通的"围墙"，使公众可以及时查阅相关政策，政府准确获取公众诉求，实现精准定位。在运用智能化平台的同时，需要注重公众个人信息的保护和维护，尤其在《个人信息保护法》颁布实施后，在运用科技快速收集信息、整合信息的同时，要建立起完备的信息保障制度，避免公众个人信息泄露，提高防控风险的意识和能力，以避免产生新的问题。

（五）积极引导大数据赋能智慧社区多元主体协同治理

共生网络型的社区治理模式，实质上是一种多元化的网络式治理机制，这种共生网络型治理模式重视协调与合作的机制，需要多元主体共同参与治理。"智慧社区的建立除了需要建立自上而下的权威体制，还需要打造出一种'利益共同体'的合作模式，无论是数据的共享还是统一平台的建立，均需要以'利益共同体'作为价值体系。"③《北京市"十四五"城乡社区服务体系建设规划》中提出"要完善市-区-街道（乡镇）-社区（村）四

---

① 沈永东、陈天慧：《多元主体参与基层社会治理的共治模式——以宁波市鄞州区为例》，《治理研究》2021年第4期。
② 牛正光：《5G时代新型基层社会治理体系构建研究》，《领导科学》2022年第2期。
③ 许峰、李志强：《大数据驱动下社区治理模式变革与路径建构》，《理论探讨》2009年第4期。

级社区服务组织架构，形成全市上下贯通的社区服务组织体系。发挥社区自治组织力量，鼓励驻区企事业单位、个人兴办社区服务事业产业"。只有多元主体协同推进智慧社区构建，才能发挥智慧效能的最大化。

首先，政府应秉承"信息互通、利益共同体"的价值体系，充分发挥在大数据助推智慧社区建设过程中的主导性作用，要防止政府在社区大数据治理过程中出现缺位的现象，避免政府成为"甩手掌柜"。通过多元共建大数据平台，实现政府、企业、居民等多元社会主体的数据信息整合，有效识别居民的公共服务需求和意愿。① 防止政府部分职能部门出现盲目跟风建设现象，不以数量作成效，坚持质量优先、智慧优先、效果优先；要有问题意识和目标导向意识，通过召开听证会、议事会等，充分听取民意，同时对于重点老年群体需要格外关注。在大数据平台建设过程中，避免出现朝令夕改的现象，在智慧社区的建设过程中，政府需要始终坚持"利益共同体"的价值理念，按部就班地推进智慧社区数字化、信息化。

其次，对于企业来说，应不断完善大数据收集、管理和分析的环节，主动与社区、政府进行双向合作，相对政府和社区，企业对于数据分析具有较大的专业优势。因此，企业应当充分发挥自身优势，对收集的数据进行技术处理，将产生的数据进行可视化呈现，帮助居民和政府掌握数据动态、分析数据结果。应当增强企业的"社会责任感"，一方面，企业需要社区居民支持，增加社区居民对其的认同感；另一方面，企业在获取利益的同时，也要增强自身的社区责任感，通过自身的优势技术去帮助社区利用大数据进行数字化治理，以参与者的身份加入社区治理的队伍。

再次，社会组织也是智慧社区构建中的重要主体。由于社区工作人员年龄普遍偏大，许多人对于大数据的理解和分析存在一定盲区。而社区工作者既要成为具有前瞻性服务意识和科技能力的服务人员，也要成为善于运用大数据平台分析和利用数据的人才。《北京市"十四五"城乡社区服务体系建

① 刘鲁宁、何滩涛：《大数据赋能共建共治共享的社会治理制度建设：理论问题和实现路径》，《西安交通大学学报》（社会科学版）2023 年第 5 期。

设规划》提到，北京市在"十四五"期间将继续加强城乡社区服务人才队伍建设。根据该规划，北京市将完善社区工作者职业发展体系，提升社区服务人才队伍专业化水平，而数据处理能力将是社区工作者未来必备的专业化能力。一方面，社会组织可以采用与高校合作的方式，定期引入数据处理相关专业大学生进行交流实践，既可以丰富大学生的实践经验，将所学知识有效地运用到实践中，也可以使社区工作者与大学生进行深度的交流和合作，提高社区工作者运用数据的能力和敏感性，有效捕捉数据动态和风险。另一方面，社区工作者也需要努力提升自身的数据处理能力，最大限度地使用和处理数据，让数据处理成为日常工作的一部分。

四　结语

接诉即办改革是在党的理论和思想引领下的创新性多元参与社会治理的实践。闻风而动、提高办事效率、提高公众生活的便利性和宜居性是接诉即办改革的重要目标；接诉即办改革要突破表达诉求渠道单一的瓶颈，实现"源头治理"、综合治理。本文通过对多元参与基层治理模式进行分析，总结目前接诉即办改革过程中的问题，提出相应的解决方案，为由被动的接诉即办到主动的"不诉自办"以及更加完备的"未诉先办"提供建议和思考。由于各地的实际情况不同，在之后的完善和改革进程中，需要继续因地制宜地制定政策，借鉴其他地区已有的先进经验和创新方法，继续坚持以人民为中心的理论基础，坚定不移地走群众路线，努力打造服务型政府，激励公众参与，最终由单一治理向多元化治理转变，由传统治理向数字化治理迈进。

B.14
从便民到利企：政务热线发展
与营商环境优化

马 亮*

摘 要： 政务热线的主要服务对象是市民，但是也同样需要做好企业服务。结合世界银行修订的营商环境评估方案，探讨政务热线在涉企政策的制定、惠企政策的落实和营商环境评价等营商环境优化中发挥的作用，并从沟通渠道的集约与联动、涉企大数据的互联互通和开发利用、为企业精准画像服务等角度提出利用政务热线进一步优化营商环境的对策建议。政务热线应更好地回应和解决企业诉求，通过政务热线来推动涉企政策制定，并基于政务热线大数据来精准高效服务企业。

关键词： 政务热线 营商环境 政务服务 政商关系

一 引言：政务热线如何推动营商环境优化

市民热线是一个为市民提供服务的平台，然而市民热线的服务范围有很大的拓展空间。从"政务热线"的名称演变，就可以看到其发展历史和轨迹。它曾被称为市长热线、市民热线、便民热线等，无论名称如何变化，其核心都是为市民提供服务。回溯政务热线的发展历程，可以发现它也涉及如何为企业等市场主体提供服务的问题。这是与服务市民同等重要的一部分，

---

* 马亮，管理学博士，中国人民大学公共管理学院教授，国家发展与战略研究院研究员，主要研究方向为数字治理、政府创新与绩效管理。

但与为市民服务不同的是，政务热线为企业服务需要满足更多要求和条件。因此，实务界和学术界需要关注的问题是如何将政务热线服务扩展到企业领域，特别是如何优化营商环境。

2020 年开始施行的《优化营商环境条例》提出，政府及其有关部门要："建立畅通有效的政企沟通机制，采取多种方式及时听取市场主体的反映和诉求，了解市场主体生产经营中遇到的困难和问题，并依法帮助其解决。"与此同时，还"应当建立便利、畅通的渠道，受理有关营商环境的投诉和举报"。由此可见，政务热线要以人民为中心，也要以企业为中心；政务热线既要便民，也要惠企，要从便民热线走向惠企热线。

2020 年底，国务院办公厅印发《关于进一步优化地方政务服务便民热线的指导意见》（国办发〔2020〕53 号），在谈到政务热线时强调要同时服务企业和群众。不可否认，政务热线在便民服务方面发挥着重要作用，而在为企业提供服务方面，政务热线同样具有潜力，也面临着挑战。政务热线在社会治理方面已经做得非常出色，但是在经济治理和经济服务方面，政务热线还有很多可以发挥的空间。面向不同于市民的企业，需要探讨如何更好地利用政务热线为企业用户提供服务，探讨如何通过政务热线推进营商环境优化的相关问题。

2023 年，世界银行发布了最新的营商环境评估方案。该方案有很多变化，这不仅为进一步优化营商环境提供了契机，也为政务热线在其中发挥作用创造了机会。因此，本文将对以下三个方面进行讨论。首先，结合世界银行对营商环境的新评估方案，探讨前文提出的需要关注的问题；其次，讨论政务热线在营商环境优化中可以发挥的作用；最后，探讨如何利用这些机会来进一步优化营商环境。

二　如何理解政务热线的新定位

（一）世界银行营商环境评估的演变

在过去的十多年间，我国政府一直在努力优化营商环境，其中一项重要的任务就是向国际看齐。在这个过程中，我国政府特别强调营商环境的市场化、法治化和国际化。① 然而，优化营商环境的前提是要明确中国的营商环境在全球 190 多个经济体中处于什么位置，以及营商环境的哪些方面是中国的短板。当前，国内外许多机构都在评估营商环境，但是世界银行评估的影响力最大，且持续时间最长。在世界银行的营商环境排名中，中国的最佳排名是 2020 年的第 31 位，其中一些具体指标甚至进入全球前十。和过去相比，这是巨大的进步。

2020 年 8 月底，世界银行发现在其营商环境评估和排名中存在数据失当问题，暂停了对各国营商环境的评估。实际上世界银行暂停排名的原因是多方面的，可能有政治因素，也会有评估和排名中存在数据失当的问题。2021 年 9 月 16 日，世界银行正式发布公告，将停止对各国营商环境的评估和排名，只发布审计报告和专家组评审报告。

世界银行的营商环境报告由独立评审团评审，专家在进行外部评估过程中给出的排名更多地依赖于其对"外显"的营商环境的判断。但是，市场主体对营商环境的实际感受与评估结果之间可能存在较大差距。与此同时，国际排名日益得到重视，也会受到政治干预和内部舞弊的影响。

对于世界银行对营商环境评估的方法，审计报告提出了以下建议。第一，"营商环境应衡量事实上的营商环境，而不是关注法理上的营商环境"。换句话说，要关注企业实际感受到的营商环境。第二，多个评价指标存在不足，比如要反映政府积极作为发挥的功能，应更多关注跨国经贸企业而不是中小微企业。第三，"删除总指数和各国排名，因为这既没有实质意义，也会招致各国政府的干预和利益的冲突"。排名让各国都非常焦虑，甚至产生排名压力。因此，需要淡化排名带来的负面影响，发挥其引导营商环境优化的正面作用。第四，"提升营商环境评价的透明度，加大对营商环境评价的监督力度，通过内外部的各方努力重建其评估的公信力"。

---

① 马亮：《营商环境优化的成效与经验》，《经济日报》2022 年 8 月 4 日。

（二）世界银行营商环境评估有哪些变化

从世界银行的营商环境评估来看，主要发生了如下变化。2003～2019年，世界银行的营商环境评估衡量的是营商环境（Doing Business，DB）。2022年12月，世界银行发布的相关材料中则采用"宜商环境"（Business Enabling Environment，BEE）。2023年5月，世界银行又将其改为商业就绪度或准备度（Business Ready，B-READY）。[①]

名称的变化只是表象，并未改变实质上仍是对营商环境的评估。但是和过去相比，现在的营商环境评估更加关注平衡四个方面的需求：营商的便利性与民营经济的广泛收益、监管负担与监管质量和公共服务、法律法规与实际执行（名实相副）、跨国数据可比性与国内数据代表性。世界银行关注如何在上述四个方面实现一种平衡，以及如何兼顾各个方面。例如，过去评估更多地关注市场监管，如何减轻企业负担，以及降低经营成本，而现在的评估重点则转向了公共服务；过去的评估更多地关注政策上的监管规则有哪些问题，而现在的评估更加关注实际执行情况等重要议题。

就世界银行营商环境评估的议题来看，既有变化的，也有不变的。虽然世界银行的营商环境评估仍涵盖十个议题，在数量上未变，但是一些议题有了显著变化。例如，劳动力、金融服务、市场竞争这三个议题过去并未被纳入对营商环境的评估中。从表面上的议题变化可以洞察到更深层次的含义。每一个议题的变化实际上都与监管框架、公共服务、效率这三个关键维度紧密相连。

世界银行营商环境评估注重三大支柱：监管框架、公共服务、效率。首先，要关注的是监管框架，这涵盖了市场监管维度。一是不能抛弃监管，也不应过度监管，需要兼顾灵活性与规范性；二是需要考虑监管质量（透明度、明晰度和可预见性）和监管负担，如商业准入规则等。其次，公共服

[①] World Bank, *Business Ready（B-READY）Methodology Handbook*, 2023, https://www.worldbank.org/en/businessready.

务同样是评估营商环境的重要维度。一是不能只注重管理而忽视服务，而是要将管理和服务相结合，特别是数字政务服务的发展；二是需要考虑对市场运行至关重要并能促使政府提供公共服务的制度安排、基础设施和项目。例如，使商业合同得以有效执行的各种制度和机构。最后，效率也是评估营商环境的重要标准。营商环境评估要倾听企业的声音，可以说营商环境的好坏，企业最有发言权。因此，需要加强企业调查，通过公司调查和专家咨询，来确定每个目标可以达到的效率水平，例如企业办理业务的时间和成本等。

进一步深入分析，可以发现世界银行营商环境评估的风向标正在发生转变。此次评估增加了企业调查的比重，采取了"专家咨询+企业调查"的模式。企业调查在2023年启动，每三年更新一次。营商环境评估不仅关注促进经济增长的推动，还强调要推动反贫困和共同富裕等社会目标的实现。世界银行营商环境的评估覆盖了全球约190个经济体，分三个阶段进行。第一阶段：2024年春季发布60个经济体评估报告（包括中国香港）；第二阶段：2025年春季发布120个经济体评估报告（包括中国和中国台湾）；第三阶段：2026年春季发布180个经济体评估报告。

此外，值得注意的是世界银行营商环境评估特别关注和强调了三大通用主题，分别为数字技术应用、环境可持续性、性别平等，这在每个支柱都有所反映。首先，需要关注数字技术在营商环境中的应用，这包括水电等基础设施是否能够在线申请和信息披露。其次，环境可持续性是关键因素。过去，企业只追求快速发展，而现在需要考虑对环境的影响，实现可持续的发展。最后，性别平等问题也需要引起关注。需要反思过去无性别的营商环境理念，将性别平等问题纳入考虑，思考如何为女性企业主提供优先的服务和倾斜性的支持。

（三）优化营商环境的方向和方式：企业+市民

优化营商环境需要考虑多个方面，包括政务热线反映的社会治理问题，以及企业经营过程中遇到的政商关系问题。这些因素共同构成了营商环境优化的必要条件，需要进行综合管理和平衡。当然，政府部门不能只关注市民服务而忽视企业，否则会导致市民出现疑问和不满。因此，在政务热线发展中，需要考虑企业与市民之间的平衡关系。

城市是一体两面的，城市的发展离不开企业的成长和市民生活质量的提高，这两方面是相互依存、密不可分的。因此，优化营商环境的方向和方式应关注"企业生产+市民生活"的互动关系，从而打造健康的城市生态。

便民与利企之间存在双向互动关系，因为民生问题是营商环境的重要组成部分，而涉企问题也会影响民生。事实上，政务热线发展与营商环境优化紧密相连，两者之间存在交互影响的关系。一方面，市民热线的反馈可能揭示出企业存在的问题。比如在预付卡问题上，当企业出现问题时，最终的受害者是购买预付卡的市民。在这种情况下，市民热线的反馈实际上间接反映了企业的问题。另一方面，企业存在的问题也可能影响到政务热线。比如，在农民工工资拖欠问题上，企业的问题会立即引发公众的关注和反馈，而这就是政务热线可以发挥的重要作用。

市民与市场（企业）之间的关系具有多重性，市民与企业在不同场景下有不同的互动关系。作为消费者的市民，可能面临企业侵权与市民维权；作为生产者的市民，可能面临企业拖欠工资与市民维权；作为企业邻居的市民，可能面临企业扰民与市民维权；作为员工家属的市民，可能面临企业卸责与市民维权。因此，政务热线应该兼顾对市场（企业）与市民的服务，确保双方的权益得到维护。

三　政务热线如何从便民走向利企

（一）政务热线与营商环境优化

在深入探讨政务热线与营商环境优化的交互关系时，可发现其中蕴含着诸多引人深思的议题。政务热线的核心定位是便民，过去政务热线的主要服务对象是广大的市民群众，包括本地居民、外来人员，以及各个年龄段和区域的公众。而如今，企业热线的崛起引发了诸多讨论和思考。

企业热线与市民热线在发展过程中有许多相似之处。正如市民热线在发展过程中经历了从多条并存到整合为单一热线的转变一样，企业热线也正在经历相同的过程。企业服务热线在从分散走向集中，这种整合意味着各项政策不再分散于多个热线，而是由特定部门进行具体执行和管理。这些部门不仅了解政策的制定背景，更能洞察政策的正确性和有效性。

比如，2018 年 10 月北京 12345 热线开通企业服务功能。北京市民热线设 50 个企业服务专席，企业享受接诉即办的市民服务。在企业服务专区，50 个人工坐席每天 18 小时值守，8 个职能部门专业人士现场解答疑难问题，聚焦咨询类、诉求类、投诉类三类来电。

当前政务热线正在经历从便民到利企的转型，这需要热线从被动到主动、从配角到主角、从减压到赋能。也就是说，为了更好服务企业，热线需要也正在发生一系列变化。然而，上述的各种变化也使政务热线服务企业时面临新挑战，那就是如何平衡热线的多样性和咨询需求的集中性。在政务热线整合的过程中，原先分门别类的政策如今汇聚到了一起，这无疑增加了咨询需求的集中度。因此，如何在满足多样化的热线需求的同时解决咨询需求的集中化问题，是当前需要关注和解决的重要问题。

在诉求人方面，企业诉求与市民诉求的差别非常大。民敢告官，而企业一般来说由于担心遭遇打击报复而不敢公开投诉。老百姓不怕花费时间和精力打电话去问问题、讨说法，而企业往往害怕政府，因为即使在某个问题上获胜，也可能会因涉及众多部门而使自己受到其他牵连。对于一些小企业来说，可能更不敢提出诉求。但在广东地区，企业就敢于大胆地提出问题，这表明该地区的营商环境较好。因此，企业和市民的诉求反映存在巨大差异。

就诉求议题来说，回应企业诉求并不是一个简单问题。与个体公民不同，当企业遇到问题并提出诉求时，需要的不是安慰性话语，而是真正解决问题。如果不解决问题，企业或许会面临生存危机。相对来说，老百姓希望得到安慰，心情好了，问题也就过去了。因此，能否真正解决企业面临的问题是政务热线面临的关键挑战。

在被诉求人方面，由于企业提出的问题多元，有些甚至是政府部门从未接触过的问题。在这种情况下，如何回应这些问题就成为政府面临的难题。总体来看，经济部门在政府部门中仍然占据强势地位，是企业诉求的主要对象。如何回应这些诉求，如何平衡政府部门之间的差异，都是值得关注的问题。

就处理人来说，热线中心与话务员面临的挑战也较大。对处理人而言，与回应民众不同，涉企问题往往更加多样和复杂。这就对热线中心管理人员和话务人员的工作能力提出了更高的要求，他们需要从综合走向专业，与此同时，热线中心需要建设知识库，为话务员提供知识支持。

（二）如何制定涉企政策并优化营商环境

与市民服务相比，涉企问题显得尤为复杂，而涉企政策也有一些显著特征。

首先，涉企政策的面广、"有关部门"多。与人的生命周期一样，企业的全生命周期也同样漫长，从创立、运营到可能的破产等涉及许多环节。其次，企业涉及的问题非常多，不仅是经济问题，还包括社会、政治和文化等问题。因此，涉企政策的制定和实施需要更加全面、细致的考虑和协调。在单位制下，企业职工的吃喝拉撒、生老病死也都是需要考虑的问题。

其次，涉企政策的专业性强、门槛高。与老百姓的问题相比，企业问题的政策性和专业性相对较强，企业提出的问题也更加具有专家级别。特别是涉及进出口、跨境贸易、金融等领域的问题，都是非常专业的。因此，为企业提供服务是具有较高门槛和挑战性的。如果领导干部不专业，如何能为企业提供专业服务呢？

再次，涉企政策的属地性强。政策的变化和差异会给企业带来许多问题，"一地一策、一企一策、一市多区（县）"现象多见。与此同时，涉企政策调整快。比如在三年新冠疫情期间，政策调整带来的挑战尤为明显。政策的变化有时非常频繁，如防疫政策就可能一天一个样，企业需要不断适应。很多政策出台了，企业却无法执行，因为这可能导致企业倒闭。因此，

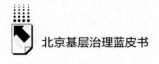

这些挑战都非常严峻。

最后，涉企政策的利害攸关性强。对于企业而言，政策是生死攸关的。政策会影响企业生死存亡，涉及亿万资产和众人就业。往往如果有政策支持，企业就能继续生存；如果没有政策支持，企业就可能倒闭。例如，对于跨境贸易政策，如果加征15%的关税，就可能宣告外贸企业的死亡。因此，政务热线服务企业是与服务老百姓同样重要的，但是难点又有所不同。

（三）优化营商环境：政务热线如何有为和有效

政务热线优化营商环境需要发挥独特作用，但是它在其中能扮演什么角色？在政务热线与营商环境优化的关系方面，过去的政务热线对企业重视不够。虽然有政务热线，但是没有将其做大做强、做好做优。特别是在人员配备、资源支持和领导重视等方面，还有很大差距。因此，需要进一步探讨如何优化政务热线服务企业，使其成为优化营商环境的重要"抓手"。

从政务热线服务企业的角度来看，会发现当前企业诉求解答存在许多挑战，包括确定由谁提出诉求、提出什么样的诉求、向谁提出诉求以及如何处理这些诉求。这些凸显了政务热线转变的必要性，即正从方便民众转变为更加注重维护企业利益。在优化营商环境时，政务热线可以发挥重要作用。例如，通过政务热线等渠道，收集和解答企业的咨询和诉求。

政务热线在涉企政策制定过程中能够发挥积极主动的作用。一是吸收企业意见和建议，推动政策设计优化。政务热线采集来自各方的意见和建议，为政策制定提供重要参考。二是达到"秒懂"的效果，帮助政府部门使用企业看得懂的语言来起草文件和制定政策。政务热线可以作为沟通桥梁，确保政策意图的准确传达，解决政策语言过于专业或晦涩难懂的问题，帮助企业和民众更好地理解和接受政策。

在惠企政策落实方面，政务热线可以反映政策落实情况，监测和督促政策是否落实到位和直达企业。如果政策出台后没有企业或民众通过政务热线提出咨询或诉求，那么可以认为该政策的影响力有限，需要进一步关注和改进。因此，政务热线可以作为衡量政策落实情况的重要指标，为政策制定者和执行者提供重要参考。

在营商环境评价方面，通过政务热线可以获知企业的满意度和获得感，而这是对营商环境的最佳评价。因此，通过政务热线评价政策效果，也是一种非常重要的方式。这种方式可以借鉴以往的经验。例如，国家发改委通过政务热线开展营商环境评估工作。虽然目前各地政务热线的运作模式和体量不同，但是未来有望通过这种方式更好地评估政策效果，促进政策优化和改进。

（四）涉企部门如何利用企业大数据

从政务热线来看，最大的价值就是沉淀了海量、细颗粒度和动态的大数据，为优化营商环境提供了精准施策的科学依据。[①] 涉企部门可以利用政务热线大数据，进一步优化营商环境。

首先，沟通渠道的集约化与联动。当前，涉企部门的咨询电话较多，需要基于政务热线进行指导和整合。要想进一步做到一个窗口对外，政务热线要与涉企部门联动解答企业诉求。这有助于解决企业弄不清楚联系谁的问题，避免出现这样的情况："我已经打了很多个电话了，终于找对部门了！"

其次，涉企大数据的互联互通和开发利用。企查查、天眼查等第三方数据企业的启示在于，政务热线可以探索"政府数据+社会利用"。为了更好地服务企业，政务热线必须与企业进行紧密合作。至关重要的是汇聚企业大数据，并充分利用这些数据更好地服务相关企业。

再次，企业画像与精准服务。基于企业唯一代码，汇聚各职能部门的企业数据。经过"放管服"改革，我国每个企业都只有一个身份代码，这使得数据汇聚变得相对容易。以前企业拥有多个身份证，包括统计代码、组织代码和纳税代码等，而现在只有一个编号，这为数据的集中管理和评估提供了便利。能够对企业群体进行刻画，绘制其产业带、供应链、企业集群等

---

① 马亮、郑跃平、张采薇：《政务热线大数据赋能城市治理创新：价值、现状与问题》，《图书情报知识》2021 年第 2 期。

方面的图谱。比如，佛山市税务局通过税务数据为企业提供服务，为政府决策提供支持。结合政务热线数据，将能更好地服务企业和政府部门。一方面，需要将这些企业数据与热线数据进行对接；另一方面，热线反馈可以为相关部门提供更准确的服务方向。

最后，变被动为主动，主动呼叫企业。从应答式的"请问有什么可以帮你的吗？"走向依托数据主动识别僵尸企业，强化涉企服务的提前量，这也是营商环境优化的关键所在。政府部门通过分析数据，可以发现企业在经营过程中的问题和挑战，并将这些信息反馈给相关部门，为它们提供更准确、更个性化的政策支持。与此同时，还可以通过数据挖掘和分析，发现新的商业机会和政策优化方向，为政府和企业提供更全面、更深入的决策支持。

四　结论

在当下，讨论政务热线发展与营商环境优化这一问题是极具价值的。从营商环境优化的方向来看，需要更加聚焦普惠、产业、协同、数字和实质等方面。[①] 营商环境优化提出新要求，而政务热线可以更好予以服务。基于上述讨论，政务热线的定位与模式也需要不断调整与优化，以便更好地服务企业，助力营商环境优化。例如，可以设立企业服务专席和部门专家席，更加专业地服务企业咨询和回应企业诉求。

世界银行营商环境评估提出的新要求，意味着目前我们正处在一个新旧评价体系转换的特殊阶段。北京、上海等地区都已纳入新的评价体系，并加入了企业调查等一系列新方法。然而，企业抽样调查方法存在一定的不确定性和不可控性，给评估工作带来了挑战。过去只需要填写问卷或执行特定行政程序，就可以对政策效果进行衡量。而现在需要深入企业，听取它们对营

---

① 马亮：《全面优化营商环境的几个着力点》，https://www. zhonghongwang. com/show－278－284108－1. html。

商环境的反馈。企业反馈的链条是非常长的，对于优化营商环境和政府参与评估来说也是巨大的挑战。因此，需要认真思考如何更好地适应这一变化，更有效地利用企业调查数据来促进营商环境优化和经济高质量发展。

未来应当更加重视优化营商环境的政务热线发展方向，关注政务热线在营商环境优化中的战略地位，在战略层面重视和推进政务热线发展。不仅要将政务热线视为营商环境优化总体布局中的一部分，还需要从评价和监测两个角度来考虑其作用。

在营商环境评价中，可以纳入政务热线数据。首先，政务热线可以提供评价营商环境所需的关键数据。通过主动调查企业来获取数据的成本高昂，而从政务热线获取数据则更加及时、真实且有代表性。其次，通过政务热线可以实时监测和评价营商环境的整体状况。例如，可以通过分析政务热线的诉求数量和性质来了解企业在不同阶段所面临的问题和挑战。通过政务热线评价营商环境，将政务热线与营商环境优化相结合，不仅有助于更全面地了解和评估一个地区的营商环境状况（如政府部门的响应率、解决率、满意率等），还可以为改进营商环境提供策略和方向。最后，加强政务热线营商环境研究。从较多关注政民互动到同样重视政企互动，意味着要加强政务热线营商环境研究。通过研究政务热线与营商环境的互动关系，可以更好地理解一个地区的政商关系状况，进而制定更加精准的政策和措施来改善营商环境，推动新型政商关系构建。

B.15
政务热线推动数字政府治理效能

李志红 *

摘　要：　随着信息技术的快速发展，政务热线的使用越来越广泛。政务热线为公众提供了良好的服务平台，有效地促进公共服务。政务热线的广泛使用能够推动数字政府治理效能的提升。政务热线使用受到观念、城市治理体系、部门和属地协同性等因素的影响，需要加强政务热线的有效使用，加强政务公共服务平台建设，提升数字政府治理效能。

关键词：　政务热线　数字政府　治理效能

信息技术的快速发展不仅为政府提供了信息服务，而且利用信息技术能够有效提高政府工作效率。数字时代运用信息技术提高政府治理能力建设成为重要内容。数字政府以新一代信息技术为支撑，构建大数据驱动的政务新平台，提升政府服务能力。随着大数据、人工智能的快速发展，如何将新技术应用到政府治理中是当前数字政府建设的核心。政务热线的使用为数字政府治理效能的提升奠定了基础。政务热线是受理热线事项的公共服务平台，是社会治理、基层治理，以及推动治理现代化过程中的重要枢纽。政务热线为公众与政府搭建了有效交流的平台，通过政务热线能够解决公众现实生活中的难题，对政策制定也发挥了咨询和建议作用。

根据北京12345市民服务热线年度数据分析报告，北京12345热线受理群众反映的问题，通过直接答复、派单办理，及时处理相关事宜，为公众提

＊　李志红，中国科学院大学马克思主义学院教授，主要研究方向为科技与社会。

供了办事的快速通道。公共服务类问题主要反映网络与通信、供水、公交、供电、快递等问题。公众反映前十类日常问题主要有市场管理、住房、城乡建设、社会秩序、教育、劳动和社会保障、公共服务、交通管理、农村管理、物业管理等。政务热线的广泛使用，为公众解决实际难题提供了便捷的条件，也提高了政府治理的效能。

一 政务热线的有效性

政务热线为公众提供了便民服务，包括政策咨询、解决实际生活中的各类事情等，通过热线联系，政府能够快速回应，为公众解决实际难题，公众满意度不断提升。

（一）政务热线为公众提供服务平台

政务热线为公众提供各项服务，公众通过政务热线可以直接联系政府有关部门，解决了公众现实中的急难问题。许多事务性的工作在实际生活中有复杂性，解决起来涉及多个方面。政务热线为公众提供了提出诉求和解决问题的新渠道。政务热线与政府决策密切相关。① 政务热线的机制是通过接诉即办、快速响应、建立联动，能够有效地提高办事效率，从而受到公众的普遍欢迎。

政府工作职能转化需要提高政府的服务效能。政务热线为公众提供了新的平台，是一种有效的途径，架起了公众与政府的桥梁。一方面，政务工作在实践中本就有特殊性，其涉及公众的各种实际生活事务，关系到公众的切身利益，如果处理得当，就会提升公众的满意度，使公众也能够参与政府治理的实践环节；另一方面，公众反映的问题也是政府治理中需要解决的问题，政务热线能为提高政府治理能力奠定重要的基础。

---

① 张小劲、陈波：《以数据治理促进政府治理：政务热线数据驱动的"技术赋能"与"技术赋权"》，《社会政策研究》2022 年第 3 期。

（二）政务热线促进公共服务

公共服务是政府的主要职能，提高公共服务能力是政府治理的重要内容，政务热线能够促进政府公共服务能力的提升。政务热线的快速响应机制使公众急需解决的问题能够快速得到回应，使公众对政府的亲和力和信任度更高。公众遇到的问题无论大小，其解决都需要多方协调，政务热线为公众提供了有效解决问题的渠道，受到了公众的认可。接诉即办机制就是通过及时回应和办理群众诉求来提升政府公共服务能力。政务热线极大地提升了城市的社会治理能力。① 接诉即办机制对诉求人提出的各类诉求给予响应、办理、反馈和主动治理，是完善为民服务的机制，提高了城市的治理能力。

通过政务热线，政府能及时了解公众的需求，能够为公众快速解决实际的问题，提升了政府的公信力。在公众遇到难题的时候，公众首先想到的是政府，依靠政府解决实际问题，加深了公众对政府的信任。政务热线的快速反应使公众对政府更加认同，真正实现了以人为本，政府治理效能也得到大大提升。

（三）政务热线的广泛使用更有效

政务热线使用的便捷性使其具有普遍性，只要一个电话，接诉即办，这个机制和流程的实施使得政务热线处理各项事务的有效性大大提升。公众通过政务热线平台，不仅反映个人的事务，而且还反映社会性的事务；不仅解决个人遇到的问题，而且解决社会存在的普遍性问题。接诉即办机制使公共事务处理得更及时，为公众带来了便利，真正关切老百姓的生活实际，解决切实的难题，提升了公众对政府的满意度。

政务热线的便捷性还体现在容易实现。公众只要打热线电话，即可以受到关注，能够形成联动机制，推动事务的快速办理。而且后续还有追踪回访

---

① 孟天广、黄种滨、张小劲：《政务热线驱动的超大城市社会治理创新——以北京市"接诉即办"改革为例》，《公共管理学报》2021年第4期。

等环节，跟进事务的处理，能够真正落实到位。各地区都有相关的服务专员，能够产生联动效应。社会驱动是快速回应市民诉求的关键要素。① 政务热线的联动效应使各方力量能够有效配合，提高了办事效率。政务热线为政府治理能力提升提供了重要途径，通过各部门的上下联动，能够有效解决公众遇到的难题，为政府治理能力现代化建设加固基础。

二 政务热线使用的影响因素

政务热线的广泛使用为政府治理能力提升提供了途径，政务热线的使用与公众、政府等部门相联系，受到使用者、治理方式等多个因素的影响，包括公众的观念、城市治理体系、部门和属地协同性等多个因素。

（一）政务热线使用的观念意识

政务热线的使用受到公众观念的影响。政务热线的设立是为了解决公众的实际难题，是为公众提供更加方便的途径。政务热线在实施中取得了很好的效果，但是也有些人认为通过政务热线解决问题并不是一个好的途径，因为打政务热线会引起许多影响，从而限制了对政务热线的有效使用。

在一般情况下，打政务热线电话会被认为是投诉，有些人担心会产生不好的影响；有些公众认为政务热线是投诉电话，打政务热线是实在没有办法，不得已而为之；有人也担心打政务热线会受到相关部门的刁难，从而产生一定的顾虑。在现实生活中，主动通过打政务热线电话解决问题的人并不太多，这些观念问题主要在于公众对政务热线设立的目标还不了解。政务热线的设立是为了更好地解决公众现实存在的难题，为公众与政府的沟通架起桥梁，为政策制定提供咨询及公众建议，只有以正确的观念引导全社会共同努力，才能更好地发挥政务热线的作用。

---

① 张楠迪扬：《"全响应"政府回应机制：基于北京市 12345 市民服务热线"接诉即办"的经验分析》，《行政论坛》2022 年第 1 期。

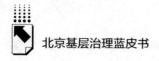

（二）城市治理体系

政务热线的目标是解决公众的实际困难，为公众反映现实问题提供便捷的平台。接诉即办机制一方面重视公众反映的现实问题；另一方面力求采取积极有效的措施，快速解决实际问题。在接到热线后要加强联动机制，直接将群众诉求反馈到相关部门，快速做出回应。这就需要不断完善城市治理体系，增强政府应对各种突发事务的处置能力。提升政府治理的效能。

一个城市要保证有效运行，需要有良好的治理体系。许多事务的处理需要基层的密切配合，因此如今更加注重将管理下沉到基层。只有强化基层治理，才能使各种问题得到及时有效的处理，降低管理成本。政务热线的数据对城市治理有重要价值。① 政务热线的海量数据是宝贵的资源，挖掘分析这些数据能够提高城市治理能力。政务热线反映的问题关系到公众的实际生活难题，许多是需要基层第一线去做的工作，要加强治理体系建设，尤其是要加强基层治理能力建设。

（三）部门和属地协同性

政务热线的处置需要各方联动，涉及多部门和相关属地的协同性，这也是治理体系建设的重要内容。多部门的协同性在于整体联动，通过完善相关机制，提高治理效能。必须完善多方联动的政务热线协同服务便民体系，推动信息和数据共享共治，构建政务事宜处置联动平台，提高协同办理效能。随着政务热线的使用日益广泛，各部门协同、联动机制建设更加重要。只有部门和相关属地协同配合，才能提高应急处置能力。

需要跨部门解决的复杂问题尤其需要联合行动，整合资源统筹解决。政务热线要发掘大数据资源和技术潜力。② 要加强对政务热线数据资源的合理

---

① 马亮、郑跃平、张采薇：《政务热线大数据赋能城市治理创新：价值、现状与问题》，《图书情报知识》2021年第2期。

② 赵金旭、王宁、孟天广：《链接市民与城市：超大城市治理中的热线问政与政府回应——基于北京市12345政务热线大数据分析》，《电子政务》2021年第2期。

分析，及时提出应对各种问题的解决方案。需要明确各部门的职责，加强协同联动，集中多方力量解决问题。对于跨地区、跨部门的事项要有效统筹相关部门及时办理。优化办事流程，畅通办事通道，提升政务服务效能。加强社会协同，推动社会多方力量参与接诉即办工作。根据数据分析，提前预警预判，快速响应公众需求，即时处理诉求问题，推动接诉即办工作水平提升。

三 政务公共服务平台建设

公共服务平台建设是政府治理能力提升的重要环节。需要加强宣传与规范评价，提升公共服务人员的专业化素质，提高政务平台数字化智能化程度，优化升级公共服务，提升政府治理效能。

（一）加强宣传与规范评价

政务热线为政府治理效能提升提供了平台，应充分发挥政务热线在政府治理中的重要作用。需要对政务热线加大宣传力度，加强对公众的宣传普及，以提升政务热线对公共事务处理问题的有效性。有效提高公众对政务热线的认知，对政务热线的使用规范进行正确宣传与引导，使公众能够合理使用政务热线。

提高政务热线使用的广泛性及有效性。现在已把政务热线反馈作为评价与考核基层治理工作的指标，从而激发了基层治理工作人员解决问题的动力。事实上设立政务热线是为了及时解决公共问题。要正确引导公众使用政务热线电话，本着解决问题的初心，联系相关部门快速解决相关问题。同时也应教育公众避免为了个人利益滥用政务热线，增加公共事务处置的成本，产生不好的影响。应保障诉求人权利，同时使其遵守相应的行为规范。需要加强政务热线的宣传与引导，使公众对政务热线有正确的认知，从而更好地使用政务热线，有效发挥政务热线的服务功能。

（二）提升公共服务人员的专业化素质

提升公共服务人员的专业化素质是政务热线有效发挥重要作用的基础。

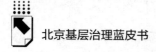
接诉即办的快速响应机制要求公共服务人员必须不断提升自己的综合素质和业务素质，能够恰当地选择合适的方案快速处置诉求问题。

负责任的精神和业务能力是公共服务人员的基本素质。政务热线服务人员需要有良好的沟通能力，必须加强对公共服务人员专业素养和沟通能力的培养，确保信息传达的准确性和透明度。加强接诉即办工作队伍建设，采取多种有效措施，加强公共服务人员责任意识，提升公共服务人员的业务素质和工作能力。完善人员考评制度，加强考评激励，提升公共服务人员的服务质量。

（三）提高政务平台数字化智能化程度

数字技术可以提升政务服务的效率和水平，必须推动政务平台数字化智能化发展。利用大数据分析、人工智能算法等新技术，加强政务热线处置问题的及时性，提高应急处置的能力。随着科技的快速发展，数字化智能化程度进一步提升，接诉即办机制的运行更为便捷，有助于精准施策、精准治理。政务服务智能化水平的提高，将提升对公众诉求响应的及时性、事务办理和处置的有效性。

完善接诉即办的机制，进一步把解决公众问题的关口前移，变为"未诉先办""主动治理"，确保问题诉求得到源头治理。利用大数据、云计算、人工智能等新技术，对海量数据进行分析，为科学决策、精准施策提供数据支持。政务服务部门应建立、运行、管理和维护热线数据库，以为政策咨询提供有效支撑。

政务热线是数字政府治理的重要平台，在公众与政府之间建立了有效交流的渠道。要充分运用大数据、人工智能等新技术，提升政府服务质量。加强政务服务平台建设，通过政务热线推动数字政府治理效能提升。

B.16

依托"热线+网格"推动基层治理创新

解进强 孙 杰*

摘 要: 北京市积极探索"热线+网格"社会治理体系改革,"热线+网格"深度融合成为完善超大城市基层治理体系的内在要求和有效路径。通过打造快速反应、处置高效的"热线+网格"融合平台,一方面可以发挥好接诉即办诉求办理机制,盯紧投诉率高的问题,开展原因剖析,研究反复性问题的成因,推动整改;另一方面可有效对接网格化治理,围绕基层网格体系建设、网格员赋能,发挥好网格员"人熟、地熟、事熟"的优势,持续提升回应民众诉求的效能。

关键词: "热线+网格" 诉求办理 网格化治理

北京市积极探索"热线+网格"社会治理体系改革,"热线+网格"深度融合成为完善超大城市基层治理体系的内在要求和有效路径。通过打造快速反应、处置高效的"热线+网格"融合平台,一方面发挥好接诉即办诉求办理机制,盯紧投诉率高的问题,开展原因剖析,研究重复性、反复性问题的成因,推动整改;另一方面有效对接网格化治理,围绕基层网格体系建设、网格员赋能,发挥好网格员"人熟、地熟、事熟"的优势,持续提升民众诉求办理效能。"热线+网格"治理体系充分运用热线大数据和网格巡查等多项机制的互补互用,通过强化多元参与,主动治理,推动超大城市精细化社会治理水平的持续提升。

---

* 解进强,博士,北京物资学院商学院教授,硕士生导师;孙杰,北京物资学院党委常委、宣传部(教师工作部)部长,硕士生导师,研究员。

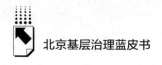

一 网格化治理及运行现状

"网格化"是北京市东城区最早提出的一种新的城市管理方式。面对超大城市日趋繁杂的社会治理事务,尤其是涉及利益冲突事务化解的难度不断加大,实施以细分治理单元、聚合多元功能见长,力求"纵向到底,横向到边,不留死角"的网格化治理已经成为主流方向。北京市推广开放式网格化管理模式,统筹整合城市管理网格化体系和社会服务管理网格化体系,推进网格化社会服务管理、城市管理、社会治安融合运行、城乡覆盖,通过实现与首都之窗、微信、微博等公共平台对接,鼓励市民广泛参与城市综合管理工作。同时,"充分运用电子地图和现代信息技术科学划分网格,对城市部件(城市所有公共空间的一切公共设施)进行清查、编号、定位,将区域内人、地、物、事、组织等社会服务管理内容全部纳入网格,建立现代化城市管理平台,实时采集传输信息,及时有效发现和解决问题,实现了首都城市服务管理精细化、信息化和智能化"。

(一)网格化治理的优势

经过近20年的发展,北京市网格化管理不断吸纳多元共治、权力多维运行等创新思路,以服务为导向,发展成为一场城市治理理念转变主导下的综合性社会治理模式变革。"首都网格化治理通过构建市、区、街镇以及居民区的四级网格治理体系,实现了城市综合管理与社区自治的良性互动。通过找准细分网格的职能定位,进一步提升了城市综合治理效能。"街道乡镇网格化管理中心作为城市基层网格化管理的枢纽,承上启下,功能日益强大。在基层实践中,网格化管理中心以"接得更快、分得更准、办得更实"为目标,坚持问题导向与效果导向相结合,通过专人盯办、挂牌督办、跟踪核查等方式,持续推动从解决"一件事"向解决"一类事"转变,为网格内群众所急所需用心服务,为属地企业发展保驾护航,助力优化区域营商环境。

通过整合优化网格化管理队伍,打破了过去单纯以分工为依据进行要素和资源配置的局面，在街道乡镇实现了执法力量的有效整合，提高了"条块"协同能力，推动形成了一体化的社会治理体系。在部分街道乡镇治理实践中，通过推动网格化管理进商圈、地铁、园区等行动，守住了城区安全有序运行的底线。网格员通过统一采集各类基础信息和相关动态信息，做到"基础信息不漏项，社情民意不滞后，问题隐患全掌控"。对于一般类型的事项，充分发挥网格员常在"网"中走、熟悉辖区、靠前工作的优势，直接由网格员自主处置，减少中转环节，提高办结效率；对于需要相关职能部门联合处置的事项，网格员第一时间到现场核实并上报，配合相关职能部门现场处置。充分发挥网格员作用，把网格员打造成采集信息、发现问题的第一触角，将治理网格打造成化解矛盾、消除隐患的第一阵地和便民利民、解决问题的第一窗口，确保绝大多数问题及事件能在网格内就地解决。

（二）网格化治理面临的困境

虽然北京市基层街镇网格化治理在实际运作过程中取得了长足发展，但与首都高效能社会治理的发展需求、与首都基层民众的殷切期待相比，在网格治理的认知度和参与度、网格员队伍建设以及数据资源利用等方面都还存在亟待改进之处。

1. 网格化治理的认知度和参与度有待提升

当前，社会大众对于网格化的知晓度不高，对网格化治理的内涵认知度偏低，参与网格化治理的民众人数普遍偏少。据相关调查发现，"各区仅有不足1/3的受访民众知道网格化或网格化治理，东城区居民的知晓度相对较高，也只占到了受访民众的 30.5%，而其中了解网格化服务管理具体内容的人数仅有 60.1%"。[①] 居民对于网格化治理认知不足，缺乏协商自治的理念，缺少对社区事务的参与，必然限制网格化治理的社会影响力和组织动员能力，降低了网格化治理的工作效能。

2. 组织架构和运行机制亟待进一步优化

首先，负责统一指挥调度的领导机制尚不健全，部分街镇的政府部门、

[①] 高建武：《网格化治理能力评估方法》，国家行政管理出版社，2020，第 138 页。

职能科室、网格化服务管理中心、社区"两委"都可以对网格员发号施令和派遣任务，时常出现多头指挥调度的现象，造成了网格化工作领导关系的混乱。其次，信息沟通共享机制不健全。网格员之间、网格员与居民之间及与其他相关部门之间的信息交流共享不彻底、不及时，导致网格员难以全面把握社区动态、难以及时发现和解决问题。最后，上级帮忙时常以临时性的、专项性的突击整治替代长效治理，也导致网格化长效治理机制难以持续发挥作用。

3. 多元参与治理不足，协同联动效果不佳

在基层实践中网格化工作大多仍然依靠科层体制和行政手段落实，呈现单一、单向的管理特征。网格化服务管理中心指挥不动、协调不畅的现象时有发生，网格员的桥梁和纽带作用发挥不充分，对各种社会治理资源的调动有限，公众、社会组织等主体参与意识不强、参与积极性不高，难以实现自上而下与自下而上的有机结合。即便对于各个行政执法部门，在处置一些涉及职能交叉、边界模糊、规定不明的城市治理痛点时，多部门协同联动也存在"出工不出力"的现象，治理效果不一而足。借助网格员队伍加强对职能部门考核督办和监督问责的问题亟待解决。

4. 专兼职网格员队伍建设相对滞后

基层网格员主要由各类协管员组成，往往分属不同队伍，存在同工不同酬的现象，在思想素质、作风态度和专业能力方面参差不齐，与岗位任职要求匹配度偏低。随着网格工作压力越来越大，网格员队伍流动性偏高，网格员数量普遍不足的问题逐步凸显。专职网格员履行着信息员、宣传员、服务员、矛盾协调员、协管员等多重职责，专业技能有待进一步提高。兼职网格员来源广，结构复杂，年龄结构普遍老化，文化素质不高。专兼职网格员往往缺乏有针对性的专业培训，工作开展过程中协同性不够，配合效率低下。

5. 信息平台建设有待加强，大数据利用不充分

目前各业务部门延伸至基层的信息系统比较多，但是"大多零散建设，整合力度不够"。各种业务平台之间存在数据壁垒，基础共性数据共享互通渠道不够畅通，导致基层网格员重复采集信息、重复录入，增加了不必要的

工作负担。由于缺乏条块协同的网格治理思维，不同业务部门在信息数据的标准、格式等方面存在差异，条块层面信息资源共享交换不够，对于网格治理实践中生成的民生大数据，如居民的诉求、城市治理顽疾的类型、发生区域、问题特点、各职能部门的处置效率等开展数据挖掘和分析研判的能力亟待提升。

二　融合"热线+网格"，协同推动基层治理创新

热线是政府和居民间的"连心线"，也是政府倾听群众呼声的"耳朵"。网格是基层治理的作战单元，也是解决群众身边问题的主阵地。只有将12345热线工作和网格工作相结合，以热线为抓手，以网格化管理为基础，不断畅通民意渠道，才能推动诉求响应更快、问题治理更准、服务触角再延伸。目前，接诉即办工作机制和网格化治理机制融合不充分，工作实践上也存在诸多不契合之处，主要表现在以下几个方面。一是两者评价标准不一致且互相独立。网格化处置标准与12345热线分类标准无法衔接，无法进行不同层次的比较分析，无法对频发问题及问题频发区域做到统筹协调。二是两者的工作机制相互独立，基层治理力量不集中，产生多头管理问题，造成资源管理浪费。因此，需要在顶层设计的统一指导下有序推进"热线+网格"的体系变革、流程衔接和机制创新。实践证明，只有将接诉即办与网格化治理进行有效对接，才能打破上下层级、条块壁垒，实现城市治理资源的有效整合，进而提高基层治理综合效能。

（一）组织体系和工作流程的融合

发挥好党建引领作用，以组织优势构建各部门有序配合的"热线+网格"平台，不断提升为民服务水平和基层治理效能。聚焦解决基层治理过程中发现问题覆盖面不全、群众反馈渠道不畅、处置问题时效性不强等难点，破解12345热线运行中重复派件、层层分转、复杂问题明确责任边界困难和解决周期长等堵点，依托基层网格治理机制健全接诉即办、"未诉先

办"为民服务体系，按照信息收集和问题发现、问题确认和受理、分级响应和协同办理、评估反馈和督查督办等五个环节全面梳理热线和网格工作流程，实现12345热线上下贯通、直达社区网格，将为民服务延伸至基层"最后一百米"，使诉求办理更加顺畅高效。将社区网格同步纳入12345热线升级改造方案统筹推进，不断强化信息化、智能化、数字化赋能，助力社区提升网格化、精细化、精准化治理水平。

（二）工作机制的融合

在推动"热线+网格"运行机制融合创新过程中，应聚焦网格巡查案件办理过程中的问题覆盖面不全、群众反馈渠道不畅、处置问题时效性不强等难点，同时破解12345热线运行中重复派件、层层分转、复杂问题边界不清和解决周期长等堵点，从运行机制各项要素入手，整合接诉即办的快速反应机制、督办机制、预警机制和网格治理的问题解决机制、矛盾化解机制的综合优势，推动接诉即办工作机制和网格化治理机制实现双向互动、无缝衔接。结合当前民众诉求办理实践，应重点完善诉求受理反馈机制和诉求问题分类解决机制。

一是依托基层网格构建便捷畅通的诉求受理反馈机制。通过完善基层党组织和网格党支部建设，全面发动基层多元骨干力量及时发现和收集问题，待网格员将民生诉求分类汇总后第一时间反馈至各层级相关职能部门推动问题解决，形成全流程闭环管理运行机制。二是构建完善高效的问题分类解决机制。以推动问题分类解决为导向，完善各级协商调度机制，实现多元主体协调联动。针对复杂疑难问题，成立治理专班，高位推进问题解决。针对基本民生诉求，发挥网格员人熟、地熟、事熟的优势，努力将矛盾化解在网格内。

（三）治理资源的整合

"热线+网格"深度融合过程也面临着资源整合和提质增效问题。首先，实现人员整合，强化队伍建设。将12345热线工单办理工作纳入社区网格员工作清单，明确日常工作职责，让每名网格员都成为热线工单办理员。选优配强网格队伍，建立由社区干部、网格员、网格志愿者共同组成的网格小组，有针对性地加大网格员教育培训力度，探索将专职网格员纳入社区工作者管理。同时以市直和各街道乡镇基层单位党员进社区为依托，成立由社区网格员加公安片警、城管、市场监管、生态环境、消防救援、水、电、气、暖、卫健等专门人员组成的应急处置队伍。其次，信息资源、数据资源的整合。坚持一个平台指挥到底，非紧急类政务服务便民热线电话全部归并入12345热线，打破以往各个单位平台之间"数据割据"状况，实现资源有效整合、快速联动。通过数字化赋能助力"热线+网格"治理精细化和精准化，为群众带来优质服务体验。

三 案例分析

（一）通州区党建引领"热线+网格"创新举措

近年来，通州区在接诉即办工作开展过程中，持续完善党建引领"热线+网格"为民服务工作模式，搭建形成全市首家"接诉即办+网格+吹哨报到"一体化平台，并逐渐探索出一套下"先手棋"的工作方法，即把12345热线和网格巡查的事件及问题进行数据整合共享，推进"热线+网格"业务融合，突出精细化、一体化、智慧化，主动发现和解决问题，加速推动由接诉即办向"未诉先办"、主动治理延伸，第一时间解决群众身边急难愁盼问题，实现基层治理水平的持续提升。

1. 坚持党建引领，强化顶层设计

2023年，通州区出台《关于进一步推进网格化管理工作的实施方案》，推动完成12项工作任务。其中，区委组织部牵头针对"发挥党支部核心作用"这一重点工作进行部署推进，以城市管理网格为基础，进一步建强了社区（村）网格党组织。

第一，发挥党组织核心作用。通过做实网格这一基层治理最小单元，立足现有城市管理网格划分标准，按照社区130户左右、农村50户左右标准细化网格覆盖范围。同时，不断扩大党组织在单元网格中的引导、带动和辐射效应，将党的组织建在网格上、干部力量嵌入网格中，定期选派优秀干部到疑难问题较为集中、群众诉求量较大的点位任第一网格长，统筹协调属地、职能部门、公服企业等各方资源开展整体工作。在此基础上，充分发挥党建在群众工作方面的优势，统筹协调化解群众诉求，切实把政治优势和组织优势转化为基层治理效能。推广永乐店镇红色管家等经验做法，充分调动广大党员干部、基层党组织、社区居民等多元力量积极参与基层治理，以特色党建品牌促进工作落实，形成基层治理创新强大合力。

第二，健全完善协调联动机制。针对重难点问题发挥党建工作协调委员会作用，搭建协商调度平台，联动多方资源，推进相关问题解决。针对权责不清问题，形成问题清单，"一题一策"固化办理主体。定期对办理不到位、整改不到位的网格案件及重点难点事项进行专题研讨，通过区领导点评会、调度会等高位推进工作落实，通过网格月报、专报等形式促进工作质效提升。

2. 坚持末端驱动，强化队伍建设

推动"热线+网格"融合工作的落实关键在"人"。在基层网格划分的基础上，通过改革探索持续推进基层专兼职网格员队伍建设，建立了一支相对稳定的、专业的网格力量。目前，通州区基层网格已由最初的 1809 个细化至 2634 个，各属地专职网格员队伍规模已达 2900 余人，达到了"一格一员"的基本要求，并统筹将楼门长、志愿者、环卫作业人员等纳入兼职网格员队伍，同步扩充兼职网格员万余人。网格员工作职责和业务内容更加明确，其工作的主动性和责任担当意识等都有了很大提高，为推进基层治理夯实了根基。

第一，明确专职网格员工作职责。在专职网格员队伍建设方面，聚焦优化队伍结构、提升队伍素质。持续健全完善组织工作体系，选优配强专职网格员队伍。在实际工作开展过程中，通过区级监督，严格落实"一格一员"的工作标准，条块结合推进精细化管理，确保专职网格员身份不流于形式。同时，明确专职网格员的工作职责，基于热线办理、网格巡查、政策宣传等

基础工作，不断结合热线高频诉求、区级及属地工作要求，扩充网格管理服务内容。各属地会同区城市管理指挥中心，共同做好对职能部门兼职人员的业务培训，带动全区网格工作水平整体提升，专职网格员职业认同感和工作责任感持续增强。

第二，发挥"区级监督员"中坚作用。为了将"热线+网格"工作开展得更深、更广，持续强化区级监督员在日常网格化管理过程中的作用发挥。在确保上报网格案件质量的同时，不断加大工作执行力度。进一步扩充"区级监督员"队伍规模，同时建立健全管理、晋升、奖惩等措施，通过制定清晰具体的工作职责和业务内容，逐渐完善薪酬待遇、人才培育等配套政策，促使区级监督员队伍发挥好培训、指导、监督等更深层次的功能，从而引领属地网格员更好地完成网格工作任务，提高工作成效。

第三，统筹运用城市协管员队伍。明确各街镇建立由副书记牵头负责、业务主管领导齐抓共管的工作格局，统筹协调组织人事工作与具体业务。赋予属地网格管理业务科室相应权限，由该科室统筹调配辖区内的所有协管员队伍，建立所有人员信息台账，动态更新。其他业务科室如需要动用协管员队伍开展与自身相关的业务工作，需要与网格管理科室沟通对接，联合发布工作任务。将协管员作为专职网格员队伍的重要组成部分，对业务熟、素质高、能力强的协管员优先选拔为专职网格员，同时尝试建立协管员队伍定期轮岗制，通过多元培训和实践锻炼，持续提升协管员队伍综合水平，为专职网格员队伍建设积累后备力量。

3. 坚持常态长效，强化机制融合完善

推动"热线+网格"融合的意义是聚焦群众急难愁盼问题，分别发挥两项业务在城市管理与社会治理领域的各自特点，促进优势互补，实现城市协同发展。针对实践中专职网格员身份认同感不强、工作积极性不高等问题，通过完善考核指标、强化资金使用、健全人员奖惩等举措，持续强化"热线+网格"的融合创新以及整体执行力度和运行效果，逐步形成协同治理、主动治理、长效治理的为民服务模式。

第一，完善考核评价制度。以发现和解决网格实际问题为工作导向，持续优化网格发现问题任务指标，科学调整考核指标计算规则和权重占比。根据问题的难易程度，探索建立差异化考核机制。同时，科学设置"热线+网格"专项考评标准，适当提高网格化管理工作在区级绩效考核中的权重占比，充分发挥了考核指挥棒的作用。

第二，强化奖励资金使用。通过调整完善《通州区接诉即办工作奖励激励和责任追究办法》，优化部分奖励条款，提高奖励精准度，加强接诉即办奖励资金使用把关，拓宽奖励资金使用范围。统筹各类资金来源推动热线诉求、网格案件、民生难点等问题的有效化解，提升"热线+网格"相关问题诉求解决率和满意率，持续推进奖励资金的使用绩效。

第三，建立网格员的奖惩机制。通过开展网格员业务交流与推优评选活动，宣传、树立网格员先进典型，深度挖掘全区开展网格工作的优秀经验做法，不断激发网格员的工作积极性。通过打通专职网格员晋升渠道，将专职网格员工作经历作为通州区录用社区工作者、事业单位考试以及职级晋升的主要参考。同时，将网格员上报案件数量、质量以及参与网格内各项事务的程度等作为常态化观察指标，探索建立了网格员履职的监督机制和约束机制。

4. 推进多网融合，强化科技赋能

做实接诉即办信息数据平台，以城市管理网格为基础健全"一张网"的工作格局，实现"接诉即办+网格化管理+吹哨报到"三网融合，深入推进各类资源整合、系统衔接和数据汇聚。通过平台系统集成扩容，将"小卫星两违"、社区管理、单位管理、垃圾分类、消防隐患、门前三包6个专项纳入流转，实现网格平台闭环体系的深度应用。平台还支持专职网格员格内吹哨、下沉处置力量格内应哨，助力各类城市管理问题的高效解决。

进一步丰富和完善社会治理大脑，为不同用户群体提供了一个高效、便捷、个性化的移动服务体验，确保各方的需求得到及时响应和满足。一方面，不断拓宽参与渠道。通过开放移动端的小程序，提供社区服务、便捷生活、随手拍等各类功能，打造"全员参与、全民共治"的社会共治体系；另一方面，持续推进"数智赋能"基层治理。为持续提升社会治理精细化、

精准化水平，在各级政府端口提供市民信息、案件信息、社区服务等人、地、事物、组织的信息实时采集、实时查询和实时共享功能，持续推进科技赋能基层治理，提升治理方式和治理能力的现代化水平。

（二）永乐店镇两网融合打造诉求办理新平台

坚持"全科网格"与"红色网格"两网融合、打造诉求办理新平台是通州区推动"热线+网格"融合创新的成功经验。通州区永乐店镇将全镇38个村划分为122个网格，推进人财物和各方力量下沉延伸至网格，充分发挥网格在精细化管理、服务群众等方面的优势，多方整合资源，引导党员群众紧紧凝聚在党组织周围，激发党员群众建设美丽家园的内生动力，以红色引擎推动"全科网格""红色网格"事项落地落实落细。

1.实施"划网定格"行动，织密一张全覆盖红色网格

按照人口规模适度、服务管理方便、资源配置有效、功能相对齐全的原则，全镇统筹规划网格设置，将相关部门设置的多个网格整合为一个综合网格。优化设置4个大网格（镇级区域）、122个中网格（行政村）、n个微网格（村级红色网格）。使网格优化调整到位，党的组织和工作覆盖到位。

2.实施"派员定岗"行动，建设一支专业红色网格员队伍

第一，强化网格党组织建设。把网格化服务管理与基层党建工作深度融合，将党建工作纳入"一张网"，做到党的领导全覆盖，充分发挥党组织在网格化管理中的领导核心作用。由镇党委书记担任大网格长，各村党支部书记担任中网格长，村"两委"班子成员担任红色网格长。在对村"两委"干部履职情况群众满意度测评中，发挥红色管家力量，通过网格微信群、上门入户等方式，广泛收集群众的意见和建议，持续提升村"两委"干部和党支部的凝聚力和战斗力。

第二，"大网格"人员配备。按照"一格一员、一格多员"的原则，将城管协管员、专职安全员、网格环保监督员合并组建一支20人规模的城市治理类综合巡查队伍，设置1名大队长。综合巡查队负责通过"网格化"信息传递及管理，实现综合巡查队伍"大网格"与村"中网格"高效对接，

协助网格员做好督查案件办理、应急工作、事故处理、监督整改、整改复查及协助检查等城市治理类的全面工作。大队长主要协助责任科室完成任务传达、问题反馈及人员考核等日常工作，遇专项检查、重大事故、集中治理任务时协助主要科室进行人员调度。巡查队根据实际巡查工作情况进行相应的执法或检查人员安排。遇专项检查、重大事故、集中治理任务时主要领导及科室可根据情况进行人员调度。

第三，"中网格"人员配备。按照"专职力量一格一员、专业力量一员多格、兼职力量一格多员"的工作要求，全镇40个区域每个区域配备一名网格长，全镇122个网格每个网格配备一名专职网格员管理；将志愿者、在职党员、离退休党员干部、林场巡逻队员以及通过政府购买服务方式进行养护作业的专业力量作为兼职网格员入格管理。

网格长作为区域网格管理工作的责任人，负责统筹协调专兼职网格员开展整体工作，负责协调单元网格内下沉处置力量，及时处置各项问题，做到"应处置，尽处置"。整合好网格内资源，建立各司其职、密切配合、相互协助的工作机制，以"小事不出格"为原则，保障各项工作落实到位。无法立即处置的问题及时流转到镇级综合巡查队进行处理。专职网格员主要从事网格巡查、信息采集、案件上报、政策宣传等工作，并开展网格内简易事件的处理。兼职网格员负责协助网格长和专职网格员开展工作。

第四，"微网格"人员配备。按照"一街一管家、条块结合、党员带头、责任到人"的原则，分别在全镇村域内所有街巷设置红色管家。各村"两委"班子成员同时担任村内主要道路的红色管家，各村党员骨干担任其居住附近区域的红色管家。各村设置红色管家要充分结合党员责任区划分情况进行设置。

红色管家负责管辖范围内的接诉即办、信息采集、环境卫生、安全防范、民事调解、困难帮扶、民意收集、政策宣传等工作。了解管辖范围内每户村民的生产生活情况，掌握管辖范围内村民的思想动态、家庭困难或问题、对村镇两级的意见和建议等情况，在保持稳定、社会治安、安全防范、环境卫生、文体活动等各个方面配合党支部和村委会工作，对有关问题及时解决或向上级反映。

3. 实施"服务落地"行动，建立一套红色管用机制

第一，实行上岗公示。在网格内醒目位置设置公示牌，将网格长、专兼职网格员和红色管家姓名、照片、联系方式、工作职责等信息公示；制作发放民情联系卡，方便群众联系；工作时着统一服装，便于接受社会监督。

第二，定期召开例会。镇、村每月对网格化服务管理工作进行调度，讲评工作，分析问题，安排下步任务。各村定期召开网格长、网格员和红色管家参加的民情分析会或工作碰头会，对村内社情民情进行梳理分析，研究解决问题。

第三，深入巡查走访。实行月走访、季遍访、年慰问制度，网格员每月对网格进行基本巡查走访。其中"中网格"网格员每年度至少应对网格内住户遍访一次，"微网格"网格员每季度至少对网格内住户遍访一次，及时开展采集基础信息、收集社情民意、开展便民服务、排查安全隐患、化解矛盾纠纷、提供社会心理服务、政策法规宣传等工作。每年对生活困难家庭、空巢老人家庭、重点人员、特殊人群等开展慰问走访。

第四，建立年度考-核制度。各级网格员实行平时考核与年度考核相结合的考核办法，注重平时考核。考核由镇党委组织安排，村党支部具体组织实施。考核机制通过个人述职、民主测评、实地查看等方式进行，考核结果分为优秀、合格、不合格三个等次，其中优秀等次占比不超过 15%。奖励机制中兼职网格员可结合工作实际通过"以奖代补"等形式落实。打通网格长和专职网格员晋升通道，对优秀等次的在社区（村）"两委"换届、"两代表一委员"推选、评优评先等中优先考虑。设立退出机制。连续两个月考核结果为不合格并排名最后的人员，取消其网格员职务。每月案件审核中，网格员如存在虚假案件行为（两次或以上）或案件质量低等较严重问题，进行月度通报，累计通报两次，取消其网格员职务。

4. 实施"联动推进"行动，形成一套红色流转体系

第一，落实首办负责。对网格排查发现的群众诉求、问题隐患、矛盾纠纷等，自行处置不了的，网格员要上报网格长，及时协调解决；网格长处理不了的，及时报告市民诉求处置中心进行处置。

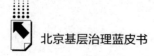

第二，规范流转办理。对工作中发现或接到下一级网格、网格员上报的群众诉求、问题隐患、矛盾纠纷等，属于本网格或同级网格职责范围的，要及时解决或分流至相关网格解决；对涉及多个网格需要协调解决的问题，及时向党委和政府报告。

第三，强化工作协同。对涉及需要多个部门协调解决的问题，运用网格化"1+1+N"化解机制（1个基层党组织+1个网格+N个相关职能部门，将问题置于所属网格内化解，充分发挥基层党组织作用）解决问题。

四　结语

12345热线中大部分的诉求都源自市民对城市服务体系的需求越来越多，评判的要求也越来越高。因此需要坚持系统思维，持续推进基层治理体系的整合创新。当前，接诉即办和网格化治理工作机制相互独立，评价标准不一致，造成了基层治理力量分散，影响了网格治理效能提升。为此，应加速推进"热线+网格"的体系融合、流程衔接和机制优化，实现二者在职责、力量、平台、机制上的融合创新，数字赋能搭建基层治理一体化平台。该平台不仅可担负网格事项的发现、协调、任务派遣、工作反馈等职能，而且通过检视发现问题和处置问题的程序、过程是否合法以及处理问题的细致、耐心程度等，直接对基层治理效能进行有效评价和指引，充分发挥市民热线及网格化工作各自的优势，快速响应民众诉求，有效破解治理难题。

通州区持续深化党建引领"热线+网格"改革创新，有效推进二者组织体系和运行机制的融合发展，同时强化科技赋能和网络平台一体化建设，畅通了民意民情诉求沟通渠道，切实提升了基层治理精细化、信息化水平。各街镇以协管员队伍整合为契机，逐步完善了基层治理网格员队伍，将街巷长、小巷管家等基层力量，以及专业部门巡查队伍和志愿者队伍等纳入网格化体系，有效打造了基层问题发现和解决"一支队伍"。结合12345市民热线高频诉求，通过网格主动巡查发现诉求根源，在网格平台快速核查处置，形成全流程闭环，提高了诉求处置时效。推动党建引领"热线+网格"为民服务模式深入基层，用 12345 热线提供反映问题的通道，用网格化治理提供主动服务的方式，全面打通群众诉求渠道与基层治理的神经末梢，切实把问题解决在基层、力量根植在基层、成效凸显在基层，有力助推北京城市副中心基层社会治理提质增效。

参考文献

1. 《中共中央　国务院关于加强基层治理体系和治理能力现代化建设的意见》，2021 年 7 月 11 日。

2. 《国务院关于支持北京城市副中心高质量发展的意见》（国发〔2021〕15 号），2021 年 11 月 26 日。

3. 《北京市接诉即办工作条例》，2021 年 9 月 24 日。

4. 张树华等：《坚持人民至上，共创美好生活——北京党建引领接诉即办改革发展报告》，《管理世界》2023 年第 1 期。

5. 何成祥等：《"接诉即办"场域中政府的多重压力及其有效回应》，《北京社会科学》2022 年第 12 期，第 21~30 页。

6. 李文钊：《接诉即办的北京经验》，中国人民大学出版社，2021。

7. 燕继荣等：《市民诉求驱动的城市社区治理体系创新》，《中国行政管理》2022 年第 10 期。

8. 《中共中央办公厅　国务院办公厅印发〈关于加强和改进乡村治理的指导意见〉》，《人民日报》2019 年 6 月 23 日。

9. 秦中春：《乡村振兴背景下乡村治理的目标与实现途径》，《管理世界》2020 年第 2 期。

10. 郑永扣主编《河南社会治理发展报告（2019）》，社会科学文献出版社，2019。

11. 刘淑媛、崔榕：《当前我国乡村治理研究述评》，《三峡论坛》（三峡文学理论版）2017 年第 4 期。

12. 钟钰：《实施乡村振兴战略的科学内涵与实现路径》，《新疆师范大学学报》（哲学社会科学版）2018 年第 5 期。

13. 俞可平：《推进国家治理体系和治理能力现代化》，《前线》2014 年第 2 期。

14. 郑风田：《对沦为村霸的村干部必须严惩》，《人民论坛》2017 年第 10 期。

B.17
政务热线牵引的城市治理现代化

——感知、认知与预知

吴岩松*

摘　要： 本文研究政务热线发展和政务热线价值，分析政务热线治理面临的数据质量、系统平台、标准建设、分析应用和人才培养等问题，从完善数据采集管理、建设独立专业数据平台、着手起草数据标准、强化数据分析、加强人才培养使用等角度提出解决的方案路径，探索政务热线数据治理的经验。旨在提升政务热线数据分析、数据应用和数据治理的质量，更精准有效地辅助政府决策，提高政府治理效率，为城市管理和社会治理提供有力支撑，使人民群众感受到更加充实的获得感、幸福感和安全感。

关键词： 政务热线　数据分析　数据治理　城市治理　社会治理

一　政务热线发展的时代背景

2020年12月28日，国务院办公厅印发《关于进一步优化地方政务服务便民热线的指导意见》，旨在将政务热线优化为"便捷、高效、规范、智慧"的政务服务核心平台。随着国家治理和数字政府建设的不断推进，政府数字化转型已成为必然趋势，这要求对政府治理体系作出相应调整。数字政府建设的目标是提升公共服务的便捷性和效率，促进政务数据的共享与协

---

* 吴岩松，中国信息协会客户联络中心分会常务副会长兼秘书长，政务热线发展联盟创始人，《政务热线周刊》主编，主要研究方向为数字服务、政务热线、大数据。

同，以及加强政务治理的协同性。为实现这一目标，政府正加快创新行政管理方式，推进治理流程的重塑、模式的优化和履职能力的提升。这有助于构建更加扁平化、高效联动和灵活敏捷的政府组织结构和多元化治理体系，从而实现精准治理，更好地服务于经济和社会的发展。在这一背景下，政务热线正逐步成为政务服务的重要通道和智慧治理的关键支撑，并在政府治理体系和治理能力现代化建设中扮演着日益重要的角色。

中国信息协会、清华大学数据治理研究中心、才博智慧治理研究院和政务热线发展联盟每年发布的《全国政务热线服务质量评估指数报告》显示，全国 12345 热线接线员已超过 3 万人，每天都有数以万计的接线员在忙碌地接听和处理来自人民群众的各类诉求，这些诉求背后反映的是人民群众最真实的民声民意，也是对政府工作的重要反馈。以广州为例，2023 年 12345 热线的总服务量达 3649.79 万人次，其中互联网服务量达 2260.19 万人次，互联网服务量甚至超过了话务服务量，这显示出政务热线在服务渠道和服务方式上的不断创新和拓展。更重要的是，12345 热线所积累的海量数据具有巨大的价值。对这些数据进行深入挖掘和分析，可以发现市民对政务问题的热点诉求和周期规律，从而为管理部门提供有力的决策支持。例如，通过分析诉求的类别和数量，可以发现某些政策或服务存在的问题和不足，进而及时进行优化和改进；通过分析诉求的时间和空间分布，可以预测某些突发事件或社会问题的发生趋势，从而提前采取应对措施。

因此，12345 热线在城市管理和社会治理中发挥着越来越重要的作用。未来，随着技术的不断进步和数据的不断积累，政务热线将能够发挥更大的作用，为人民群众提供更加优质、高效、便捷的服务。

二　政务热线的发展阶段、服务功能和重要价值

（一）政务热线40年的发展分为四个阶段

第一阶段为分散治理阶段，时间从 1983 年持续到 2019 年。1983 年，

武汉市、沈阳市等相继设立市长热线，经历了从无到有的分散治理阶段，发展时间相对较为漫长。

第二阶段为协同治理阶段，时间从 2020 年至 2021 年。政务热线统一归并整合为 12345 热线，开始进入从少到多的协同治理阶段。

第三阶段为主动治理阶段，时间从 2022 年至 2023 年，随着 12345 热线的不断发展，开始从接听电话、回应诉求、解决问题进入主动治理的阶段。

第四阶段为精准治理阶段，时间从 2023 年开始，随着人工智能技术的发展，政务热线将通过人工智能技术进入精准治理的阶段。

（二）政务热线的服务功能，具体体现在三个方向

一是对外服务群众和企业。政务热线"为民而生，只为民生"，建设人民满意的服务型政府，不断增强群众的幸福感，为企业营造优质营商环境。

二是对内服务职能部门。政务热线及时将吸纳的群众与企业意见进行整合，传递至各服务职能部门，做好民声民意的"传声筒"。

三是对上服务领导决策。政务热线作为党委政府和企业群众之间沟通的桥梁，为政府制定和推行各项政策提供依据。

（三）政务热线在为民、为企和为政三个方面的重要价值

一是为民服务，改善民生。政务热线是党委、政府与公众之间的重要桥梁，它能够有效解决企业和群众的实际问题，从而改善民生。其一，政务热线提供便捷的咨询服务，群众可以更加方便地获取各种公共服务信息，了解政府在教育、医疗、社保等方面的政策和措施。其二，政务热线可以及时解决群众反映的各种问题，提高了政府对群众问题的解决效率。其三，政务热线还为弱势群体提供无障碍服务，如为老年人、残疾人提供优先服务，促进了社会公平和公正。政务热线不仅提高了群众的生活质量，也增强了群众对政府的信任和满意度。

二是为企服务，促进发展。政务热线为企业的服务和发展提供了重要的支持。其一，政务热线提供政策咨询、融资服务等措施，帮助企业解决实际

问题，促进企业的发展。其二，政务热线根据企业诉求采取"便企、利企"的措施，如减税降费、简化审批流程等，推动政务服务从政府供给导向向企业需求导向转变。其三，政务热线还可以为企业提供创新创业的扶持，促进企业创新和发展。同时，企业也可以通过政务热线服务平台反映自身遇到的问题和困难，寻求政府的支持和帮助。这种一站式的服务模式大大提高了企业办事创业的便利性和效率。

三是为政服务，辅助决策。政务热线对于政府做出决策具有重要的参考价值。其一，通过收集和分析群众反映的问题和诉求，政府可以更加准确地了解社会状况和群众需求，进而制定更加符合实际情况的政策和措施。其二，政务热线通过信息公开促进政策制定，让群众更加了解政府的工作和决策过程，提高政府的透明度和公信力。其三，政务热线还可以通过互联网+政务服务平台实现协同办公，提高政府的办公效率和服务质量。这种基于数据的决策模式使得政府的决策更加科学和公正。

（四）政务热线数据的价值重点体现在四个方面

一是反映社情民意。12345 热线作为政府与市民之间的桥梁，每天接收大量市民来电，这些来电数据反映了市民的需求、关切和诉求，是政府了解社情民意的重要途径。通过对这些数据的分析，可以及时发现社会热点、难点问题，为政府决策提供参考。

二是助力政府决策。12345 热线数据具有实时性、动态性等特点，可以反映城市运行的状态和趋势。通过对这些数据的挖掘和分析，可以预测未来可能出现的问题，为政府制定应急预案、优化资源配置等提供依据。

三是提升治理水平。12345 热线数据涉及多个领域、多个部门，通过对这些数据的整合和共享，可以打破信息孤岛，实现部门之间的协同治理。同时，利用大数据、人工智能等技术手段，可以对热线数据进行智能化处理，提高工单派发、处置、回访等环节的效率和准确性，进一步提升政府治理水平。

四是促进社会监督。12345 热线数据的公开透明，有利于市民对政府工作的监督。市民可以通过热线反映问题、提出建议，对政府工作进行评价和监督。同时，媒体和社会组织也可以利用热线数据开展舆论监督和社会监督，推动政府工作的改进和优化。

三　进一步推进热线数据赋能基层治理面临的问题与建议

热线数据赋能基层治理与领导决策已被广泛认可，但热线要"从公众服务走向数据治理"，还面临以下五个问题。

（一）数据质量问题

政务热线的数据价值很大，拥有几十万、几百万甚至几千万的海量数据，由于数据采集、处理和管理环节存在不完善性，往往导致数据质量参差不齐，进而影响分析的准确性和有效性。很多政务热线平台在数据采集阶段的设计较为简单，可能仅记录了来电者的基本信息和诉求内容，缺乏对话务员操作、问题分类、处理流程等关键信息的详细记录。这种简单性的数据记录使得后续的分析难以深入挖掘问题根源并提出解决方案。政务热线话务员的高流动性除了影响服务质量的稳定性，还可能导致数据分类和标准的频繁变动，新入职的话务员往往未经过充分的培训，对数据录入标准和流程不熟悉，可能导致数据录入的错误或不一致。由于缺乏统一的数据分类和录入标准，不同的话务员可能根据自己的理解对相同或相似的问题进行不同的分类和描述，上述原因使政务热线所采集的原始数据往往存在大量的噪声、冗余和不准确信息，这些数据在分析时不仅无法提供有价值的信息，还可能误导分析结果。

基于质量不高的数据进行分析，会导致数据分析的偏差，其结果自然难以准确反映问题的本质和规律。这种偏差不仅影响管理决策的科学性和有效性，还可能导致资源的浪费和问题的恶化。为了解决这些问题，政务热线平台需要采取一系列措施来提高数据质量。一是完善数据采集流程，确保关键信息的完整记录。二是加强话务员的培训和管理，提高数据录入的准确性和一致性。三是制定统一的数据分类和录入标准，并严格执行。

四是定期对数据进行清洗和整理，消除噪声和冗余信息。五是引入先进的数据分析技术和工具，提高数据分析的准确性和效率。通过这些措施的实施，可以有效提高政务热线数据的质量和价值，为城市管理和社会治理提供更有力的支持。

（二）系统平台问题

由于全国各地区的经济社会发展水平不均衡，各地市在政务热线建设和投入上存在显著的差异，直接影响着热线平台的建设质量和水平。此外，长期专注于政务热线建设的专业技术公司并不多，对行业进行深入持续研究的公司更是少之又少，由于缺乏足够的专业支持，一些地区的政务热线平台在建设过程中可能难以达到预想的技术标准和要求。此外，现有系统平台通常是为满足日常业务流程而设计的，并不是专门为热线数据分析而构建。因此，这些平台在数据采集规范、采集标准和采集质量等方面可能存在较大的差异，这直接影响了热线数据分析的准确性和有效性。热线数据分析高度依赖系统平台，但现有业务系统平台无法满足热线数据分析应用的要求，政务热线应建设自己独立、专业的数据分析平台。

这样的平台应该具备以下特点。一是独立性。独立于日常业务系统，专注于热线数据的采集、处理和分析，确保数据的质量和一致性。二是专业性。采用先进的技术和算法，结合政务热线的特点和需求，提供专业的数据分析服务。三是可扩展性。能够适应不断增长的数据量和业务需求，确保平台的持续有效运行。四是标准化。制定统一的数据采集、处理和分析标准，确保各地区政务热线平台的数据可比性和互操作性。通过这样的平台建设，可以更好地利用政务热线的数据资源，提升服务质量和管理水平，推动政务热线在城市管理和社会治理中发挥更大的作用。

（三）标准建设问题

在全国政务热线建设中，除了国办发布的业务指导性文件，政务热线在数据采集、诉求分类、知识库建设、受理办理以及效能评估等方面都缺乏统

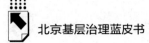
一和明确的标准，标准制定的滞后和欠缺不仅影响了政务热线的服务质量和效率，也制约了其向更高水平的发展。

标准建设的重要性不言而喻。首先，统一的标准能够确保政务热线数据采集的准确性和一致性，从而提高数据分析的可靠性和有效性。其次，明确的诉求分类标准有助于热线更快速地响应和处理市民的各类诉求，提升服务满意度。再次，知识库建设标准的完善可以大大提高热线话务员的工作效率和专业水平，确保他们能够快速准确地为市民提供解答和服务。最后，受理、办理和效能评估标准的建立有助于规范热线的工作流程，提高工作效率，同时确保服务质量和效果可衡量、可评价。人员效能提升、数据分析能力以及智能化应用等方面的发展，确实需要依赖标准化工作的完善。只有通过建立统一、科学的标准体系，才能引领政务热线走向高质量发展之路。中国信息协会和才博智慧治理研究院计划在 2024 年牵头起草热线标准，为政务热线的标准化建设提供有力的支持，为政务热线的健康发展提供坚实的保障和引领。

（四）分析应用问题

政务热线虽然拥有海量的数据资源，但在数据分析和应用方面还停留在较为初级的阶段，只是简单地进行数据图表统计和可视化展示，缺乏深层次的问题分析和研究。政务热线的数据分析应该是一个系统性的工作，需要综合运用统计学、社会学、管理学等多学科的知识和方法。通过对数据的深入挖掘和分析，可以发现数据背后的规律和趋势，进而提出有针对性的解决方案。然而，目前很多政务热线的数据分析还远远没有达到这个水平。

为了提升政务热线的数据分析能力和应用效果，可以采取以下措施。一是加强数据分析人才队伍建设。培养和引进具备数据分析能力和经验的专业人才，建立高素质的数据分析团队。二是完善数据分析流程和方法。建立科学的数据分析流程和方法体系，确保数据分析的准确性和有效性。三是深化数据分析和应用。不仅仅停留在数据图表统计和可视化展示层面，更要深入剖析数据背后的问题和原因，提出有针对性的解决方案和建议。四是强化数据分析和决策的衔接。确保数据分析的结果能够真正支撑决策和管理，提高决策的科学性和精准性。政务热线的数据分析能力和应用效果还有很大的提升空间。只有通过加强人才队伍建设、完善分析流程和方法、深化数据分析和应用以及强化数据分析和决策的衔接等措施，才能推动政务热线在数据分析和应用方面取得更大的突破和进展。

（五）人才培养问题

政务热线的需求与供给在人才方面存在明显的不匹配，这直接影响了热线数据治理和分析的落地效果。政务热线作为政府治理的重要工具，其运营和服务需要既懂公共管理又具备数据分析能力的复合型人才。然而，目前服务政务热线的企业主要以运营公司和软件公司为主，这些公司在统计分析和公共管理方面的人才储备相对不足，更缺乏同时熟悉政务热线和数据分析的专业人才。这种人才短缺的现状导致了很多政务热线单位没有专门的数据分析部门，也没有全职的数据分析人员，使得热线数据治理分析难以落地，即使落地也难以取得理想的效果。缺乏专业的人才对数据进行深入挖掘和分析，就无法利用大数据为政府治理提供有价值的信息和建议。

为了解决这一问题，需要从多个方面入手。一是加强人才培养和引进。政府和高校可以合作开设相关课程，培养既懂公共管理又具备数据分析能力的复合型人才。同时，政务热线单位也可以通过招聘等方式引进具备相关经验和技能的专业人才。二是建立数据分析部门。政务热线单位应建立专门的数据分析部门，并配备全职的数据分析人员，以确保数据分析工作的持续性和专业性。三是提升现有员工的技能。对于现有的政务热线员工，可以通过培训、交流等方式提升他们的数据分析能力和公共管理素养，使他们更好地适应政务热线的工作需求。四是强化合作与共享。政务热线单位可以与高校、第三方专业机构等建立合作关系，共享资源和经验，共同推动政务热线数据治理和分析水平的提升。通过这些措施的实施，可以逐步解决政务热线

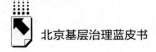

在人才培养方面的问题，提升数据治理和分析的落地效果，为政府治理提供更加科学、精准的支持。

四 政务热线数据服务基层社会治理的经验探索

经过三年的疫情挑战，12345 热线获得了空前的关注和重视，其存在的如资源不足、业务水平和服务能力不强等问题也得到了相应解决。12345 热线因其便捷、普惠和高效的特性，被广大人民群众誉为最有温度和最贴近生活的服务渠道，赢得了民众的信赖，其品牌影响力将持续扩大。随着服务量的预期大幅增长，有效分析和应用这些数据将成为展现政务热线价值的核心所在。

在过去的三年中，各地市的政务热线主要聚焦于确保接听、受理和办理工作的顺利进行。然而，展望未来，政务热线的建设重点将转向数据治理。挖掘、分析和应用政务热线的数据，使这些数据能够真正为管理决策提供支持，将成为展现政务热线在城市管理和社会治理中价值所在的关键。政务热线有望进一步发挥其在推动政府决策科学化、精细化方面的重要作用。

政务热线作为连接政府和民众的关键渠道，在传达民众声音和解决与民众生活息息相关的问题上扮演着重要角色。政务热线不应仅仅局限于被动地接收和处理民众诉求，而且应通过深入感知民众的意见、建议和投诉，来洞察民众诉求背后的核心问题。政务热线要深入挖掘真正的民意，探寻民众诉求的深层次原因，并与各相关部门紧密合作，从而从根本上解决有关的民生问题。通过这种方式，政务热线能够更好地发挥桥梁和纽带作用，促进政府与民众之间的有效沟通和互动。

案例1。某市市民打电话到12345 热线投诉地铁口有流动摊贩乱摆、乱卖，造成环境脏乱差，严重影响市民的出行。12345 热线接到诉求后，及时响应，快速处理，联系承办单位，派发工单；相关单位接到工单后高度重视，解决问题后还重点盯防，防止此种情况重复发生。这是典型的呼叫中心从投诉、响应、处理到优化的全流程服务。简单地看，投诉市民的诉求已得到满足，但是对于政府来说，市民投诉的核心问题仍然存在，那就是消费需求和商业规划布局是否合理的问题。如果不解决根源问题，热线和承办单位还会不断接到此类投诉，重复地去解决这类问题，其结果就是消耗大量的资源。政务热线应通过对同类诉求的分析，认知市民投诉背后的真正原因，挖掘真正的民意，形成专项报告，会同有关部门，联合第三方专业机构和媒体机构，共同制定城市商业布局的优化方案，优化城市社区商业布局，在地铁口布局临街商铺，从根源上解决市民投诉问题。

在这个案例中，政务热线就没有止步于表面的诉求处理。相反，它通过数据分析揭示了问题背后的核心问题，即消费需求和商业规划布局的不合理。这一发现为政府提供了宝贵的洞见，促使政府协调多个部门和机构，制定出一个更加全面和可持续的解决方案，既优化城市商业布局，满足市民的消费需求，同时又改善市容环境和食品安全状况。这样的解决方案不仅让市民享受到了更好的出行环境，也为政府节省了资源，并为国家创造了税收。这个案例的成功得益于政务热线的数据分析能力、跨部门协作机制以及对市民需求的深刻理解。它展示了政务热线在未来城市治理中的巨大潜力和价值，也为其他类似问题的解决提供了有益的借鉴。

案例2。某市市民拨打12345热线反映某民宿服务质量差，存在消防隐患，并无理由扣押金的问题。住户也投诉隔壁民宿住宿旅客拖动行李、说话、来回走动和放看电视的响声太大，一直闹到凌晨。通常，政务热线接到诉求后会及时响应，快速处理。但问题是，消费投诉通常由市场监督管理局的消费维权部门处理，民宿扰民的投诉通常则由各个区公安局、街道派出所处理，而旅游局只是负责对旅游企业的投诉处理。这就出现了典型的处理错位问题，投诉处理部门与行业监管部门不属于同一部门，个体的投诉与产业监管部门无法产生直接联系，12345热线单位或承办部门可以解决个体的具体问题，但是无法解决产业问题，民宿产业已成为文旅经济中的重要组成部分，投诉的这类问题直接与该产业经济的发展相关。

这个案例突出了政务热线在处理复杂、跨领域问题时面临的挑战和机遇。在这个案例中，市民对民宿的投诉涉及多个方面，包括服务质量、消防隐患、无理由扣押金以及扰民等。这些问题不仅影响了市民的个体体验，也反映了民宿产业在快速发展中可能存在的监管漏洞和产业发展问题。政务热线作为政府与市民之间的桥梁，能够及时响应市民的诉求，但在处理此类跨领域问题时，往往面临部门间协调不畅、信息不对称等问题，导致投诉处理部门与行业监管部门之间的脱节，使得个体的投诉难以引起产业监管部门足够的重视。然而，政务热线拥有大量的数据资源优势，可以通过对同类诉求的有效分析，更全面地了解民宿产业存在的问题。这种数据分析不仅能够帮助政府发现产业发展的痛点和难点，还能够为政府制定更精准的产业政策和监管措施提供有力支持。

政务热线在城市治理中经历了从接诉即办到"未诉先办"，再到"主动治理"的转型过程，体现了其不断完善和创新机制的决心。为了更有效地服务市民和提升政府治理水平，政务热线正在采取以下关键措施。

一是数据参谋决策。政务热线正努力发挥其数据价值，计划建立城市治理投诉大数据共享平台。这将有助于探索如何利用热线数据增强城市治理能力，并与第三方机构合作，以提高问题分析、研判和防范的精准性、前瞻性。

二是技术应用与场景分析。通过智能分析和大数据技术，政务热线将对多维度、全景性的数据进行深入分析，以科学的方式识别市民的热点和难点问题。这将为社会稳定、经济发展和政府的科学决策提供有力支撑。

三是提升社会治理效果。政务热线不仅关注个体问题的解决，还致力于提高社会治理的针对性和有效性，为政府决策提供辅助。

四是发挥枢纽作用。政务热线正主动与市场监管、城管、环保、人社等部门建立联系，旨在提高跨部门的管理能力。同时，与纪检、组织部门联动，强化监督考核；与人大、政协合作，推动提案立法和法律政策的完善，从根本上解决市民所关心的问题。

总的来说，政务热线在城市治理中的角色日益突出。通过机制完善、创新、数据决策支持和部门间协作，政务热线正努力满足市民需求，提高政府治理效率，为城市的和谐与进步贡献力量，从而让人民群众感受到更加充实的获得感、幸福感和安全感。

五 结语

政务热线作为政府与公众之间的重要沟通桥梁，其角色定位及功能转型对于提升国家治理体系和治理能力现代化具有深远意义。为了更有效地服务这一目标，政务热线需要在多个层面进行改进和优化。

首先，政务热线必须确立清晰的战略定位。这要求政务热线明确自身在政府服务体系中的角色和功能，不仅要作为信息传递的通道，更要成为解决问题、提供服务的平台。通过精准定位，政务热线能够更好地整合资源，提供针对性强的服务，满足公众的多元化需求。

其次，资源配置的优化是政务热线转型的关键。这包括人力资源、技术资源和管理资源等多个方面。例如，通过引入智能化技术，政务热线可以提高服务效率和质量；通过优化人员配置，可以提升服务团队的专业性和响应速度；通过改善管理机制，可以确保资源的有效利用和服务的持续改进。

再次，完善的管理机制是政务热线高效运行的重要保障。这要求建立健全各项规章制度，确保服务的标准化、规范化和流程化。同时，还需要建立有效的监督机制和激励机制，以确保服务质量和效率的不断提升。

最后，政务热线的转型需要得到生态体系的支撑。这包括与其他政府部门、社会组织、媒体机构、学术机构的协同合作、与社会各界的广泛联系以及与国际先进经验的交流借鉴等。通过构建良好的生态体系，政务热线可以拓展自身的服务范围和影响力，更好地发挥其在国家治理中的重要作用。

政务热线通过找准角色定位、加快转型，可以成为"便捷高效的服务平台"，为公众提供及时、准确、高效的服务；成为"协同治理的重要枢纽"，促进政府各部门之间的协同合作和信息共享；成为"精准治理的有力支撑"，为政府决策提供科学依据和数据支持。这些努力将共同推动国家治理体系和治理能力现代化的进程。

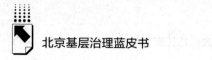
参考文献

1.《国务院办公厅关于进一步优化地方政务服务便民热线的指导意见》（国办发〔2020〕53 号）。

2.《2023 全国政务热线服务质量指数评估报告》，中国信息协会、清华大学数据治理研究中心、才博智慧治理研究院 2023 年 9 月 20 日发布。

3. 沈彬华、张强主编《北京接诉即办改革发展报告（2022～2023）》，社会科学文献出版社，2023。

数字技术驱动下的区域数据协同治理：
价值审视与逻辑理路

蒋敏娟*

摘　要：　区域政府数据共享是区域协同发展的前提。随着数字技术的飞速发展，数据共享面临前所未有的机遇。数字技术不仅为数据共享提供了数字化共享平台，还显著提高了区域协同治理的效率。此外，数字技术还有望解决数据共享的风险和安全问题，降低交易成本。数字技术推动区域数据协同治理的内在逻辑在于理念革新下，深度融合主体、资源和技术要素，引发组织结构和流程模式的变革，以"点—线—面"逐步递进的内在逻辑，通过"赋能增效"为区域数据协同治理提供动力。

关键词：　数据共享　区域数据协同治理　技术驱动

一　引言

数据作为 21 世纪的"新石油"，是一项重要的战略性资源。目前我国信息数据资源 80% 以上掌握在各级政府部门手中。作为国家数据资源的重要组成部分，政府数据是支撑国家治理体系和治理能力现代化的重要基础。近年来党中央、国务院高度重视政府信息及数据资源的共享与开放，政府数据共享工作得到了前所未有的关注。2017 年 12 月 6 日，国务院常务会议提

---

* 蒋敏娟，管理学博士，中国社会科学院大学政府管理学院教授，国家治理与社会组织研究中心副主任，主要研究方向为数字治理、跨部门协同等。

出要"加快推进政务信息系统整合共享"。2021 年《中华人民共和国国民经济和社会发展第十四个五年规划和 2035 年远景目标纲要》强调要"推进数据跨部门、跨层级、跨地区汇聚融合和深度利用"。2023 年新一轮的党和国家机构改革中首次提出要在中央层面组建国家数据局，负责协调推进数据基础制度建设，统筹数据资源整合共享和开发利用。在区域治理层面，区域政府数据的共享既是区域协同发展的前提也是协同的难点。只有突破了区域治理中的数据壁垒，才能真正推进区域协同向纵深发展。广泛的数据连接与数据交互蕴含着巨大的治理价值，能够减少区域内的信息不对称，降低区域利益博弈成本，是区域一体化融合背后的重要推动力。

随着互联网、大数据、区块链、人工智能等新一代信息技术的发展，人类生产、生活方式发生了巨大的变化。数字技术不仅对经济发展，更对资源配置方式、政府治理及区域治理模式等各方面产生了深远的影响。"数字技术对治理的赋能"逐渐成为学界的共识。一些学者研究了数字技术对基层治理的赋能[1]，还有的学者研究了新一代信息技术驱动下资源环境协同管理的逻辑[2]等。那么新的时代背景下，数字技术是否能为区域数据协同治理提供新的发展契机？对这一问题的探索及系统研究有助于解决目前普遍存在的跨域数据共享难的问题。本文从理论层面对数字技术驱动区域数据协同治理的价值及运作逻辑等重要问题进行论述，以期深化数字技术发展与区域数据共享的关联认知，为大数据时代的区域数据协同治理提供新的思路和发展路径。

二 数字技术驱动区域数据协同治理的价值审视

无论是信息的共享还是数据的共享对于政府任何一级部门来说，都是难点。但是大数据时代，随着新兴技术的发展，数据共享得到了更多的发展机

---

① 陈天祥、蓝云、胡友芳：《双重嵌入：以数字技术打破基层治理中的条块分割》，《江苏行政学院学报》2023 年第 1 期。

② 陈晓红、张威威、易国栋等：《新一代信息技术驱动下资源环境协同管理的理论逻辑及实现路径》，《中南大学学报》（社会科学版）2021 年第 5 期。

遇，数字技术减少了横向部门之间的信息壁垒，支撑了部门间协同，强化了政府运作的整体性。① 数字技术的交互性、高度适应性及迭代性等特点使其具有强大的数据关联、汇聚、传输及整合与转化的能力，为区域数据共享提供了新的发展契机。

（一）数字技术为数据共享提供了新型平台

大数据、云计算、物联网等数字技术不仅改变了人们的工作方式、学习方式、娱乐方式和思维方式，更重要的是为人类的信息需求创造了一个"第二生存空间"。在这个空间里人类的一切活动轨迹都被数字化，数据极大丰盈，并成为继土地、资本、劳动力、技术之后的第五大生产要素。随着大数据技术迅速发展，社会数据总量急剧增长。其中，与政务信息相关的大数据更是呈现爆炸性的增长趋势，占据了高达80%的社会数据总量。大规模的信息量对政府的信息储存与传输能力提出了更高的要求。在传统的技术条件下，由于存储空间的限制，信息传输和共享面临诸多困难，大量的数据资料无法有效地传输，数据传输速度过慢，导致信息的时效性大打折扣，这不仅影响了工作效率，还制约了数据价值的充分发挥。

大数据平台的出现为数据共享提供了更多的可能，作为一个系统性的有机体，平台包含了对数据的采集、汇聚、整理、分享和开发利用等多种功能，具有整体性、开放性、功能性等多维的特点。大数据平台彻底改变了原有的数据共享模式，将原来数据共享中一对一或一对多的关系转变为多对一的依赖关系，即从之前的部门与部门之间的依赖关系转变为部门对数据平台的依赖关系。通过共享数据库以及开放数据获取权限、促进数据流动等方式，各个部门之间可以更加方便地获取所需数据，从而更好地履行自己的职能。"在不改变政府传统职能部门专业分工的现实情况下，借助于'互联网+现代信息技术'，可以实现数据的集成式

---

① Enrico Ferro & Maddalena Sorrentino, "Can Intern Municipal Collaboration Help the Diffusion of E-government in Peripheral Areas? Evidence from Italy", *Government Information Quarterly*, Vol. 28, No. 1, January 2010, pp. 17–25.

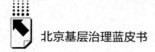
共享，通过部门数据信息在线上平台的高速流通和交互融合实现部门的工作协调和深度合作。"①

（二）数字技术提高了区域数据协同治理的效率

数字技术具有诸多传统数据处理模式无法比拟的优势。

首先，利用大数据采集技术，政府可以实现数据的全流程收集，从源头到终端全覆盖，为政府决策提供坚实的数据基础。例如，借助射频技术、信息传感设备等物联网技术，政府可以实时监测和采集各类数据，确保信息的实时交换与通信。

其次，数字技术提高了信息交流和传递的速度。"在传统的电子政务时期，政府信息资源的传递速度缓慢，政府部门信息收集、保存以部门为中心。当某一部门需要另一部门的信息数据时，只能通过一事一议的方式，经过烦琐的申请和审批程序获得相关数据。这种封闭式的模式，不仅固化了数据信息流动的渠道，形成数据相互割裂、条块分布、彼此独立的不良状态，而且由于数据之间无法互通，进而失去数据原有的治理价值。"② 大数据拥有快速处理数据的特征，使政府大量信息资源在短时间内得到处理成为可能。"利用大数据的整合功能，可以将海量的数据资源存储在一个统一的数据中台，对信息实行统一的管理，并实时更新。当某个部门有信息需求时，只需要登录这个数据平台就可以获得所需要的信息。数据中台作为信息传递的媒介，降低了政务数据接收和传输的时间成本，为政务数据共享奠定了最佳的基础。"③

最后，基于标签云技术、历史流技术和空间信息流等新兴技术，数据的可视化程度得到极大提高。数据以更生动、更易于理解的方式展示出

---

① 陈国权、皇甫鑫：《在线协作、数据共享与整体性政府——基于浙江省"最多跑一次改革"的分析》，《国家行政学院学报》2018年第3期。

② 沈费伟、诸靖文：《数据赋能：数字政府治理的运作机理与创新路径》，《政治学研究》2021年第1期。

③ 何振、邓春林等：《电子政务信息资源共享：模式选择与优化》，高等教育出版社，2014，第66页。

来，帮助决策者更好地理解数据的含义和关联。可视化技术节省了人们对数据进行理解和解释的时间，大大提高了办事效率，推动了数据驱动的决策和创新。

（三）数字技术为降低区域数据共享的交易成本提供了可能

交易成本是政府治理成本的重要组成部分，威廉姆森提出："交易成本是信息搜集、监督、制度运行、决策等过程中所产生的成本。……交易成本政治学理论认为，由于各方认知的有限性、地位不平等性、政治合同不完全性和委托代理之间的信息不对称，政治过程中可能会产生很高的交易成本，使组织间的集体行动陷入困境。从成本收益及理性经济人的角度来看，目前政府跨部门数据协同动力的不足来自对成本收益的比较。"[1] 虽然区域协同行动对于解决跨域公共问题、促进公共价值的实现具有明显的促进作用，但是区域内理性的组织与个人还是会从组织利益最大化的角度出发做出最有利于本部门的决策。Gil-Garcia 等认为："作为公共部门的政府也有自利的本性，也会在数据共享与业务协同过程中衡量利益得失。"[2] "如果成本大于预期收益，跨部门协同的阻力自然就会增加；反之，如果成本小于预期收益，跨部门协同的动力就会增强，进而跨部门协同达成的概率就更高。因此，提高跨部门协同效率的关键在于有效地降低协同治理的交易成本。"[3]

达尔曼将交易成本分为五类，即收集信息的成本、协商与决策的成本、契约成本、监督成本与转换成本。[4] 阿尔钦提出在信息收集的基础上还需要

---

① 奥利弗·威廉姆森：《交易成本经济学的自然演进》，《西安交通大学学报》（社会科学版）2011 年第 4 期。

② J. R. Gil-Garcia, T. A. Pardo, and G. B. Burke, "Government Leadership in Multi-sector IT-enabled Networks: Lessons from the Response to the West Nile Virus Outbreak", Paper presented at "Leading the Future of the Public Sector" –The Third Transatlantic Dialogue, Newark, DE, 2 June 2007.

③ 蒋敏娟：《中国政府跨部门协同动力及困境探析——以成本-收益为视角》，《湖北行政学院学报》2018 年第 5 期。

④ C. J. Dahlman, "The Problem of Externality", *Journal of Legal Studies*, 22, 1979, pp. 141–162.

对信息加以整合，而"加工信息也是一种费用高昂的活动"。① 据此，数据共享的行动达成也需要考虑收集数据的成本、对数据进行整合加工的成本、针对共享契约的谈判与协商决策成本、数据传输的成本、监督数据使用的成本及调适契约的成本等。大数据时代互联网技术、物联网及人工智能等新技术的发展为实现降低治理交易成本提供了可能，政府部门在互联网空间及云端的数据共享和实时协作，有效地降低了政府部门线下收集数据及储存数据的成本，同时还能以数据的线上快速流通和深度协作降低数据传输的成本及沟通交流协商的成本等。

（四）数字技术有望解决区域数据共享的风险与安全问题

数据共享中的数据泄露、数据滥用等安全问题是阻碍数据共享的顽疾。大数据时代信息技术的发展有望解决政府数据资源共享的风险问题。

首先，大数据时代的平台式数据共享将传统数据传输过程中部门承担的风险转移到协同平台，从而在一定程度上避免出现部门为规避数据安全风险而降低参与区域数据跨部门共享积极性的情况。同时，数据共享平台作为数据交流与沟通的媒介，可以清晰地展示数据流动的路径，并将最终数据共享情况反馈给数据提供部门。

其次，随着数字认证、入侵检测、防火墙以及内外网隔离等信息安全技术的发展，大数据平台的安全性也在不断提高。当共享平台跨越多个不同的网络进行数据整合时，可以使用内外网隔离技术进行局域网之间的逻辑隔离，对数据中心的内外网采取物理隔离。在数据共享和交换的过程中，可以使用数字认证技术明确数据使用者身份及权限。数字认证技术是运用对称和非对称密码体制等密码技术建立起来的一套严密的身份认证系统。通过数字认证技术，可以对网络上传输的信息进行加密和解密、数字签名和签名验证，防止未授权的用户获取或篡改信息，确保网上传递信息的安全性、完整性。

---

① A. A. Alchian, "Information Costs, Pricing, and Resource Unemployment", *Economic Inquiry*, 7 (2), 1969.

防火墙技术可以大大降低数据网络受外部攻击的可能性，保证内部网络的稳定有效运行。"基于云计算技术的分布式数据存储系统，具备高度的容错机制，能够对'云'中的各种资源进行有效的、严格的控制与配置管理，通过高度集中化的数据管理和计算节点同构可互换等措施来保障服务的高可靠性，确保数据更安全的存储，防止数据的泄露以及非法使用。"①

最后，区块链、物联网、人工智能技术等可以有效预防风险的发生。借助人工智能技术和物联网可以实现对数据的识别、定位、跟踪与监管，及时发现数据开放共享的问题与风险，实现对信息的动态监管。区块链技术的去中心化、共识机制、非对称加密算法等特点，可以实现对政务数据的全流程追溯，防止数据被篡改和伪造，保障数据的安全。

三 数字技术驱动区域数据协同治理的逻辑理路

在数字时代，新一代数字技术驱动区域数据协同治理的内在逻辑机理是理念革新下主体要素、资源要素和技术要素的深度融合，推动组织结构的嬗变和流程模式重组，从而实现数据治理的网络化变革、集成化变革和协同化变革，以"点—线—面"逐步递进的内在逻辑，通过"赋能增效"为区域数据协同治理提供动力（见图1）。

（一）理念革新：数字技术驱动区域数据治理从"条块思维"向"资源整合"转变

理念是指人们对于某一事物或观念的深入思考和认知，它是一种观念或者思想，通常表现为一种信仰、价值观或者世界观，是人类认知从表面到理性的升维，也是指导人们行为和决策的重要依据。数字技术的发展与应用促进了区域数据治理价值认知的重构。"治理变革虽然在实践层面表现为旧技

---

① 王娟、杨现民、高振等：《大数据时代教育政务数据开放共享的监管机制》，《现代远程教育研究》2022 年第 3 期。

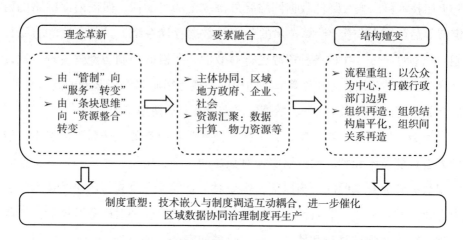

图1　数字技术驱动区域数据协同治理的内在逻辑机理

资料来源：笔者整理。

术迭代和新技术出场，但实质上则源于技术对管理者改革意志和意愿的撬动，思维是改革与创新的'触发器'，改革的结果也受此影响。"① 易言之："数字技术对政府治理能力的提升，首先体现在公共管理者理念的变化。数字技术促进政府理念逐渐由'管制'向'服务'转变，由'条块思维'向'资源整合'转变。"② 传统区域行政事务管理模式中，各种公共事务按照行政边界、职能分门别类管理，造成职责的交叉与冲突。数字时代，数字技术的连接、整合、平台等特性颠覆了传统的政府管理思维，政府开始积极主动地寻求将群众的需求作为治理的出发点，运用系统全面及数字化的方式提升公共服务的供给效能。

例如在京津冀协同发展中，三地政府顺应数字时代的发展要求，从群众需求出发，加速推进跨行政区政务服务的办理。2023年4月27日，北京市政务服务管理局、天津市人民政府政务服务办公室、河北省政务服务管理办公室联合印发的《京津冀政务服务"跨省通办"专区工作规则》强调："进

---

① 胡业飞：《国家治理与创新的长周期演化：对技术治理的重新理解》，《学海》2021年第3期。
② 齐丽斯：《智慧城市发展对我国政府管理创新的影响》，《人民论坛》2015年第8期。

一步推动更多政务服务事项纳入各渠道京津冀政务服务'跨省通办'专区，以统一提供服务，持续提升'跨省通办'质效，便利企业群众异地办事。"截至目前，已经实现了 200 多个高频事项的跨省通办。跨省经营的企业足不离京，就能领到天津的营业执照。京津冀三地各统筹区参保人员，在京津冀区域内所有定点医疗机构住院、普通门诊就医、购药等，不用办理异地就医备案手续即可享受医保报销待遇。"跨省通办打破了传统的行政区域划分，通过数字技术弱化了地域的限制，构建了一个全新的治理领域——数字边界，进而将治理的单元从行政区转向更为灵活、高效的'数字单元'。"① 这样的转变不仅提升了治理的效率和响应速度，更为各级政府带来了新的治理思路和模式。随着区域数据资源整合与共享范围的扩大，数据将进一步发挥其经济与社会价值，为区域协同治理创新发展带来新的发展契机。

（二）要素融合：利用数字技术实现以"连接"促"共享"的互联互通

条块分割、属地分立管理的体制是制约区域数据共享的重要因素。区域数据资源分布广泛，既横跨多个行政区域，也涉及众多管理部门。由于缺乏统筹规划，区域不同行政主体、不同部门都建有各自专门的信息系统。尽管在这些系统中积累了大量的数据资源，但由于体制机制的制约和技术的局限性，数据的安全共享面临挑战，数据连接的路径受阻，无法形成有效的协同效应。"这导致区域与区域之间、部门与部门之间、政府与企业和公众之间的合作变得困难。即使各方有合作的意愿，也难以找到合适的途径和方式来实现。"②

数字时代以物联网、云计算、大数据、区块链、人工智能等为代表的新一代信息技术开启了万物互联的时代，将政府、企业、民众、社会组织主体

---

① 锁利铭：《数据何以跨越治理边界　城市数字化下的区域一体化新格局》，《人民论坛》2021 年第 1 期。

② 陈晓红、张威威、易国栋等：《新一代信息技术驱动下资源环境协同管理的理论逻辑及实现路径》，《中南大学学报》（社会科学版）2021 年第 5 期。

和数据资源、计算资源、物力资源等连接在一起，从而促进治理主体的协同演化和资源的互联互通。例如物联网（Internet of Things，简称 IoT）技术通过将各种物理设备、车辆、建筑物以及其他具有电子设备或软件的系统相互连接，形成一个庞大的网络。这种网络不仅极大地拓展了互联网的应用范围，使得人们能够更加便捷地获取和交换信息，而且它还为数据处理的智能化提供了可能。相比传统的信息通信技术，物联网高度智能，感知更为全面、互联互通更为透彻、智能程度更为深化，这使得用户不仅可以随时随地获取物体的数据信息，还可以实时接收、发送和分析信息，并通过智能处理数据信息得到的分析结果来对联网对象进行控制；云计算则具有超前的计算能力和存储能力，它可以基于远程的云端平台分析处理数据，为用户提供弹性、灵活的计算资源，使得每位用户都能通过互联网获得无限的信息和资源，而且没有时空的约束；而以人工智能等为代表的数据智能技术，通过快速地对数据进行整合、分析和匹配，可以很好地解决信息在纵向传送时的数据丢失和横向传送时的信息拦截等问题。① 可见，技术进步所产生的工具革命和功能转换直接改变了政府的能力范围，使得碎片化的数据连接更为便利，为共享提供了更多的可能。

（三）结构嬗变：数字技术促进业务流程和组织结构的升级再造

数字技术的应用改变了区域治理的物质和技术基础。数字技术从源头嵌入治理过程，倒逼区域政府治理结构的变革，促使政府职能重塑和角色重新定位，向整体型政府迈进。大数据等新一代信息技术在政府治理中的应用与早期电子政务时期互联网技术的嵌入不同，后者虽然实现了一定程度的信息数据化及办公自动化，提高了政府内部的管理效率。但是"这一过程仅仅是将政府自身的存在形态进行了空间上的扩展即从物理存在扩展到网络空间，政府内部原有的组织结构和信息系统并没有发生结构性的转变"，传统的层级结构和决策流程仍然存在。换言之，"早期互联网等信息技术的运用

---

① 韩啸：《让信息流动起来：人工智能与政府治理变革》，《社会主义研究》2019 年第 4 期。

大多停留在表面，而没有深入组织结构的内核。缺乏顶层设计加之碎片化的发展模式导致管理混乱，电子政务整体发展成效并不明显，业务部门林立、条块分割严重，整体信息化思维单薄，在力图解决孤岛问题的同时，形成了新的孤岛"。①

数字时代新一代信息技术将通过传导机制由外向内打破政府行政系统原有的平衡，对原有的政府业务流程和组织结构形成冲击。政府利用新一代信息技术，通过标准的制定、接口的开放和服务整合，构建了一个强大的数字平台系统，将数据、服务、技术和人员紧密地连接在一起，形成了一个以公众需求为核心的全新工作流程，打破传统政府职能的部门边界，实现了数据共建与共享。"公共数据平台、政务服务平台、协同办公平台、政务中台等政务信息系统在各个层次进行整合，突破各级政府部门之间以及政府和社会的交流壁垒，实现跨地区、跨部门、跨层级的协同。"② 基于数字技术的支持，组织内部的通信和监控协调能力得到增强，政府层级被压缩，组织结构更趋扁平化，进而走向更加精简的一体化政府或整体政府。实践中的一个典型表现就是各地方政府为推进数据的共享、开放和应用，相继开展了机构改革，并建立起大数据管理机构。如广东省在撤并和调整了"省直各部门 44 个内设信息化机构的基础上组建了广东省政务服务数据管理局"；作为新的政府内设机构，贵州省大数据发展管理局亦整合了贵州省经济和信息化委员会及省信息中心等多个有关公共信息资源整合与应用部门的职责。"截至 2023 年，全国几乎所有的省级行政区均设立了专门的大数据管理机构，这些机构的成立充分体现了'数字化技术引发职能整合与机构重塑'这一命题。"③

---

① 翟云：《"十四五"时期中国电子政务的基本理论问题：技术变革、价值嬗变及发展逻辑》，《电子政务》2021 年第 1 期。
② 胡玉桃：《数字化转型视野下的地方政府数据协同治理》，《学习与实践》2021 年第 6 期。
③ 姚清晨、郁俊莉：《嵌入与变构：数字化技术重塑政府治理体系的逻辑及其基层困境》，《甘肃行政学院学报》2021 年第 5 期。

（四）制度重塑：数字技术赋能倒逼区域数据协同治理制度再生产

"在国家治理情境下，国家特有的政治语境和制度设计影响着新技术在治理体系中的应用效果，有效的治理是国家长治久安的关键，其根本上受制于国家治理背后的制度环境。"[1] 大数据等数字技术驱动区域数据协同治理的内涵可以解释为技术嵌入与制度调试之间的互动耦合，从而推动治理关系的重构。也就是说数字技术在应用于区域数据协同共享的情境中，在推动现有组织结构和治理流程变化的同时也为制度优化提供了新的空间和新的机遇。

从大数据等数字技术嵌入政府治理的过程来看，技术应用的后期必然遭遇"制度瓶颈"，技术逻辑与旧有的科层制逻辑之间的矛盾与冲突将产生结构性张力。为了让数字技术在区域数据协同治理中能够最大化地发挥效用，决策者必须进行制度的调适与重塑。例如"基于开发应用逻辑的数据共享，使得区域协同不再是完全依靠行政力量推动，而是由统一的治理目标或原则促成"，从而形成以需求为导向的制度再生产。京津冀区域为发展数字经济，加快了数据产权制度和收益分配等制度的先行先试。北京市发布《关于更好发挥数据要素作用进一步加快发展数字经济的实施意见》的通知，明确提出要"建立结构性分置的数据产权制度，建立数据要素由市场评价贡献、按贡献决定报酬的收益分配机制"。河北省 2022 年 7 月正式实施《河北省数字经济促进条例》，明确推进京津冀三地新型基础设施建设标准、布局和应用协同，推进与京津执行统一的数据技术规范，实现公共数据系统的兼容。可见，"技术应用是引发制度变革的触发机制，也是实现制度变革的支持性因素。从根本上来说，制度再生产的阶段要求行动者自觉地根据技术应用所提供的逻辑和规则来推动制度变革，从而充分发挥技术应用在提高组织运行效率等方面的潜力"。[2]

---

[1] 俞可平：《论国家治理现代化》，社会科学文献出版社，2014，第4~5页。

[2] 郁建兴、陈韶晖：《从技术赋能到系统重塑：数字时代的应急管理体制机制创新》，《浙江社会科学》2022年第5期。

四 讨论与结论

大数据等数字技术是推动区域数据协同治理的催化剂，作为新的治理工具和价值载体，数字技术触发理念革新，并通过嵌入实现要素的融合、组织流程重组及组织结构的再造，进而催生区域协同治理新机制的产生。总体来说，数字技术驱动区域数据协同治理变革的关键在于是否能将数字技术有效嵌入数据治理体系之中。由于区域数据协同治理受制于区域的行政边界，相关管理制度也表现出较强的刚性和韧力，而技术结构和工作结构则相对柔性，且与具体的工作处理流程有关，因此能够被信息技术重塑和改造。但是，也应该看到，数字技术的驱动与区域数据治理改革并不是简单的线性关系，技术既具有创见性，又具有局限性（例如人工智能技术既能够实时收集和处理数据，也极易引发数据和信息的泄露，对数据安全造成威胁）。技术发挥作用如何还取决于制度环境，正如简·芳汀所说："信息技术能否得到执行取决于官僚体制、规范准则、文化风俗等制度性因素。"[①]

因此，一方面不能过分强调数字技术在区域数据协同治理中的作用；另一方面也应该认识到数字技术的发展为解决长久以来普遍存在的"数据孤岛"问题提供了新的发展契机与解决方案，有可能带来颠覆性的创新。数字时代的区域数据协同治理需要将数字技术变为"可执行的技术"，挖掘其在治理模式创新中的作用，助力区域治理体系和治理能力的现代化。

---

① 〔美〕简·E. 芳汀：《构建虚拟政府：信息技术与制度创新》，邵国松译，中国人民大学出版社，2010，第3~15页。

B.19
以"群众诉求"助推京津冀
公共服务精准协同

高艳　彭诗剑　王凤鸣*

摘　要：　人民群众是实现京津冀协同发展的重要主体和决定因素。"山河大学"呼声的背后，是群众对京津冀公共服务进一步协同发展的诉求表达。在"尽力弥合"的十年协同中，京津冀公共服务整体发展不平衡问题有明显缓解，但内部仍然存在一定落差。基于京津冀整体视域，从人口指标入手，发现京津冀公共服务协同困境与内部单向强虹吸高度相关，这也导致京津冀整体被外部弱虹吸的端倪初现。因此，需要大兴调查研究之风，精准捕捉并主动响应群众诉求，深化联动机制，借鉴长三角一体化的精细经验，精确提供均等化的公共服务，推动公共服务进一步的精准协同。

关键词：　群众诉求　京津冀协同　公共服务协同　虹吸效应

2023年，习近平总书记在河北考察并主持召开深入推进京津冀协同发展座谈会时提出，要推动京津冀协同发展不断迈上新台阶，努力使京津冀成为中国式现代化建设的先行区、示范区。总书记强调，要加快推进公共服务共建共享，推进京津冀协同发展最终要体现到增进人民福祉、促进共同富裕上。由此可知，基于群众需求，进一步推动公共服务精准协同，是京津冀协同发展要迈向的"新台阶"。京津冀协同下一个十年工作的重点之一就是使

---

* 高艳，博士，中国计量大学人文与外语学院教授，河北地质大学区域制度研究中心研究员，主要研究方向为区域制度比较、数字化治理；彭诗剑，河北地质大学区域制度研究中心硕士生；王凤鸣，博士，河北地质大学区域制度研究中心教授，主要研究方向为区域制度比较。

公共服务进一步精准回应群众的诉求，推动公共服务与经济发展的深度协作和良性互动，从而提高京津冀区域的整体实力。

一 从"山河大学"看群众的公共服务诉求

自 2023 年 6 月始，一所名为"山河大学"并面向山东、山西、河南、河北"山河四省"招生的虚构高校在网络上火了起来。越来越多的人加入了这场幽默而不失严肃的办学讨论中，畅谈自己的教育理想。"可与北京高校合作增强师资""扩大面向河北省的招生指标""优化大学宿舍硬件环境"等观点代表了普通群众对教育公平的理解、希冀和构想。同年 7 月 6 日，在国新办"权威部门话开局"系列主题新闻发布会上，教育部副部长吴岩就虚构的"山河大学"话题主动回应，并表示，教育部将不断优化高等教育资源的布局结构，扩大高等教育资源的规模，优化高等教育的类型结构和区域结构。

一方面，"山河大学"网络爆火是教育协同的直接诉求。网友们对"山河大学"的畅想，是以河北为代表的"山河四省"群众对优质高等教育资源期盼的直接表达。河北省总人口超过 7400 万，作为高考大省、人口大省，却不是优质高等教育大省。优质高等教育资源极为匮乏，其对区域经济社会发展的支撑不足，深刻影响着区域经济发展的质量，引发群众对真正实现京津冀教育协同的迫切诉求。另一方面，"山河大学"网络玩梗是公共服务落差的现实写照。"山河大学"的梗表面是谈高等教育，其实背后也揭示了包括高等教育在内的公共教育、公共医疗、社会保障服务等公共服务存在的落差，反映了在协同发展格局中处于弱势地位的地区群众对公共服务协调发展的强烈需求。

二 京津冀公共服务协同发展的成效与落差

京津冀协同发展国家战略实施十年以来，特别是公共服务协同发展任务提出以后，中央及京津冀三地政府切实积极努力地扩大公共服务供给，十年来，通过创新体制机制和出台各种政策，以及推动共建共享公共服务"跨省过河"、全面融合并"尽力弥合"三地之间的公共服务差距，取得了一系列明显成效。但不可否认的是，三地公共服务尚存在进一步协同的空间。

（一）"尽力弥合"中发展不平衡有明显缓解

"尽力弥合"以承认京津冀之间存在公共服务落差为基本前提，以确保公民在不同地区享有平等条件的公共服务为核心理念，以解决不同地区公共服务分配不均衡甚至不公平问题为根本宗旨。公共服务协同努力是实现京津冀地区公共服务均等化、有效弥合区域发展差距的重要举措。经过"尽力弥合"的努力，京津冀三地公共服务水平差距较之以往得到了历史性的改善，基本实现"河北与京津的公共服务差距明显缩小，区域基本公共服务均等化水平明显提高，公共服务共建共享机制初步形成"的中期目标。2022年，京津冀区域共享发展指数为132.8，比2021年提高3.3[①]，人均基本公共服务预算支出变异系数值从2014年的0.52下降到2022年的0.46[②]，三地公共服务差距相对缩小。

具体来说，在教育协同发展方面，津冀来京集中培训师资51000余人次、挂职跟岗师资4700余人次，北京市中小学校与河北省23个贫困县的学校建立了160余对"手拉手"帮扶合作关系。[③] 北京援建的雄安北海幼儿园、雄安史家胡同小学、北京四中雄安校区2023年已开始招生。200余所京津中小学和幼儿园与河北273所学校开展跨区域合作办学，累计成立15个跨区域职教联盟。[④] 其中，在高等教育协同上，已组建22个京津冀高校发展联盟[⑤]，清华大学、中国人民大学等部属高校已对口帮扶河北省10所

---

① 国家统计局：《京津冀协同步伐坚实　区域发展指数进一步提升》，2023年12月28日。
② 叶振宇：《采取精准有效措施　推动京津冀协同发展迈上新台阶》，《中国经济时报》2024年2月28日。
③ 《优质课三地共享　增福祉教育协同》，《北京青年报》2023年5月29日。
④ 《勇担先行示范的重任——京津冀十年协同发展谱新篇》，新华社北京2024年2月25日电。
⑤ 《北京市发改委负责人详解京津冀协同发展"成绩单"》，《新京报》2023年5月29日。

县域高中。依据教育部印发的《推进在京部委所属高校非首都功能疏解方案》规划，中国地质大学（北京）、北京交通大学、北京科技大学、北京林业大学等大学将有序疏解到雄安新区，且预计2025年秋季开始对外招生，到2035年全部搬迁完毕。未来包括中国政法大学在内的北京部分高校也会分批次逐渐搬迁到雄安，以此优化高校的空间布局。

在医疗服务协同发展方面，十年间，京冀、京津实施医疗卫生合作项目约50个，助力提升公共服务水平；50项临床检验结果在京津冀的685家医疗机构实现互认，20项医学影像检查资料在三省市的313家医疗机构试行共享，京津冀4900余家定点医疗机构实现跨省异地就医住院费用直接结算，6500余家定点医疗机构实现异地就医门诊费用直接结算，京津冀三地全面取消异地就医备案。[①] 作为北京市支持雄安新区建设的"三校一院"交钥匙工程之一，雄安宣武医院2023年10月开始试运行接诊。[②]

在社会保障服务协同发展方面，推进京津冀"一卡通"建设，实现了政务服务、就医购药、惠民惠农财政补贴资金发放等7个群众高频应用场景"一卡通用"，京津冀区域社保卡持卡人数已达1.15亿人，基本实现人手一卡，领用电子社保卡人数达8501万人，覆盖74%常住人口。[③] 京津冀社保服务互联互通持续提升，十年来，三地间累计转移接续31万人。联合发布首批《京津冀社会保险公共服务"同事同标"事项清单》，15项社保服务事项实现"同事项名称、同受理标准、同申请材料、同办理时限"。[④] 京津冀"跨城养老"也在加快，截至2023年底，河北省养老机构收住京津户籍老人近5000人，到河北社区养老的京津户籍老人近4万人，京津户籍老人来河北旅居养老达59万人次。[⑤]

---

① 《北京市发改委负责人详解京津冀协同发展"成绩单"》，《新京报》2023年5月29日。
② 雄安宣武医院官方网站，http://www.xionganxwh.com.cn/news/hospital/132.html。
③ 京津冀签署《社会保障卡居民服务"一卡通"合作框架协议》，人力资源和社会保障部官网，2023年12月26日。
④ 《十年来京津冀人社协同发展成果丰硕》，《中国劳动保障报》2024年2月28日。
⑤ 《数说京津冀协同发展十年成效系列报告》，北京市统计局网站。

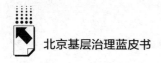
（二）公共服务进一步协同空间仍然存在

"尽力弥合"下，京津冀三地发展不平衡、不充分的状况有明显缓解，但与 2030 年"实现京津冀三地公共服务趋于均衡"的远期目标、与人民群众日益增长的美好生活需要期望相对标，"非均等化"的矛盾仍然存在，京津冀公共服务依然有较大的进一步协同空间。

其一，教育发展水平仍不均衡。以高等教育为例，2022 年，京津冀三地每百万人口拥有普通高校（机构）数分别为 4.22 所、4.11 所和 1.67 所，北京每百万人口拥有普通高校（机构）数是河北的 2.5 倍。[①] 高等教育生均一般公共预算教育事业费支出，京津冀三地分别为 60731.14 元、17831.28 元和 20766.57 元。[②]

其二，医疗卫生服务仍不均衡。2022 年底，京津冀三地人均卫生总费用分别为 16707.2 元、8145.2 元和 4861.3 元。[③] 三地每百万人口拥有三甲医院数分别为 2.9 所、2.9 所和 0.7 所。[④]

其三，社会保障服务仍不均衡。例如，在居民基本医疗保险方面，三地财政补贴分别为每人 2295 元、680 元和 610 元。在最低生活保障方面，河北农村最高为 7320 元/年，城市最高为 9720 元/年，均低于北京（16740 元/年）和天津（11760 元/年）。[⑤] 对于养老机构收住失智失能老年人的补贴，北京市对失智老人每人每月的补贴为 700 元，对失能老年人的补贴为 500 元，天津和河北均对中重度失能老年人的补贴为 300 元。

三 京津冀公共服务失衡困境的虹吸解读

对标 2030 年京津冀三地实现"公共服务水平趋于均衡"的远期目标，

---

① 根据教育部官网公布的《全国高等学校名单》和京津冀三地政务网公布的常住人口数据计算得出。

② 教育部官网《关于 2022 年全国教育经费执行情况统计公告》。

③ 根据京津冀三地《2023 统计年鉴》相关数据整理得出。

④ 根据京津冀三地 2022 年国民经济和社会发展统计公报相关数据整理得出。

⑤ 《2021 中国社会统计年鉴》。

通过供给增量，三地公共服务"断崖式落差"固然得到了显著改善，但进一步协同的空间仍然较大，存量不平等仍然明显。公共服务一体化的协同，关系到人口、资本等要素能否在区域内部"流得动"和"留得住"。[1] 从人口这一敏感要素入手，跳出机制分析视野，基于京津冀整体视域对公共服务失衡对虹吸维度的原因和趋势进行解读。

（一）京津冀之间的强虹吸效应

当区域之间的资源配置效率差距过大时，虹吸效应便产生了。京津冀在地理区位上曾是一家，但在长期的发展过程中形成了京津两极"肥胖"，河北地区"瘦弱"的现实差距。尤其是北京，作为多功能首都城市，在经济发展领域拥有极强的虹吸效应，拥有的政治、文化中心功能也是其他城市所不具备的，又进一步强化了经济发展的极化效应，最终形成对其他区域单向的虹吸效应。2023 年，京津冀全体居民人均可支配收入分别为 81752 元、51271 元和 32903 元，这过大的极差进一步强化了北京对其他区域单向的虹吸惯性。

即便在协同发展的背景下，通过大力建设高标准的雄安新区，减轻京津冀三地之间的虹吸压力，但具备区位与资源禀赋优势的北京，其强虹吸力量仍然难以撼动，对天津、河北的持续虹吸已形成"惯性锁定"。[2] 人口流动这一敏感指标验证了这一结果，第七次全国人口普查数据显示，2021 年北京外来人口为 841.8 万人，其中河北省来京人口最多，为 255.9 万人，占常住外来人口的 31.1%。在北京强大的虹吸惯性下，河北在产业和人才竞争中处于劣势，发展资源不断流出。公共服务供给与地区经济发展具有高度的正相关性，因此公共服务发展失衡是必然结果。

---

[1]　周京奎、白极星：《京津冀公共服务一体化机制设计框架》，《河北学刊》2017 年第 1 期。

[2]　初钊鹏、王铮、卞晨：《京津冀产业协同发展的理论认识与实践选择》，《东北师大学报》（哲学社会科学版）2018 年第 6 期。

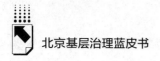

（二）京津冀整体被弱虹吸的态势初现

虹吸效应不仅出现在京津冀之间，也开始出现在作为整体的京津冀与其他经济圈之间。国家统计局数据显示，2022年京津冀占全国 GDP 比重为8.29%，而2012年为9.5%，十年间呈现下降趋势。对比来看，同期长三角占全国 GDP 比重保持相对稳定，2012年为23.7%，2022年为24%。随着京津冀在全国大盘中经济份额减小，区域就业岗位减少，人口开始流出。继2021年负增长29.84万人后，京津冀2022年人口流失规模扩大至42.3万人。具体来看，北京已连续六年常住人口"温和"负增长，2022年人口减少最多，为4.3万人；天津则连续两年净减少人口规模在10万人；河北2022年流失规模较上年接近翻倍，达到28万人。[①]

京津冀整体人口规模减小固然有北方经济发展整体放缓因素和北京2014年开始主动"减量发展"等原因，但区域内公共服务失衡尤其是河北公共服务品质不高也是影响人口"用脚投票"的结果，进而成为区域人口规模缩减的重要因素。基于人口整体流出态势初显，京津冀被质疑正在逐步"东北化"。京津冀整体被弱虹吸，协同不足是主要因素之一。这些迹象表明，为实现协同做出的种种努力并没有解决固有的、京津冀之间的虹吸问题没有让整体实力变强，反而出现了整体人口被弱虹吸的端倪。

四　京津冀公共服务进一步协同的精准路径

进一步协同是解决京津冀之间单向虹吸的重要路径，也是增强区域实力、防范整体被虹吸的重要举措。京津冀公共服务失衡局面的形成非一日之力，因此实现协同也绝非一步可达。居住在京津冀的10967.3万人既是京津冀协同的主体，也理应是京津冀协同的主宰。"群众诉求"原则要求的协同不是政府"自以为"的协同，而是精准回应群众诉求的协同。公

---

① 笔者根据三地统计局公布的数据整理而得。

共服务协同需要采取各种方式和举措，大兴调查研究之风，精准捕捉群众均等化诉求，主动响应、积极回应群众诉求，深化区域协同联动机制改革，精确提供均等化的公共服务，以形成习近平总书记强调的"更为紧密的协同推进格局"。

（一）大兴调研之风精确捕捉均等化需求

习近平总书记指出，要大兴调查研究之风，深入了解群众需求。正确的决策离不开调查研究，正确的贯彻落实同样也离不开调查研究。因此，不论在京津冀公共服务协同的决策和贯彻过程中，还是在了解"群众需要什么样的均等化服务"过程中，都离不开调查研究。应认真听取群众关于公共服务均等化的真话，深入体察人民群众对美好生活的具体谋划以及对公共服务"同城化"和"品质化"的真实诉求，真真正正去研究公共服务供给短板、河北对京津优质公共服务的承接能力以及公共服务共建共享等真问题。调研必须深入广泛，既了解河北人民，也调研京津群众对公共服务协同的共同诉求和共性呼声，还要关注特殊群众的具体诉求，推动解决群众急难愁盼的热点、难点和重点问题，让基本公共服务发展成果更多、更公平地惠及京津冀区域内全体人民，满足人民对美好生活的向往。

（二）"闻风而动"主动响应协同诉求

习近平总书记曾作出"努力做到民有所呼、我有所应"[1] 的重要指示。京津冀公共服务协同发展下的主动响应路径，强调服务态度和效率，要求高效而贴心地倾听群众声音，回应社会需求。[2] 走深走实群众路线，需要不断完善线上线下民意反映、民意互动的多元平台。"接诉即办"正是针对群众"急盼愁难"诉求"闻风而动"，快速响应、快速办理、快速反馈的主动响应机制。在京津冀协同的背景下，既要通过 12345 热线接诉即办机制主动响

---

[1] 《习近平关于社会主义政治建设论述摘编》，中央文献出版社，2017，第 49 页。
[2] 杨胜利、姚健：《城市群公共服务资源均等化再测度与思考——以京津冀为例》，《公共管理与政策评论》2021 年第 3 期。

应区域内的具体事务，更要通过区域协同机制响应群众对公共服务进一步协同的宏观诉求，诸如对"山河大学"的呼声、河北老人对养老补贴均衡的希冀以及群众在领导留言板里对诸多公共服务均等化的诉求应积极做出回应，努力推动将群众诉求落实为政府行动。

（三）深化联动推进公共服务跨区协同

打破行政区域划分带来的地域壁垒，需要深化区域协同联动机制改革。

首先，创新基本公共服务供给方式，构建以常住人口为重点、以缩小京津冀三地公共服务差距为突破点的区域基本公共服务协同联动机制。根据区域功能、区位定位等客观标准，兼顾经济发展和财力水平，建立区域基本公共服务分担与统筹体系。

其次，针对自主合作的增长可能"导致强者愈强、加剧区域不均衡发展"① 的结果，京津冀联动合作仍需要加强上级政府的有效干预，引导三地摒弃地区本位主义的思想，着手构建京津冀区域统一市场，破除限制生产要素自由流动和优化配置的各种体制机制障碍。同时，改进京津冀区域协同决策机制，一盘棋规划、一条心谋划，实现公共服务协同规划和决策的深度对接。

最后，建立地方政府区域合作的激励机制，加快构建跨区域利益协调机制，明确公共服务跨区协同的相关权责。

（四）借鉴长三角公共服务精细化经验

长三角地区的公共服务一体化指数明显较高，且呈现仍在明显上升的趋势。② 因此，应学习借鉴长三角地区一体化的精细管理经验，在京津冀区域内实现公共服务的精准协同。长三角公共服务一体化以社会保障卡作为载

---

① 王郁、赵一航、江懿婷：《区域公共服务供给政府间合作的选择性策略——以京津冀和长三角城市群为例》，《上海行政学院学报》2024 年第 1 期。
② 武义青、赵建强：《区域基本公共服务一体化水平测度——以京津冀和长三角地区为例》，《经济与管理》2017 年第 4 期。

体，在公共交通、医疗卫生、金融服务等多领域实现一卡多用、跨省通用，通过精细化管理最大限度地缩小公共服务供给上的区域差距。对京津冀而言，既要推进公共服务基础设施跨地区统一规划与建设，又要构建各区域之间公共服务信息畅通的大数据信息服务平台。基础设施和公共服务的互联互通是推进京津冀城市群一体化的重要驱动力。[1] 通过物理空间与网络空间的互联互通，探索构建京津冀区域基本公共服务平台，促进居民异地享受基本公共服务并便捷结算，推动资源均衡分布、合理配置。以全面实施基本公共服务标准化管理来抑制区域发展差距，在操作层面上表现为逐步完善与提升公共服务的构成要素与供给标准，打造区域内结构优化的、可实现资源共享的基本公共服务体系。

---

[1] 刘强、李泽锦：《产业结构升级与区域经济协调发展——来自省域与城市群的经验证据》，《经济学家》2022年第8期。

典 型 案 例 ➤

B.20
北京接诉即办改革基层治理路径创新案例

摘 要： 北京市各基层单位在推进接诉即办改革的过程中，积极通过党建引领，探索基层共建共治、协商共治的新路径，画出为民服务最亮"同心圆"，最大限度地调动社会各界参与社会治理的积极性、主动性和创新性，取得了良好的治理效果。

关键词： 党建引领 共治共享 协商共治 民心答卷

一 东城区前门街道"三以三促"书写接诉即办民心答卷

前门街道位于天安门广场东南侧，辖区内传统商街、平房院落、老旧住宅交织，街区更新、商圈建设、民生改善问题多元，情况复杂。2019 年春节前夕，习近平总书记视察前门东区看望慰问基层干部群众时强调："要解决好大家关心的实际问题，让大家住在胡同里也能过上现代生活。"① 前门街道始终牢记总书记的嘱托，坚守红楼初心，树牢红墙意识，以"正阳门下、金水桥边，微波就是巨浪"的政治站位，用"绣花功夫"提升城市基层治理水平。近年来，前门街道接诉即办年度成绩稳步提升，2022年荣获北京市接诉即办工作先进集体称号，2023年第一季度接诉即办排名连续三个月为全市并列第一。

（一）坚持党建引领，凝聚基层治理"向心力"

前门街道充分发挥街道工委领导统筹作用，强化主动治理，做好"四个服务"。开通领导包案"直通车"，街道主要领导牵头办理中央单位周边环境治理、机动车停放、内部配套设施增项审批等政务需求，全力为中央单位开展工作提供服务保障，2022年累计为7家中央单位提供各类政务服务保障468次。街道处级领导包案负责群众的急难愁盼问题，切实做到关口前移、提级办理，2023年以来累计包案办理群众诉求103件。充分发挥街道党建工作协调委员会作用，统筹辖区32家社会单位资源力量，扩大朋友圈，打造央地协作、街企共建新模式。共青团中央等中央单位主动参与，与街道携手深化"平安守望"志愿服务项目，支持街区垃圾分类工作；同仁堂中医医院等驻街单位热心公益，与街道合作实施"健康守护"资源共享项目，助力辖区居家养老工作；辖区200余家企业积极参与疫情防控、周末卫生大扫除等活动，主动开展爱心帮扶捐赠，形成了共治共享的区域化治理格局。

（二）坚持多元参与，搭建居民诉求"连心桥"

前门街道坚持"居民的事居民议，居民的事居民定"，以小院议事厅为平台，每年开展40余场次"我与群众面对面""项目方案论证会"等议事活动，坚持大家的事商量着办，运用"五民"群众工作法解决好"胡同诉求"。针对

---

① 《习近平关于城市工作论述摘编》，中央文献出版社，2023，第137页。

草厂横胡同西口是否修建便民坡道的问题，一部分居民认为方便自行车穿行是利民好事，另一部分居民认为车辆快速穿行影响自身安全，因而10余人次连续拨打市民热线反映各自的诉求。街道和社区干部先后走访居民34户，组织居民协商恳谈9次，引导"亲望亲好、邻望邻好"情感认同，最终形成了皆大欢喜的建设方案。前门街道充分发挥胡同"知心大姐"的影响力，用百姓的方式解决百姓的事。在大排查大整治工作中发现，草厂九条22号刘先生的房屋是老旧木板墙，外侧堆积了大量可燃物，消防隐患突出。"知心大姐"张丽主动请缨，凭借一双铁脚板、一副热心肠、一张婆婆嘴，最终劝导刘先生同意由物业人员清理杂物。街道主动作为，帮助他对房屋外墙进行加固修缮。修缮后的房屋让房主住着安心，邻居瞧着放心，大家看着舒心。

（三）坚持问需于民，满足民生服务"微心愿"

前门街道坚持用心用情用力办好每个诉求，解决群众身边的烦心事。住在草厂七条32号的韩女士家中煤改电设备异常断电，前门街道快速启动"吹哨报到"机制，房管、供电等部门联合勘查，挖开52米胡同地面查电缆、找症结，多方合力解决了难题，让居民安居心更暖。前门街道通过微整治微提升实现群众的微心愿，开展"美丽院落"项目，完成22个居民院落的整治提升；实施"小夜灯"项目，在172个院落安装夜间照明灯300余盏；新建和改造非机动车车棚5处，安装充电桩94个；依托养犬自律会，制定《居民养犬公约》，设置狗狗便箱35处；开展两轮公共空间提升改造项目，建成7个"口袋公园"；支持居民打造"零废弃环保院落"，让生活乐在其中。2023年累计解决各类特殊群体个性化诉求147个，群众反映的部分院落环境乱、照明和充电设施少、养犬问题多、老年人活动空间不足等问题得到有效解决。正如小院议事厅厅长李彩仙说："街区环境好了，文明程度提高了，老百姓的日子过得有里儿有面儿，这就是老胡同里的现代生活。"

（四）坚持首善标准，擦亮商圈治理"金名片"

前门大街作为中轴线上唯一的广域级商圈，始终坚持"老字号+国潮"

核心功能定位。2023 年以来，消费复苏强劲，人流量屡创新高，前门街道联动各方，切实提升街区创新发展和服务保障能力，确保经济繁荣、秩序井然、低投诉率。前门街道坚持"人人都是营商环境"的理念，积极做好前门商圈企业和消费者的诉求办理。通过紫金专员陪伴式服务，及时解决企业商户的困难与问题；建立街道主导、以街区两大物业为主体的投诉处理机制，及时有效处理消费者的各类投诉。2023 年 1~4 月，前门大街客流量达 747 万人次，12345 热线企业投诉量为零、消费者投诉量低于二十万分之一。前门街道圆满处理了外地游客肖女士的投诉后，肖女士专门从外地寄来了手写的感谢信。信中写道："这次投诉本是北京之行的一个稍有遗憾的小插曲，不承想北京的行政效率如此之高，解决速度如此之快，沟通态度如此之好，让我非常满意。"

点评

东城区前门街道位置重要，情况复杂，责任重大，基础设施更新任务重，民生改善需求大。在这种情况下接诉即办工作如此出色，值得肯定，其工作经验有很多值得学习借鉴之处。

一是以服务促治理。通过为辖区单位、商业企业等提供周边环境整治、机动车停放、内部配套设施增项审批等服务，完善陪伴式服务，建立商业街区投诉处理机制，赢得辖区单位的支持和帮助，为地区治理工作汇聚起最大范围的资源和力量，建构起基层治理同心圆。

二是以协商促治理。坚持"居民的事居民议，居民的事居民定"，把居民摆在诉求办理和基层治理的中心位置，以小院议事厅等为平台，坚持大家的事商量着办，把工作做细做实，探索运用"五民"群众工作法解决好"胡同诉求"等问题。

三是以民生促治理。把居民的烦心事当作最重要的工作，通过启动"吹哨报到"、推进"美丽院落"建设、院落环境提升、小夜灯、口袋公园建设等项目，用心用情用力解决好涉及居民的每一个诉求，如异常断电、照明设施少、充电设施不足、养犬、活动空间不足等问题，从而赢得了居民的信任和认可。

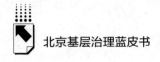

二 西城区广内街道聚焦民生诉求 画出为民服务最亮 "同心圆"

（一）案例背景

广安门内街道地处北京核心区西南，位于西城区中部偏西，辖区面积 2.43 平方公里。以长椿街为界，东片平房区、待拆迁区广布，"拆违"与居民实际使用需求矛盾突出。西片大多为新中国成立初期建设的老旧楼房区，平均楼龄在 50 年以上，大多面临管理缺失、房屋基础设施陈旧、产权复杂等一系列问题，热线诉求大多集中在停车管理、扰民和违法建设等城市管理问题，反映出居民对生活居住环境改善有较为强烈的诉求和愿望。

面对地区群众的迫切需求，广内街道上下勠力同心、攻坚克难，真正做到居民诉求件件有落实、事事有回音。街道从深化接诉即办改革着手，不断创新工作方式方法，通过强化市民热线办理、建立西城区首家多元矛盾纠纷调解中心、打造"百姓会客厅"，切实提升接诉即办案件的解决率和满意率，为地区群众办好事、做实事。自 2019 年接诉即办工作直派街乡以来，街道共办理案件 16261 件，结案率始终保持在 100%。

（二）主要做法

1. 强化基层治理，建立健全热线办理机制，夯实接诉即办工作主阵地

街道始终将接诉即办作为"送上门"的群众工作，认真贯彻《北京市接诉即办工作条例》，落实"吹哨报到"机制，加强市民服务热线办理，筑牢接诉即办工作主阵地。在责任落实上，街道坚持党政主要领导每周两次定期会商，落实处级领导包片包案机制，推进疑难案件处置，先后制定了双派发、双反馈、诉求回访、专人包案、挂账案件督办等工作机制。在快速响应上，建立"三刻钟"响应办理机制，实现能办即办。利用 30 万元党组织服务群众经费建立突发事件应急专项资金进行兜底，及时解决小修小补小患问题。在案件办理上，建立"见件即办""逐步结办""吹哨协办"三类案件办理模式，针对不同案件进行分类处理，加快办理进度。同时，依托大部制改革后街道各部门更为畅通的办件通道、吹哨报到"微信快治群"、街巷治理团队等平台，推动案件办理，让问题"只出现一次"。在未诉先办上，强化分析研判与监管，结合街道意识形态及中心工作，针对重大敏感时间节点、重大舆情热点、重大决策部署、突发事件处置等提前进行分析研判，确保社会面稳定；定期梳理案件办理情况，每月结合区街回访结果进行复盘分析，全方位汇集民意诉求，注意举一反三，实现未诉先办。

2. 以党建为引领，建立多元矛盾纠纷调解中心，探索接诉即办改革法治化新路径

为进一步深化"吹哨报到"改革机制、提升街道"接诉即办"工作效率，街道将《北京市接诉即办工作条例》的落地实施与坚持和发展新时代"枫桥经验"相结合，深入推进人民调解、行政调解、司法调解有机衔接，于2021年7月建立了西城区首个多元矛盾纠纷调解中心，推进接诉即办改革向法治化发展。调解中心在街道工委的统一领导下运行，建立了调解中心临时党支部，充分发挥基层党组织在推进基层社会治理中的引领作用及党员先锋模范作用，推进党建工作与调解工作相互融合。调解中心主任由街道工委副书记担任，司法所所长担任副主任，设专职调解员6人，党员占比达50%。调解中心建立了摸排、对接、联动、会商、培训、直通六项机制，坚持及时排查、预防为主、法理结合三项原则，通过法律咨询、人民调解、治安调解等调解手段，以及窗口接待、上门、线上等调解方式，为有需求的居民开通绿色通道。借助调解中心平台，已成功解决了因邻里恩怨反复拨打热线电话达50余次的矛盾纠纷案。同时努力做到未诉先办，提前调解社区邻里因占用共用空间引发的长期矛盾等。运行以来共计接待人民群众354人次，接待群众来访194起，调解成功形成《人民调解书》43卷，形成口头协议6起，需调解案件占比为28.35%，调解成功率为89%。处理12345热线投诉纠纷17起，未诉先办5起，占调解案件的40%，成功率为81.81%。

收到居民赠送锦旗 12 面、感谢信 1 封，有效提高了辖区市民服务热线满意率与解决率。

3. 立足群众诉求，打造"百姓会客厅"，集中力量深化主动治理及未诉先办

街道将社区服务站的转型升级作为主动发现群众诉求、让群众参与地区治理的重要手段之一，打造了居民事项全受理的社区全响应服务平台——"百姓会客厅"。运用"小切口、微改革"不断完善以社区服务站为核心的社区公共服务体系，以群众诉求驱动城市治理，夯实基层治理架构，提高治理能力。目前，广内地区 18 个社区已全部完成社区服务站综合设置改革，实现"全科社工"全覆盖，以"综合窗口+全科社工"模式，实现 1 人 149 项业务通办，更多人员下街入户掌握居民需求，第一时间解决群众问题。社区服务站的功能也从单一的基本公共服务平台向党务服务、基本公共服务、生活便民服务和公益志愿服务"四务合一"发展，广泛链接地区资源，构建了以"50 项基本公共服务+6 项党务服务"为框架的服务矩阵，寓管理于服务之中，在解决群众问题的同时推进治理改革向纵深发展。在打造社区服务品牌、制定公益服务事项等方面，街道、社区还积极听取群众意见，以群众需求为导向策划社区服务项目实施，实现"群众事情群众商量着办"，有效增进了居民对政府民生实事决策的了解和对各项为民服务措施的认同，进一步提升了群众的获得感。

（三）经验启示

1. 党建引领接诉即办解难题，构建基层党建与基层治理良性互动新格局

在破解基层治理难题、实现治理体系和治理能力现代化上，由街道工委牵头，通过将接诉即办与"吹哨报到"相结合，打通了城市基层治理的"最后一百米"。在探索接诉即办改革的过程中，街道充分发挥党建引领作用，将党的政治优势、组织优势成功转化为城市治理优势，以深化基层党建引领基层治理水平提升，以基层治理成效检验基层党建成果，有效助力基层党建与基层治理形成良性双循环。

2. 创新基层治理平台建设，接诉即办改革得以不断深化

基层作为服务群众"最后一百米"的重要一环，是"手递手、心贴心"最关键的一步，是吸附民意、未诉先办最前沿的阵地。打造"调解中心""居民议事厅"等基层治理平台，为12345热线诉求提供了更多有效解决的途径，将过去由"政府端菜"的治理方式转变为"群众点菜"，居民的各类诉求得到及时关注与响应，居民的获得感与满意度显著提升，热线诉求量明显下降。

3. 服务模式升级优化，群众获得感、幸福感、安全感进一步增强

街道一直致力于回应民意、解决民生、发现民情，始终把群众的事放在心上。街道通过不断推进接诉即办改革，在分析群众的共性诉求中进一步推动街道整体工作进展，在见件即办的同时不断优化、升级街道为民服务水平。通过为失管老旧小区成立物管会、在地区开展停车治理、新建便民服务中心等一系列实打实的工作举措，将困扰居民的难题逐一解决，真正把事儿办到了群众心坎上。

点评

西城区广内街道面对辖区平房区、待拆迁区和老旧楼房区密布，群众诉求复杂的现状，坚持党建引领，将接诉即办视为送上门的群众工作，强化接诉即办热线办理，建立多元矛盾纠纷调解中心和"百姓会客厅"，踏踏实实地为群众做好事、做实事，接诉即办工作取得优异成绩。

一是始终把群众的事情放在心上。将以人民为中心的发展理念体现到基层工作中，就是我们的每项工作都要紧紧围绕解决群众的需求来开展，群众关心什么、揪心什么、担忧什么，我们就要做好什么。

二是从实际出发夯实群众工作基础。新时代做好群众工作的关键在于时刻建立与群众的紧密联系。无论是多元矛盾纠纷调解中心还是"百姓会客厅"，无论是全响应还是微信快治群，都是为了时刻倾听群众的呼声，做到闻风而动、接诉即办、主动发现、未诉先办、主动治理。

三是因地制宜创新工作方法。基层工作千头万绪，问题成因千差万别，

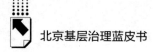

解决问题的办法必须从实际出发，根据问题的成因、现状及群众的诉求，广泛听取各方意见建议，群策群力，方能超越个人或局部的限制，站在全局的高度找到解决问题的方法。

三　大兴区亦庄镇"六力同心"提升基层治理质效和温度

亦庄镇位于大兴区东北部，面积 18.18 平方公里，现有 19 个社区，常住人口 10.8 万人。近年来，亦庄镇紧扣"七有""五性"要求，以"绣花功夫"提升城市精细化管理水平，探索形成"党建引领、科技赋能、共治共享"的接诉即办新模式。综合成绩排名连续四年全区第一，2022 年进入全市前十。

（一）强化党建引领，推动基层力量"同频共振"

一是搭建"组织一盘棋"。镇党委把接诉即办作为践行初心使命的主抓手，创建片区联合党委工作机制，打造"全科巡查队"，各类力量全员下沉网格，逐步探索形成了"六力同心"党建引领基层治理模式。六支力量"围着群众转，沉到一线干"，努力实现"小事不出院，大事不出片"。二是把支部建在网格上，由社区书记兼任网格长，成为老百姓的贴心人，真正做到"人在格中走，事在社区办"。同时各支部创新形成了"四心解四难""三同行"等特色工作法，广泛发动热心市民参与社区治理和志愿服务，架起了党和政府与群众的连心桥。2022 年 3 月和成璟园成为亦庄镇第一个被封控的小区，各级党员干部和志愿者在严格落实疫情防控的同时，做好居民的就医购药和生活保障，开展宠物托管、线上文化活动等特色服务，2000多人的小区 14 天封控实现零投诉。

（二）强化科技赋能，推动城市治理"提质增效"

一是建设"智慧一张网"。率先在全市推进"智慧城市"建设，成立首个镇级接诉即办指挥调度中心。场景应用助力未诉先办。城市管理、社会治安、社区服务三网融合，汇聚了全镇人、地、事、物、城市部件等2300多万条数据；再加上物联网平台嵌入智能灯杆、无线烟感、水位监测等模块，能够及时预警突发事件，把可能产生的投诉化解在萌芽之中。二是数字终端助力服务群众。研发"亦庄美好家园"数字化社区服务终端，设立"政务晓屋"和"亦服务"平台，居民足不出户就能办理社保、养老、助残等业务，打通服务群众的"最后一百米"。三是数据集成助力破解难题。建立"月会商制度"深挖数据背后折射的集中诉求和高频问题，力争通过"解决一批诉求、带动一片治理"。鹿华苑片区的万人诉求比居高不下，通过数据分析，发现居民诉求主要集中在就医难、出行难、停车难等问题上，针对这"三难"，镇政府出资150万元补贴医务人员招聘，增设了第72路公交鹿华苑站点，施划392个停车位，安装电子违章抓拍系统。这些措施提升了周边群众生活的便利性，该案例被北京广播电视台评为"街乡治理'新速度'"优秀案例第一名。

（三）强化共治共享，推动民生服务"暖心顺畅"

一是探索"共治一家亲"。推进建立"人人有责、人人尽责、人人享有"的共建共治共享社会治理机制，倡导老百姓的事儿"自己议、自己定、自己办"。二是建立"民情亦站"，面对面了解企业需求，心贴心倾听群众呼声。通过"优化营商环境入企专项行动"，镇政府2022年出资90万元，为东马路安装了路灯，解决了附近5家企业员工夜晚出行不便的问题；为了助企纾困，减免了19家小微企业租金1050万元；疫情防控"新十条"出台后，亦庄镇积极回应群众关切，开展家医巡诊进社区，同时为60岁以上独居老人发放包括血氧仪和连花清瘟颗粒等在内的防疫包1800余份，为高危群体筑起免疫屏障。三是建立协商共治平台，成立"亦家亲"拉家常议事会，培育"鹿鸣会客厅""红色议事厅"等社区品牌。2022年亦庄镇老旧小区改造，部分居民对拆除护栏很不配合，投诉较多。亦庄镇组织居民代表现身说法，一户劝一户、一户带一户，最终2123户11000多个护栏一个不剩全部按期拆除。此外，通过微信公众号、"随手拍"、连续11年开展

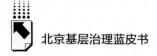

"家住亦庄"问卷调查等方式，畅通民意表达渠道，引导群众将"诉"的抱怨变为"提"的意愿。

点评

在接诉即办改革中，大兴区亦庄镇紧扣"七有""五性"要求，探索形成"党建引领、科技赋能、共治共享"的接诉即办工作法，实现了未诉先办，不诉自办。

一是通过党建引领，做实网格，实现组织一盘棋，达到"小事不出院，大事不出片"。创建片区联合党委工作机制，各类力量全员下沉网格，把支部建在网格上，由社区书记兼任网格长，成为老百姓的贴心人，把矛盾和诉求化解在网络。

二是科技赋能、数据融合，建设智慧一张网，实现"解决一批诉求、带动一片治理"。率先在全市推进"智慧城市"建设，场景应用助力未诉先办，数字终端助力服务群众。居民足不出户就能办理社保、养老、助残等业务。数据集成助力破解难题。

三是共治共享，聚焦民生，搭建协商议事平台，实现"自己议、自己定、自己办"。通过建立"民情亦站"协商共治平台，畅通民意表达渠道，培育居民自治理念与习惯，变被动抱怨为主动协商。

四　房山区南窖乡强化协商共治，扑下身子解决群众心事

南窖乡位于房山区西北部山区，状如窖形盆地，总面积 40 平方公里，下辖 8 个行政村，常住人口有 5200 余人。凭借丰富的历史文化资源，南窖乡获评"中国民间文化艺术之乡""中华诗词之乡"称号，现有国家级历史文化名村、国家级传统村落若干。南窖乡党委始终将接诉即办作为送上门的群众工作，坚持主动治理、未诉先办，扑下身子为群众解决"三心事"，南窖乡 2023 年连续四个月在全市街乡镇接诉即办工作排名中并列第一。

（一）以党建引领为魂，强化协商共建共治

发挥基层组织协商共治优势，推动关口前移，因地制宜、源头治理。南窑村是房山区山区人口最多的村，南窑乡党委抓住该村"小杂居、大聚居"特点，指导建立村级"协商自治队"，党员带头加入队伍，带领村民实施"村内事、村内说、村内办"。比如，该村一户村民家房后排水沟年久失修、管道堵塞，一场大雨导致后院村民出行不便，邻里因此产生了矛盾。"协商自治队"知道消息后立即分成两组入户，用"村言村语"开展劝导工作，很快就化解了双方矛盾。党支部找出修缮路面剩余的水泥，前院拿钱购买新的排水管，后院出人帮工，一同完成了排水沟的修缮。五年多来，"协商自治队"扎根田间地头和村民家中，主动听群众说事、解群众难事，化解村内各类群众矛盾纠纷近 600 余件，孵化出的"四民"工作法正在被广泛推广。①

（二）以主动治理为基，推动问题源头化解

发挥"我来办"基层服务站作用，搭建起与群众沟通的连心桥，特别是针对宅基地纠纷、邻里矛盾等农村常见问题，让群众遇到问题有处说、有人听、马上办、能办好；将村内"老乡贤""热心人"等力量组织起来建立微信群，号召大家主动发现基层治理问题，直接在群内上报，专人立即处置，实现从接诉即办向未诉先办、不诉自办转变。比如，南窑乡南安村"老乡贤"在遛弯时发现一座自建房可能超出高度标准，通过微信群主动向乡 12345 热线工作人员报告情况。乡党委在接到报告后，立即组织专班人员、包村干部和农业、村建等科室，直赴现场开展实地调查，经核实，该座在施自建房确实存在超高问题。专班人员第一时间叫停施工，约谈负责人并限期整改完毕，有效降低了后续拆违的成本和群众的财产损失。同时，安排包村干部持续开展"敲门行动"，挨家挨户

---

① 所谓"四民"工作法，即民事民调、民事民议、民事民办、民事民决。

讲解自建房的标准政策，避免村民因为不懂政策受到经济损失，得到了村民的理解和支持。

（三）以群众利益为重，快速解决百姓难题

接诉即办接的是责任担当，办的是民生实事。房山区委主要领导高位推动每周调度全区接诉即办工作，南窖乡对标对表严格落实"1+3+5"工作机制（乡党委书记每天调度，三天会商办理进展，五天回复办理结果），明确"五办"标准（对具有规律性的诉求"提前预警"办、对涉及多科室的诉求"协同联动"办、对协商共治能解决的诉求"村里自己"办、对突发紧急的诉求"快速限时"办、对可能引发同类问题的诉求"举一反三"办），用心用情用力解决群众的急难愁盼问题。如临近年关，有外来务工人员反映，施工队两个月都没给结工资了，没有脸面回家过年，扬言如不立即解决工资问题就要跳楼。专班人员第一时间向党委报告，南窖乡立即启动突发紧急诉求"快速限时"办机制，耐心细致地与诉求人沟通，并联系施工企业掌握实情，协调属地派出所积极配合，在两个小时内成功解决了欠薪问题。农民工兄弟拿到工资后激动地表示："党永远是可以信赖的，让我可以高兴地回家看望老娘和孩子喽。"事后，南窖乡党委还专门召开经验总结会，成立"解决农民工欠薪问题工作专班"，建立常态长效监管机制。

点评

房山区南窖乡坚持未诉先办、主动治理，把接诉即办作为送上门的群众工作，完善诉求办理工作机制，扑下身子解决群众烦心事揪心事，创造了远郊山区接诉即办的优异成绩。

一是群众协商共治办。从农村"小杂居、大聚居"特点出发，建立村级"协商自治队"，党员带头加入自治队，扎根田间地头和村民家中，主动听群众说事、解群众难事，带领村民"村内事、村内说、村内办"，推广"四民工作法"，让新时代"枫桥经验"在基层得到创新发展。

二是源头发现我来办。利用微信群，将村内"老乡贤""热心人"吸纳

进来，号召大家主动发现基层治理问题，直接在微信群内上报、专人立即处置，实现从接诉即办向未诉先办、不诉自办转变。发挥"我来办"等基层服务站密切联系群众的优势，对涉及宅基地纠纷、邻里矛盾等农村常见矛盾的问题，让群众有话有处讲、有人听、马上办、能办好，赢得群众的信任与支持。

三是长效机制常态办。严格落实接诉即办工作机制，明确诉求办理工作标准，举一反三，成立重点诉求问题工作专班等，安排基层干部持续开展"敲门行动"，挨家挨户宣传讲解上级方针政策和措施标准，形成常态工作机制，防范问题反弹。

B.21
北京接诉即办改革基层治理机制创新案例

摘　要： 北京市各基层单位在推进接诉即办改革过程中，不断推进机制创新，探索出数智赋能、主动治理、综合施策、端口前移、"四个坚持"等工作机制，取得了良好效果。

关键词： 数智赋能　综合施策　端口前移　四个坚持

一　石景山区八宝山街道数智赋能探索基层精细化治理新机制

石景山区八宝山街道深入学习贯彻习近平新时代中国特色社会主义思想，牢记"人民对美好生活的向往，就是我们的奋斗目标"，不断深化接诉即办改革，积极探索"党建引领+数智赋能+社区共同体"基层精细化治理新机制，用心用情用力解决群众急难愁盼问题，不断提升基层治理能力。2023年以来，万人诉求比全区最低，街乡镇平均排名全区第一。

（一）坚持党建引领，增强基层治理"战斗力"

坚持以习近平新时代中国特色社会主义思想为指导，从党的创新理论中汲取基层治理智慧、城市更新理念。

一是理念先行。落实石景山区智慧城市建设方案，研究制定"一网三定两覆盖"工作举措，把工作落脚点放在降诉提效、未诉先办上，运用数字化手段提升治理和服务能力。

二是制度先行。细化"责任落实、办理核查、资金保障、督查问责、激励奖惩"5项流程机制,着力"抓高频、抓重点、抓难点、抓规律",坚持"科室办事、社区育人"联动解决群众诉求。通过评选接诉即办"担当科室""优秀社区""最美办件人",正向激励干部,持之以恒锻造专业化接诉即办工作队伍。

三是服务先行。将社区"第一书记"、楼宇、两新组织、物业、在职党员等力量融入网格治理,推动社区治理触角向楼栋、单元、家庭延伸,为居民提供精准优质服务,构建人人参与、共建共治共享的社区治理格局。

(二)探索数智赋能,增强基层治理"智慧力"

推进"智慧街区"试点,从城管执法、噪声扰民、安全监管等治理难点入手,搭建"1+1+N"数智治理平台,运用数字化、智慧化手段破解难点问题。

一是深化"热线+网格"融合。以细化到具体责任区、门店和楼门单元的五级网格为支撑,实现发现问题精准化、主动治理精细化,以信息化手段激发治理活力。

二是针对重点商圈"门前三包"问题,建立7×24小时视频监管系统,实现沿街门店违法案件智能识别和自动派发,通过"居民自治、巡查共治、监督法治"三级治理体系提升治理效能。

三是针对生产生活噪声扰民问题,在重点点位安装摄像头、分贝测量仪等物联感应终端,实现室外经营活动全程监控,进一步提高执法效率。

四是针对老旧及央产失管小区电梯故障频发问题,联合产权单位和物业企业,引入专业电梯维保单位,建设电梯智慧监管系统,实时监控运行状态。

五是针对电动自行车充电设施不完善、上楼充电等问题,坚持疏堵结合,一方面在消防通道加装阻车桩、安装电梯阻车器并要求物业加强日常监管;另一方面协调各方开展电动自行车智慧充电设施建设,并通过智慧监管平台对其运行状态进行实时监管。

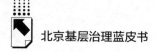
目前，街道数智分中心已初步建成，在全区率先与城市大脑数据实现上通下联及共享。2023 年以来，街道依托数智分中心的数据分析主动开展 8 个治理项目，诉求量较高的永乐东区、远洋山水、鲁谷 74 号院 3 个社区均实现了诉求降量。

（三）建设社区共同体，增强基层治理"凝聚力"

通过开展社区文化活动，拉近居民与社区之间、居民与居民之间关系，以"你好，邻居"党建品牌为主线打造社区共同体，筑牢共建共治基础。

一是搭建社区公共文化活动服务平台。依托 1013 种社区文化活动资源库开展特色活动，"以文聚心，以文化人"，吸引青年群体参与并支持社区建设。2023 年 6 月以来，共开展"你好，邻居"文化活动 1028 场，覆盖 2.5 万余人次。经数据对比，接诉即办解决率和满意率与社区活动参与人次和覆盖率呈正相关关系，相互促进。

二是全面推进品质社区建设。将"品质社区"建设作为实现高效能治理、高质量发展的重要抓手，实现社区"硬件软件"同步提升，有效化解居民饲养宠物、家庭装修和生活噪声等邻里矛盾诉求。街道 15 个社区中，10 个社区被认定为五星级"品质社区"，5 个社区被认定为四星级"品质社区"，年度综合评分连续列全区首位。

三是推进驻区单位落实社会责任。联动辖区市属国企、区属集体企业和民营科技企业实施中关村虚拟现实产业园与北重文创园"双园融合"，服务老厂区产业转型升级。联合产业园开展元宇宙进社区活动，为区域产业发展拓展群众基础，推动"厂区""园区"与"街区""社区"的融合，形成地区治理力量聚合效应。

点评

石景山区八宝山街道立足本地实际，积极探索实现基层治理精细化、智能化和协同化的路径。通过建立基层治理的一支队伍，打造基层智治的一套体系，形成基层共治的一个共同体，为首都基层治理体系与治理能力现代化探索了行之有效和可复制可推广的成功范例。

一是夯实基层治理人才队伍。充分吸收基层各类人才，基于网格建立基层治理人才队伍，为基层治理高效推进提供人才保障。通过精准优质的服务，赢得居民信任，持续壮大基层治理的生力军。

二是全方位加强基层治理的智能化水平。在基层治理的关键领域和重点区域引入智能感知系统，通过智能治理来提早发现和预警问题，更高效和更有针对性地解决问题。依托智能治理有效降低和解决居民诉求，真正实现基层治理的智能化转型。

三是大力推动基层居民协同共治。举办形式多样的文化活动增进邻里关系，提供高品质社区服务凝聚人心，形成了新型社区邻里空间。与企业协同优化社区治理格局，打造社区与企业多元共治与合作共赢的新格局。

二　昌平区城南街道主动治理综合施策解诉求

习近平总书记强调，要坚持人民城市为人民，以市民最关心的问题为导向提出解决问题的综合方略。中共昌平区委城南街道工委深入贯彻落实《北京市接诉即办工作条例》，以接诉即办为主牵引，从坚持党建引领、全面推进工作、聚焦攻坚克难、涵养文明风尚四方面着手，主动治理，抓好诉求解决和源头控制，进一步提升问题解决率和群众满意率。

（一）案例背景

昌平区城南街道是昌平老城区，位于昌平主城区西南部，占地 14.13 平方公里，总人口 8.9 万，下辖 5 个村、17 个社区，属于典型的城乡接合部地区，开展接诉即办工作面临三大挑战。

一是治理难度大。城南街道辖区内社区建设始于 20 世纪 90 年代，京藏高速 G6 辅路贯穿城南街道，辖区 22 个村社区被划分为东西两部分，整个辖区相对来说较为分散，西五村占整体面积和人口的一半，涉及环境整治、美丽乡村建设等多项任务。城区62%是老旧小区，在拆违腾退、经济发展等方面事杂面广，治理难度大。

二是群众需求逐步提升。群众对美好生活的需求在不断提升，街道自开展学习贯彻习近平新时代中国特色社会主义思想主题教育以来，按照市委的要求部署，强化需求导向，落细落实抓好接诉即办工作，深化主动治理，建立民生项目清单，用心用情用力办好民生实事，切实解决一批发展所需、改革所急、基层所盼、民心所向的问题。

三是工作标准高。街道聚焦"北京一流，昌平第一"的目标，追求多元发展，三年来，高标准完成老旧改面积近百万平方米，财源建设和创城工作均排名全区第一。每项工作需要整体统筹谋划、协同推进，在拆违腾退、经济发展、创城、乡村振兴等工作取得成绩的同时，接诉即办提出常态化进入全市前100的目标。2021年，城南街道接诉即办工作排名9次进入全市前100，全区排名第三；2022年，8次进入全市前100，全区排名第一，荣获北京市接诉即办工作先进集体、先进个人、优秀案例大满贯；2023年以来，7次进入全市前100，诉求量较2022年同期下降30.77%。

（二）主要做法

1. 坚持党建引领，强化全保障

一是优化党组织结构。自2021年起，搭建街道党工委-社区党支部-网格党小组-党员责任区四级党组织体系，推行党小组建到网格上，22个村社区104个网格成立党小组，把网格画细画小，实现"微"事不出网格，力量下沉基层，"一竿子插到底"，打通接诉即办"最后一百米"。工委书记带头主动与社区居民进行对话沟通，党支部书记密切联系群众，发动在职党员、志愿者积极参与，推进以问题为导向的主动治理，实现未诉先办，以实际行动表明居民诉求无小事。

二是加强队伍建设。落实高强度专班训练、机关干部大范围轮岗锻炼、跨村居借调历练等选人用人机制，激发干部队伍的整体活力；创新社区工作者公开招聘制度，建立社工服务中心，定期开展学习交流活动，提高社区工作者的能力素质；注重培训赋能，以能力提升年和主题教育为契机，利用新城之南、每半月一次的"85后"年轻干部夜校等平台，组织干部"走出去"，先后到亦庄镇接诉即办中心等地学习20余次；完善奖惩措施，制定2023年接诉即办工作考核奖惩办法（试行），加大奖惩力度，激发干部办事热情，整体进入良性发展阶段，接诉即办工作再提速。

三是健全保障机制。"党建+社建"双线融合，一年365天、一天24小时实行包村包社区工作小组机制，工作人员手机号发到每家每户，践行"十分钟必达"，建立党员干部服务档案441份，群众一旦有诉求，党员干部十分钟即可到达群众身边。用好党群服务阵地。2019年以来，规划打造"1+5+22+N"的街道-片区-村社区-网格四级党群服务中心阵地体系，上线"城南相伴"App，开发"云上党群之家"系列应用场景，将党群服务搬到线上，连接"城南大邻里圈"，发挥党组织总揽全局、协调各方的作用，不断增强党员对群众的凝聚力，增强党员干部为民情怀，用心用情用力解决群众急难愁盼问题。

2. 全面推进工作，优化基本盘

一是重视财源建设。优化营商环境，出台"1+1+N"政策，即配强"1"个财源建设专班，出台"1"个资金使用办法，制定"N"项服务承诺。在2021年、2022年的财源建设考核中，均排名第一，并获得3000万元奖励。2023年举办"5·27我爱企——城南爱企日"政企对接论坛，11家政府单位支持，吸引来自全国300多家企业参加，昌平区城南街道企业服务中心正式揭牌，被《经济日报》、新华网等全国20余家媒体报道100余次。稳经济稳增长，不断提升人民生活品质，推进高质量发展与接诉即办深度融合，彰显民生福祉的实绩实效。

二是践行昌盛模式。街道全面提炼总结昌盛园小区改造经验，探索了短时间、低成本、可持续的"昌盛模式"，2023年组织编写《老旧小区持续更新改造手册》《老旧小区改造群众工作场景化手册》两本工具书，并向全市介绍工作经验。"昌盛模式"被成功推广至辖区11个老旧小区，改造面积近100万平方米，形成以点带面的街区全域更新格局。精准化保障民生、补齐民生短板，积极探索寓治理于服务的新机制，着力解决群众痛点难点问题，通过服务减轻接诉即办压力。

三是运营商居同盟。开创"昌盛模式2.0""昌盛模式3.0"，通过成立"商居同盟"，将商户、居民纳入治理体系，合力解决重点难点问题。引导商户自我管理、自我服务、有序发展，主动参与，逐步融入社区，回馈服务本地。组织多方主体在同一平台对话，定期分析研究涉企共性诉求，群策群力、统一思想，打造示范性强、可推广的商居融合样板，推进接诉即办工作向行业延伸，以行业治理促进基层治理，形成多元参与、共建共享格局。

3. 聚焦攻坚克难，深化真治理

一是检视分析各类问题。坚持以破解高频共性复杂问题为突破口，认真梳理诉求引发的各类情况，提升治理能力。第一类是非真实合理的问题。诉求人利用行政系统的割裂以及各部门的信息不对称来恶意投诉，目前对此类问题的过滤不足。第二类是问题真实但诉求非法的问题，通常是一些居民不认可处理结果，要求大额赔偿，并威胁每月投诉。第三类是真实问题，但责任在己。诉求人打12345热线来施压，以期获得非法利益，表明部分群众生活比较艰难，还没有达到"仓廪实而知礼节"的程度。因此需要认真分析各类问题，坚持问题导向，强化源头治理，增强问题预警能力，进一步优化接诉即办工作体系和能力。

二是建立专项工作机制。建立"早八晚五"调度机制，利用"双派单"、日调度、"三办一签"、公布"三率"排名、"吹哨报到"等多项工作机制，压实责任，促使干部"眼睛向下"，到群众身边解决问题。强化监督检查，工委书记亲自回访核实，集中通报干部落实情况，街道纪检部门参与日调度，约谈办理不力的主责单位，解痛点、治堵点，持续开展专项治理，力争形成机制完备、程序规范、标准清晰、运转有效的接诉即办制度体系，推动接诉即办"向前一步"。

三是精准突破重点工作。坚持"小切口""深突破"，紧盯拆违、停车难等重点问题，成立攻坚小组，专项突破，让治理比诉求"先行一步"。绿海家园社区组建攻坚小队，通过建立台账、网格化服务、以心换心、七彩社区共商共建等措施，诉求月均降低 30 余件。鑫基家园工作组采用摸排辨别、问题导向、因事施策、用心用情、多次沟通、反馈总结等系统工作方法，诉求量年均降低 200 余件。对"重点人"精准画像，指派干部逐一对接；对合理诉求创造条件予以解决，传递关怀和温暖，赢得信任；对不合理诉求倾听疏导，进行思想渗透，化解心结。攻坚干部多次走访辖区 10 多位"重点人"，了解剖析其真实诉求，采取有针对性的方案逐一解决问题，在个案处理中找到解决普遍性问题的线索和抓手。

4. 涵养文明风尚，唤起邻里情

一是构建社区活动体系。开发运营"城南相伴"App，打造"拓然好邻居，共叙家苑情""同心向党、筑爱邻里"等"一社一品"社区治理品牌。举办"邻里节"活动，组织邻里征集、开展邻里市集、推出"邻里盲盒"、开启"邻里相交"，全龄参与，20 余万人次参与活动，彰显邻里共建共融的温情与风采，促进家园和谐、邻里和睦，让人民群众的美好生活体验获得大幅提升。

二是激发志愿服务力量。创新"五社联动"，在区委领导下，成立社区公益联盟，开展街道社会组织双选会，吸引社会组织参与基层社区建设；走访企业推进"新联会"，引导企业承担社会责任，积极融入社会治理；成功孵化"昌盛益家""好邻居"等 41 支志愿服务队伍，建立"聚火星辉"服务站，组建社区文化社团，吸引爱提意见的群众参与志愿服务，拓展群众表达诉求和参与治理的渠道，聚合多元力量，充分调动治理积极性，让接诉即办成为看得见、摸得着的民心工程，提升"近在眼前"的获得感。

三是搭建协商议事品牌。突出人民群众的主体地位，深化居民自治，学习借鉴"回天有约"成功经验，挖掘辖区"法律明白人""社区好邻居"，"解锁"一老一小议事新群体，形成郝庄家园北区"家园汇智"、拓然家苑"邻里家事"、龙山锦园"小小议事员"、山峡"楼门院议事会"

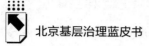
等居民议事品牌，发现问题"从群众中来"，解决问题"到群众中去"，充分调动基层群众的积极性主动性创造性，提高基层群众自我服务、自我监督、自我管理的能力，公共事务协商决定，更广泛地集中意见，达成最大化共识。

（三）经验启示

1. 党建引领是根本保障

坚持中国共产党的领导，是中国式现代化的首要本质要求，要将党的政治优势、组织优势和密切联系群众优势转化为治理优势，持续提升党领导接诉即办工作的能力。坚持党建引领、主动治理，搭建四级党组织体系，党小组建在网格化上，网格化解决诉求。从严招聘考核，强化培养赋能，组建专班队伍，全面提高干部能力素质和接诉即办工作本领。常态化十分钟到达群众身边，依托党群阵地开展活动，密切党群关系，抓好接诉即办主动治理的着力点和突破口。

2. 全面发展是有力支撑

发展是解决所有问题的基础，城市更新、经济建设、基层治理等方面都很重要，街道协同推进各项任务，将治理类群众诉求集中的高频问题、高频点位优先纳入工作计划；助力财源建设，保持营商环境稳定，以点带面实现街区全域更新；补齐区域治理短板，筑牢开展接诉即办工作的坚实基础，将治理类街乡镇群众诉求集中的高频问题、高频点位优先纳入工作计划。

3. 以人为本是核心要义

接诉即办以人民至上为价值导向，深化"主动治理、未诉先办、服务为民"。要以民众诉求驱动基层治理，剖析群众真实需求，坚持精准施策，强化服务意识，积极解决人民群众反映的问题和诉求。围绕群众反映的重点难点问题和高频事项持续发力，对群众诉求快速响应、高效办理、及时反馈，让人民群众成为评卷人，以诉求解决满意度来检验为民服务质量，群众认可接受，产生内驱力，才能从溯源上降低投诉率，解决矛盾问题。

4. 共建共享是内在要求

转变政府持续兜底保障方式，把接诉即办机制作为党和政府与人民群众之间的桥梁纽带，探索"多元参与、协商共治"的治理路径，大格局、一体化推进解决重点难题，开展促和谐、惠邻里的集体活动，搭建协商议事平台，整合各方优势资源，发挥社会各方面作用，充分调动各方主体主动性，合力参与社会治理，更大范围促使多方主体成为基层建设的友军，推动实现"群众的事同群众多商量，大家的事人人参与"，激发全社会活力，实现政府治理同社会调节、居民自治的良性互动，建设人人有责、人人尽责、人人享有的社会治理共同体，打造共建共治共享的社会治理新格局。

点评

昌平区城南街道是城乡接合部的老城区，面临治理难度大、群众需求逐步提升、工作标准高三大挑战。该街道坚持在党建引领、全面推进工作、聚焦攻坚克难、涵养文明风尚四个方面发力，形成了党建引领、全面发展、以人为本、共建共享的基层治理经验，在接诉即办工作上取得了骄人的成绩，也为其他同类街乡镇提供了经验启示。

一是强化基层党组织队伍，打造群众身边的服务力量。通过专项工作机制、攻坚小组、"党建+社建"融合和包村社区工作小组等机制，形成接诉即办的生力军。打造志愿服务队伍、服务站和社区文化社团，形成接诉即办的多元参与机制。

二是注重基层问题靶向治理，对接诉即办反映的问题进行创新性分类和精准施策。因地制宜地划分群众诉求问题类型，分门别类地对症下药。聚焦优化营商环境，全方位改善企业服务，通过经济发展来破解社会治理难题。

三是突出协同共治，通过议事协商来解决基层矛盾纠纷。通过"商居同盟""城南相伴"等创新做法，打造基层对话、沟通与合作的平台，吸引居民、商户参与基层治理，形成共建共治共享的良好格局。

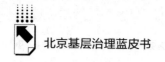

三　顺义区天竺镇上下同心全力办好群众身边事

天竺地区党委、镇政府始终坚持以人民为中心的发展思想，秉承"群众的小事就是政府的大事"的工作理念，上下同心全力办好群众身边事。2019 年天竺镇接诉即办综合成绩排名全市第四、全区第二；2020 年全市第二、全区第一；2021 年全市第四、全区第一；2022 年全市第十三、全区第一；2023 年 1~7 月共受理 12345 热线诉求 4095 件，综合成绩排名全市第十八，全区第一。

（一）高位统筹，上下同心"一盘棋"

一是建立"领导班子统一部署、专班协调跟进、部门推动办理"的工作群办公机制，强化纪检监督、"督办"合力，树立全镇"一盘棋"思想。

二是紧抓"黄金 72 小时"处理时效，争取诉求办理不过夜。接件后，一般问题 24 小时内各责任部门进行处理，复杂问题 48 小时内由主管副职协调处理，疑难问题 72 小时内由党政主要领导组织召开协调会调度研究处理。

三是协调联动，针对同时涉及村居和职能部门的复杂诉求，主管副职横向沟通，形成村居、科室联动模式，凝聚内部工作合力，推动高效处理问题。

四是建立月通报，季度、年度考核机制，并与村书记绩效奖金挂钩，接诉即办奖金比例占到 40%，同时，考核成绩与科室、社区评优评先和干部晋升相结合。

（二）未雨绸缪，端口前移"谋长远"

推出"有事没事转一转"的基层工作模式，发动村、社区、包村干部和党员、村居民代表、楼门长等各方力量靠前服务，每日记录工作日志，通过主动走访、工作交流群、电话等方式发现问题，了解群众诉求。2023年以来化解群众矛盾、解决群众诉求1000余件。比如，在老旧小区改造工作中，社区工作人员逐户走访，认真听取居民的意见、建议，着力满足居民的改造需求，居民从开始的"不想改、不让改"到现在的"想改造并建议可不可以这样改"，提升了社区共建共治共享水平。南竺园老旧小区改造共涉及46栋楼，目前已完工25栋楼，正在施工21栋楼。其中，已拆除护栏1267个，外突护栏（飘窗）540个，拆除自建房133个，认违、拆违行动取得显著效果。再如，基层主动化解群众诉求，2023年极端天气造成全镇居民房屋漏雨情况严重，各社区排查漏雨问题共594户，居民拨打12345热线提出相关诉求的仅29件，这得益于居委会、物业公司提前进行了安排部署，雨中迅速行动，进行排查，推己及人地主动办理好每一件群众的急难事。

（三）创新机制，率先种好"试验田"

一是创新"热线+网格+创城+环境整治"工作模式，深度融合接诉即办、网格化治理、创城巡查和人居环境整治工作，实现"诉求在网格内处理""创城在网格内达标""环境在网格内提升"。天竺镇共划分11个三级网格、46个四级网格，将城市管理领域创城实地考察事项纳入网格进行专项巡查治理。充分利用接诉即办数据和网格化治理平台，统筹调度网格员力量，热线和网格一体调度、深度融合，部分市民诉求依托网格管理得以快速派单、高效解决，在工作中实现了第一时间发现、第一时间上报、第一时间处理城市治理中的小微问题和不文明行为。不定期开展明察暗访，对各区域环境整治情况进行监督检查，进一步巩固整治成效，通过科技赋能、网格助力、创享共治，持续提升基层治理水平。2023年以来，共上报处理问题11054件。

二是以"街乡吹哨、部门报到"为切入点，完善"两吹一不吹"的工作模式。即疑难问题"吹大哨"，协调区级部门"合力办"，推动同类别、集中性诉求的一体化解决；复杂问题"吹小哨"，联合镇级部门"协调

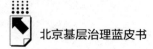

办",针对需要多部门联合协作解决的诉求统筹性处理;日常问题"不吹哨",安排部门"自己办"("格员办"和"科室办"),对单一性诉求快速解决。

要想把接诉即办工作做实、做深、做细,思想重视是关键。首先,在思想上时刻保持高度重视,只有重视了,接诉即办的工作效率才会提高,质量才会更好,群众才会对政府的工作感到满意。其次,工作态度要真诚,即使一时办理不了或面对不合理的诉求,也要用心交流,两次不行三次,三次不行四次,精诚所至,让群众感受到真诚,同样会得到理解,这样做不仅密切了干群关系,也为社区治理营造了良好氛围。

点评

顺义区天竺地区从思想上重视接诉即办工作,高位统筹上下同心,用真诚的工作态度全力办好群众身边事,得到辖区居民群众的信任与认可,接诉即办考核持续排名前列。

一是统筹体制政策协同治理。树立"一盘棋"思想,完善微信工作群办公机制,紧抓"黄金72小时"处理时效,协调联动推动问题高效处理,建立月通报,季度和年度考核奖励机制,极大地调动了上下同心办理诉求的积极性。

二是端口前移主动提前治理。推出"有事没事转一转"基层工作模式,发动各方力量靠前服务,通过主动走访、工作交流群、电话等方式发现问题,了解诉求,把问题解决在前。妥善处理如老旧小区改造、房屋漏雨等涉及众多居民利益的问题,做到未诉先办、主动治理。

三是工作整合机制创新治理。深度融合接诉即办、网格化治理、创城巡查和人居环境整治等工作,创新"热线+网格+创城+环境整治"工作模式,提升基层治理效能。以"街乡吹哨、部门报到"为切入点,完善"两吹一不吹"工作模式,疑难问题"吹大哨"协调区级部门"合力办",复杂问题"吹小哨"联合镇级部门"协调办",日常问题"不吹哨"安排部门"自己办",切实把工作做实做深做细,真正解决问题。

四　密云区古北口镇"四个坚持"推进基层精细化治理

古北口镇位于密云东北部,有"燕京门户、京师锁钥"之称。该镇历史悠久、文化厚重,镇域面积86平方公里,下辖9个行政村、4个居委会,常住人口7000余人,少数民族占1/4,人员构成复杂、诉求多元。在市委区委的坚强领导下,镇党委始终将接诉即办作为"一把手"工程,以"四个坚持"积极探索基层精细化治理有效路径。

(一)坚持"以办抚人",让群众安心放心

落实区委"马上就办、立即反馈"的工作要求,优化工作流程,争分夺秒、狠抓落实。

一是派单突出"快"。以"1135"工作机制为抓手,精准快速派单,逐级逐环节压实责任,提高重要环节处置率。

二是办单要求"见"。承办部门第一时间响应,主管领导针对疑难问题现场调度处置,让群众心中踏实,让诉求办理更顺畅。

三是回单做到"专"。办理结果反馈需要逐级签字确认,责任到人。聘请律师团队从法律层面对疑难工单进行严格把关,保证回单内容的专业性。

四是同类问题开展"治"。从群众关注的高频问题出发,以点带面解决共性矛盾。通过在镇域空间规划中预留住宅用地,成功解决建房审批类高频诉求问题;通过提前预警预判,彻底解决旅游旺季酒店退单、道路拥堵等诉求攀升的难题。

(二)坚持"以业安人",让群众生活富裕

从群众"七有""五性"入手,将诉求工单作为镇域抓发展的问题标靶,为群众提供更稳定的工作、更满意的收入、更可靠的社会保障,逐步形成"少访少诉"的社会环境。

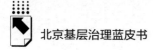
一是引领发展方向。聚焦区委规划构建的"一条科技创新和生命健康战略发展带、四条特色文化旅游休闲发展带、多个特色乡镇和特色产业"的全域发展格局，放大古北水镇带动效应，规划该镇"两核两带三区"发展格局，辐射带动司马台、汤河村等周边村民发展致富，解决群众发展思路不宽、增收难的问题。

二是做足文旅文章。深挖镇域资源禀赋，以村民获益为主旨，出台人才、文化、美食、民宿、民居五个引导办法，打造10条研学线路，推进红色试点村建设，统筹3000万元政策资金给予保障，群众事业忙、腰包鼓，诉求呈逐步减少趋势。

三是推进乡村振兴。创新建立乡村振兴村级责任体系，通过23个项目落地保障，统筹2.3亿元运维资金、奖励资金支持，"激励""约束"干部担当履职，有效激发镇村干部为民服务动力。建立北台村"租金+保底+股权+分红"民宿发展模式，村集体经济增幅超3倍，群众的幸福感实现新跃升。

（三）坚持"以德育人"，培育文明新风

实施"三新"举措，淳朴乡风民风，从思想源头减少市民诉求增量。

一是树立"德治建设"新思想。秉承认识高"三率"成绩就高、德治好诉求量就少的思路，以弘扬传统美德、开展专题教育为抓手，开展公益培训83场，通过思想教化、感化，引领德治观念深入人心，村中矛盾纠纷明显减少。

二是推行"一约四会"新模式。以"村规民约"督行群众抵制歪风陋习，建立红白理事会、道德评议会、村民议事会和禁赌禁毒会，为群众搭建"法理""人情"平台，倡导文明风尚吸附群众诉求。

三是打造"文明实践"新阵地。创建全域化实践站（所），新建道德模范公园1处、道德模范长廊9个，开展义诊、理发等志愿活动40场，通过提高文化生活质量，提升基层治理能力。

（四）坚持"以文化人"，让群众精神富足

以满足群众精神文化需求为纽带，同步开展群众纠纷调处和矛盾化解，推动未诉先办。

一是开展丰富多彩的文化活动。村级品牌文化队伍联合开展龙抬头、古御道文化市集等各类活动 80 余场，村民直接参与"唱响古北口"歌曲、"口述古北口"访谈录、"大美古北口"摄影集制作，通过文化涵养德行，实现区域治理。

二是注重"五老"作用发挥。发挥村内威望较高的老党员、老干部、老模范、老家长、老乡贤等"五老"群体的作用，进田间、入农家调解纠纷矛盾 210 起，推动溯源治理。

三是弘扬主旋律，传递正能量。在"整建制搬迁"历史遗留问题村、"民宿客源争抢"难调和的村，创新开展"古北口好邻居"创建、评比最美家庭，以道德教化、榜样示范为导向，做好基层治理。

点评

密云区古北口镇是文旅特色突出的乡镇，人员构成复杂、诉求多元。该镇紧紧围绕"以办抚人""以业安人""以德育人""以文化人"的"四个坚持"，让群众安心放心、生活富裕、行为文明、精神富足。该镇探索实践基层治理的精细化路径，持续提升基层治理效能，实现当地居民物质文明与精神文明的双丰收，为同类乡镇的高质量发展与高性能治理提供了可资借鉴的宝贵经验。

一是在接诉即办全过程的关键环节上着手，切实做好每个阶段的重要事项。通过精准快速派单、相关人员沟通办单、专门队伍专业回单、同类问题联动解决，充分发挥了接诉即办的效力，把解决群众诉求办得高效、实在、专业和明白。

二是以接诉即办为切口，推动经济发展与社会治理。聚焦接诉即办发现的核心问题，注重通过发展文旅产业、创造工作机会、增加就业收入和强化

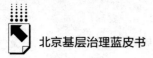
社会保障，来解决群众的后顾之忧，实现"少访少诉"的终极目标。

三是强调基层治理"三治融合"的德治和自治，通过精神文明建设来营造乡村文化新气象。该镇注重发挥村规民约、道德模范、新乡贤、主题教育等方面的文化浸润、精神濡化和道德感化作用，使矛盾消解在基层，让纠纷化解在基层。

B.22
北京接诉即办改革基层治理方法创新案例

摘　要：　北京市各基层单位在推进接诉即办改革的过程中，探索实践了"三实三真""四事四办""三次办理""三见面"等行之有效的工作方法，提高了诉求办理的质量，有力地改善了基层治理工作。

关键词：　"三实三真"　　"四事四办"　　"三次办理"　　"三见面"

一　朝阳区小关街道党建引领"三实三真"赋能接诉即办

小关街道位于朝阳区奥运功能区，辖区面积2.58平方公里，下辖9个社区，常住人口约6.2万人，地区人口密度大、居民诉求多元，各类产权单位多。为更好落实"民有所呼、我有所应"，街道工委始终把接诉即办工作置顶，认真落实"接诉即办是坚持人民立场与超大城市治理有机结合的生动实践"要求，不断强化党建引领接诉即办工作，结合地区实际倡导"每件必争、每分必争、每天必争"的"三必争"精神，探索形成"三实三真"工作理念，筑牢为民服务初心，完善接诉即办机制，提升服务群众水平。近年来，接诉即办年度成绩稳步提升，2023年月度排名分别为第十九、一、二十五、十五，位居朝阳区前列。

（一）动实招，确保反映问题真实解决

接诉即办关键在办，重在解决。面对惠新苑小区产权复杂、公维基

金分散等困难，吹哨职能部门，组成专项工作组，综合采用查询提取公维基金、街道兜底保障等方式推动电梯更新，社区干部逐户对5栋楼466户征求意见、摸底调查，推动小区10部电梯全部更换完毕，让居民提心吊胆的安全隐患得以消除。针对小关东街居民反映单元门外污水井堵塞问题，街道由点及面，及时发现居民区地下共用排水管线老化，第一时间协调专业部门解决，防患未然。炎炎夏日，小关北里小区三栋楼320多户因变压器故障导致停电，街道迅速双管齐下，社区居干入户送水、解释安抚，提供纳凉场所、应急充电等服务；城管办协调电力部门立即排查抢修，在最短时间内解决停电问题。用心用情用力的工作换来居民的安心、暖心、放心。

（二）重实效，确保诉求人真心满意

一些事情看似小事，却往往是群众身边的大事、要事。京煤家园小区积极发挥党支部战斗堡垒作用，自下而上及时了解回应民意民需，实现2022年全年零诉求。坚持解决实际困难与心理沟通疏导同步、诉求办理与群众工作齐发力。面对住总小区老年人比例高、老旧小区改造暂离难度大等困难，城管办科长"90后"干部魏倩积极帮助居民上网找房源，主动开车带耄耋老人看房租房，以"当子女的心"赢得群众真心信任。小关东街社区党委书记魏娟娟面对同人多诉，坚持换位思考、将心比心，与诉求人连续耐心沟通5小时，真心实意从居民角度看问题想办法，打开诉求人心结并发动其成为社区志愿者，用态度、温度提升居民满意度。

（三）做实功，确保问题防反弹机制真正发挥作用

建立长效解决机制，"每月一题"集中破解高频共性难题，将接诉即办与文明城区创建、党组织服务群众等有机结合，充分整合社会资源共商共建共治。坚持冬病夏治、未病先治，将群众急难愁盼解决在"开口"之前，实现办件理念从被动应对到主动治理的转变。在供暖季来临前，

提前组织对辖区 235 栋居民楼开展供暖设备设施标准化检查，将供热服务管家纳入四级体系，公示"供热单位—物业—社区—街道"四级服务电话，确保居民供暖诉求"响应、服务、解决、反馈"全流程高效。健全案件全流程督办机制，纪工委监察组同向发力，综合运用"听查督谈改"五步法，紧盯主体责任落实。强化一线培养检验干部机制，将接诉即办作为抓班子带队伍重要抓手，为干部搭台子、压担子，使干部增才干的同时更接地气，工作作风实现了从"为民"到"亲民""爱民"的积极转变。干部在为民服务过程中，群众工作能力得到不断提升，街道接诉即办也实现了从注重办件能力提升、办件结构优化到"以人为本"办件理念的转变。

点评

小关街道结合地区实际倡导"每件必争、每分必争、每天必争"的"三必争"精神，探索形成"三实三真"工作理念，完善接诉即办机制，在接诉即办工作中取得了好的成绩，其经验方法在于一个"实"字，即动实招、重实效、做实功。

一是动实招，确保反映问题真实解决。接诉即办关键在办，重在解决。街道工委高位统筹、高频调度，坚持日通报、周会商、月分析机制，突出快准实，推动亲自办、快速办、通力办、走心办、重难点问题提级办，将群众诉求一办到底。

二是重实效，确保诉求人真心满意。我们认为的小事，往往是群众身边的大事、要事。街道工委树牢为民情怀，将接诉即办与深化主题教育、强化基层党组织建设紧密结合，充分发挥"门楼院社"四级体系优势，突出主动治理、未诉先办。

三是做实功，建立长效机制。将接诉即办与文明城区创建、党组织服务群众等有机结合，整合社会资源共商共建共治。健全案件全流程督办机制，强化一线培养检验干部机制，为干部搭台子、压担子，使干部增才干、转变作风。

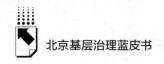

二　丰台区五里店街道"四事四办"
办好每件事温暖万人心

五里店街道位于丰台区中部，面积5.88平方公里，现辖16个社区，常住人口7.9万人，其中65岁以上老年人口1.4万人。是2021年丰台区区划调整后新成立的街道。辖区以部队大院、老旧小区、平房区为主，既有拆迁安置房，又有待拆棚户区，基础设施薄弱，历史遗留问题较多。

街道成立以来始终坚持党建引领，坚守为民初心，聚焦群众急难愁盼问题，做到"四事四办"，不欠新账，努力解决历史欠账，以不打烊的精神，把为民服务的一件件小事做实做细，以群众的获得感检验社会治理的"含金量"。2021年8月以来，连续3年接诉即办年度成绩排名显著提升，2022年全年接诉即办排名列全市街乡镇第三十四；2023年以来，接诉即办月度排名一直位于丰台区前列。

（一）坚持"急事马上办"，群众诉求速接速办

聚焦"急事"，建立急事急办机制，班子成员包片、科室包社区、社区干部包楼、网格员包户，第一时间响应老百姓身边的紧急诉求，派发"加急工单"，做到首接负责，提级办理、一次办好。街道成立以来，共处理紧急类诉求1134件，居民满意率达91.2%。2023年除夕夜，因大风天气导致电线短路，油泵厂社区2600余户居民家中停电，五里店街道发出"加急工单"，协调区城管委、供电公司连夜排查短路点，通过"包楼、包户"机制挨家挨户做好居民解释和安抚工作，经过5个小时的紧张工作，最终在深夜恢复供电，让居民过了一个安心的春节。

（二）坚持"难事盯着办"，一把手带着干

聚焦"难事"，建立问题盯办机制，一把手全过程盯办，一盯到底、

一办到底，深入分析辖区的难事建立台账，定期调度，逐一分析，紧盯办理，及时处置，街道自成立以来，共解决56件难事。2022年9月，北油小区9号楼地下室发生污水倒灌，臭味严重影响周边居民生活。街道一方面采取应急措施，每日抽排污水，累计6400余立方米，保证居民正常生活；另一方面寻根溯源，排查堵点、漏点。然而油嘴油泵厂2017年已经迁至天津武清，熟悉当年规划建设的人员或退休或随厂迁走。街道历时2个月刨开近百米长地面，却始终找不到堵点。但五里店街道没有放弃，溯源倒根走访联系数十位老职工，最终打听到原油嘴油泵厂动力部管线负责人、73岁的胡跃发老师傅熟悉情况，他本人在南戴河退休养老，经过反复沟通，最终街道和社区为民办实事的真心打动了胡老师傅，他专程从南戴河返回小区，帮忙找到了堵点，排查出了污水倒灌的原因，困扰2个月的臭水问题得以彻底解决。

（三）坚持"愁事集中力量办"，治理书记当先锋

聚焦"愁事"，用好区委选派的"治理书记"，带着资源、带着专业，蹲点攻坚、集中破题，解决一批愁事，培养一批"办件人"，提升基层治理水平。区委选派到五里店街道的黄闻同志担任丰西路社区治理书记，他发挥来自城管部门的专业优势，多方协调，调配资源，解决了道路破损扬尘、老旧小区停水断电等百余件愁事，得到群众一致认可和好评。2022年7月，丰西路45号院因二次供水水泵损坏造成突然停水，552户居民生活受到影响，物业一时找不到原因，负责城管多年的黄闻正好"专业对口"，迅速协调电力公司排查电路来源，判断停水原因，寻找到线路断点，更换了水泵，快速为居民恢复了供水。

（四）坚持"盼事共商共治办"，未诉先办到心头

聚焦"盼事"，落实区委伙伴计划，主动协调辖区驻区部队、机关、企事业单位承担社会责任，积极动员群众共同办件，切实想在群众前头、做到群众心头。针对辖区物业管理类诉求较多的情况，以点带面、以防

带治，通过一个案例带动一片治理，将专项整治与主动治理、系统治理相结合。街道大井南里小区建成于 1989 年，为多年无物业管理小区，小区内停车难，私装地锁、私占车位问题严重。经过街道和辖区居民多轮座谈交流、征求意见，成功引入停车管理服务，解决了小区停车难、私装地锁、私占车位等问题。同时，探索推广街道北大地西区社区先尝后买引进物业的模式，先后为街道 4 个无物业小区引进物业管理，切实改善了居民生活环境。

点评

丰台区五里店街道聚焦群众急难愁盼问题，以"四事四办"工作法，为解决历史遗留问题创造了经验。

一是分类处置，建立机制。将事情分为四类，建立四办机制，即"急事马上办""难事盯着办""愁事集中力量办""盼事共商共治办"。责任不明确，工作难推进。五里店街道"四事四办"的核心是职责分明。急事，由各职能部门负责，按照应急响应机制办，难事由一把手盯着办，愁事由治理书记办，盼事由居民共商共治办。社会治理没有局外人，责任明确，各担其责，才能破解踢皮球、三个和尚没水喝的难题。

二是用好资源，提升效能。接诉即办重在办，重在调动一切可以调动的力量和资源办。蹲点攻坚，集中破题，解决一批愁事，培养一批"办件人"，提升基层治理水平。

三　海淀区八里庄街道"三次办理"推动基层社会治理提质增效

近年来，八里庄街道坚守为民初心，坚持党建引领，积极探索治理新模式，接诉即办由成绩靠后到 2023 年全市平均排名第二十九。

（一）突出党建引领，形成"办"的多元合力

街道工委把牢党建引领主线，实施"慧美八里发展伙伴计划"，凝聚起共商共治的力量。协调市区部门、产权单位，推动解决了北洼路29号院存在20多年的临时用电问题；消除五路居地下市场安全隐患，上百件群众诉求得到解决。启动恩济庄平房区拆违时，最初群众不理解、不支持，集中投诉，甚至围堵、阻挠。八里庄街道发挥党员先锋模范作用，安排党员干部驻扎在平房区内，挨家走访入户。原恩济庄大队90多岁的老支书也主动做群众思想工作，最终实现群众从抵触到配合再到认同的转变。

（二）突出工作效能，创新"办"的有效方法

八里庄街道提出"三次办理"工作法，即一次快速办，主管领导每日调度，首接部门快速办理；二次提升办，3日未解决诉求由主管领导与提升小分队直接办理；三次兜底办，对于仍无法解决的，在街道层面统筹办理。同时用好区里"一网统管"平台，为接诉即办插上科技的翅膀。经过努力，诉求办理时间由平均6天缩短到3天，解决率由56.52%提升到96.63%。围绕主动治理、未诉先办，建立高频诉求事项和高频诉求人"两项清单"，分类施策，使零诉、低诉社区不断增加。核二院社区一名智力残疾人常年捡拾垃圾，堆积在屋内外，居民颇有怨言，频繁投诉。街道"吹哨"，多方协同，协调专业照料机构，帮助家属对其妥善安置，并清理了共10车垃圾，居民十分满意。八里庄街道采取"亮相式调度"，以解剖麻雀的态度对症开方。街道工委主要领导带着大家逐个复盘失分诉求，并现场开免提电话与不满意诉求人直接沟通。既教工作技巧，又让敷衍办案、结案不实的现象得以杜绝。

（三）突出攻坚克难，砥砺"办"的顽强意志

接诉即办既要时不我待，也要攻坚克难、久久为功。八里庄街道实行清

单化管理、项目化推进，坚决向地区顽瘴痼疾宣战。先后拆除马神庙 1 号"违建博览园"、鼎力城中村违法建设；清除美丽西园"鸽子楼"、五路居货场等存在 20 多年的脏乱差点位，搬走了长期压在周边居民心上的石头，实现相关诉求清零。将疑难诉求直接推送给班子成员，通过班子成员与诉求人见面，倒逼科室与社区到现场、到居民家中办案。正是靠着这种"咬定青山不放松"的韧劲，解决了一批多年未解决的难题。

点评

海淀区八里庄街道通过系列创新举措，实现接诉即办考核由排名靠后到排名靠前的飞跃，变化的关键在于思想观念的转变和工作方法的创新。这一转变创新使得制约地区的诸多难点问题得到解决，实现了诉求总量下降、解决率和满意率上升的理想成绩。

一是共商共治汇聚治理合力。把牢党建引领主线，实施地区发展伙伴计划，协调市区部门、产权单位，组织动员党员群众的积极力量，凝聚起共商共治的磅礴力量，推动对临时用电危险、地下市场安全隐患整改、平房区拆建等难点问题的解决。

二是攻坚克难彰显治理勇气。不畏地区痼疾，对地区难点问题实行清单化管理、项目式推进，将疑难诉求直接推送给班子成员，通过班子成员与诉求人见面，倒逼科室与社区人员到现场、到居民家中办案，解决了一批多年想解决而未能解决的难题，先后拆除多个违法建筑物，清除了"鸽子楼"、五路居货场等脏乱差点位，搬走了长期压在周边居民心上的"石头"，实现相关诉求清零，治理勇气尤为可贵。

三是分类施策提升治理效能。对诉求进行分类，创新提出"三次办理"工作法，建立高频诉求事项和高频诉求人"两项清单"，采取"亮相式调度"等方式，缩短办理时间，提高解决率，建设零诉、低诉社区，逐个复盘失分诉求，教会工作技巧，杜绝敷衍办案、结案不实等现象，始终把群众答应不答应、认可不认可、满意不满意放在第一位。

四　平谷区熊儿寨乡"三见面"打造共建共治共享社会治理新格局

熊儿寨乡地处平谷北部山区，乡域面积 58.92 平方公里，下辖 7 个行政村，户籍人口 4000 多人。熊儿寨乡有近 6 万亩山场，林木绿化率 94.2%，素有"天然氧吧""京畿之肺"的美誉。熊儿寨乡全面落实市委深化党建引领"吹哨报到"、接诉即办改革部署要求，抓好区委"1+4"文件落实，以建强基层党组织为中心，以落实"四办"机制为抓手，凝聚乡村干部、基层党员、德高望重老同志、志愿者、网格员等各方力量，持续提升乡村治理效能，形成了共建共治共享的社会治理格局。2023 年以来，6 个月度的考评成绩列全市第一。

（一）党群干群画出"同心圆"，党建"引领力"激发为民"新活力"

熊儿寨乡加强以基层党支部为核心的基层治理体系建设，党建引领下好"一盘棋"，凝聚起农村普通党员的力量，在邻里守望、互帮互助等方面做好表率，实现一个支部一个品牌、一个党员一面旗帜，通过党群干群"沟通交流、结对交友、互助服务"办法，实现了让群众"有地儿说话，有地儿办事，有地儿解困"。打造"网格+热线"的线上百姓 E 家和"支部+生活"的线下百姓之家，将党支部建成为民服务的中心；用好政法职能下沉，参与基层矛盾化解，发挥政法干警、法律顾问、人民调解员作用，依法有力解决违法建设、乱堆乱放等问题，坚持把群众诉求纳入法治轨道解决；充分发挥微网格基础底座作用，通过网格员走访入户话家常，收集百姓诉求，排查矛盾隐患，搭建零距离、全天候服务群众的"连心桥"。2023 年 4 月，乡党委集中力量对百姓反映突出的街坊路破损严重、主路没有路灯等共性诉求进行攻坚办理，对乡域 2 万平方米的街坊路进行硬化，彻底解决百姓雨天一脚泥，晴天一身土的烦恼，得到了百姓的一致称赞。

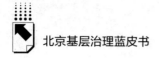
（二）自治法治德治"三合一"，"见面会"打通服务群众的"最后一百米"

熊儿寨乡在办理群众诉求过程中采取接诉后见面、办理中见面、办结后见面"三见面"工作法，用好说事评理议事普法中心，实行"饮茶调解"法，让当事双方坐下来、静下来，以茶为媒，化解民忧。同时关注"两个重点"，对一段时间内的高频重点诉求，采取成立攻坚专班、集体分析研究的方式，稳妥解决群众诉求；对重点诉求人进行专访，力求解决问题。矛盾纠纷。同时实行民事民评、民事民定，将评议结果与文明积分制挂钩，正向激励、反向约束。熊儿寨乡形成了以乡班子成员领办，机关专业科室主办，村级积极协办，区镇共同联办的"四办"闭环办理机制。比如东沟村村民反映邻居新建房屋超高，并多次通过热线投诉宅基地超占、过道堵塞、楼梯间超高等问题。乡土地部门按照"调和矛盾+现场执法"双管齐下的解决路径，经过半个多月的释法明理与反复调解，一方主动配合整改，一方表示和睦相处，诉求双方打开了心结。2023 年，通过区相关部门干部下乡指导，乡干部讲法规讲业务，村干部讲情面讲道理，诉求群众对联合办单的解决率与满意率大幅提升，工单总量下降 20%。

（三）解难题促发展"两不误"，乡村振兴"新实践"促进群众"心"满意

熊儿寨乡党委了解到，个别中老年群众外出务工不方便，因而在家门口就业的意愿强烈。为改变山区产业相对滞后现状，熊儿寨乡党委大力推进乡村振兴破解发展中问题，工作聚焦到培育产业发展、群众就近就业和增收致富上来。熊儿寨乡持续发扬南岔村"自力更生、艰苦奋斗"的精神，搭建一村一策一产业、各具特色的发展布局，统筹利用 8800 亩平原造林流转土地，做好博士农场、科技小院创新科技成果转化，建设集林

菌、林花等多元素于一体的林下生产基地；挖掘中央、市、区政策红利，加快推进红色试点村建设，着力打造引领全面推进乡村振兴的红色地标；引入亿元社会资本，建设平急两用四座楼高品质乡村休闲综合体，持续壮大村集体经济，带动周边百姓增收，各村均由经济薄弱村变为脱贫致富村。其中，老泉口村利用泉水资源，引泉下山建成休闲露营基地，打造出老泉驿站富民经济带，村民收入逐年增加，口袋鼓了，心里乐了，邻里关系更加融洽，实现从"工单大户"到"零诉求村"的转变，山乡群众的归属感和幸福指数明显提升。

点评

平谷区熊儿寨乡结合乡情，坚持党建引领、服务群众、助力乡村振兴，打造共建共治共享乡村共同体，接诉即办考评成绩突出，值得肯定和借鉴。

一是画出同心圆密切党群干群关系。加强以基层党支部为核心的基层治理体系建设，党建引领下好"一盘棋"，凝聚起农村普通党员力量，在邻里守望、互帮互助等方面做好表率，通过党群干群"沟通交流、结对交友、互助服务"办法，实现让群众"有地儿说话，有地儿办事，有地儿解困"，发挥微网格基础底座作用，搭建零距离、全天候服务群众的"连心桥"，缩短党群干群间的距离。

二是"三见面"打通服务群众"最后一百米"。办理群众诉求实现"三见面"，在频繁互动中拉近距离。用好说事评理议事普法中心，实行"饮茶调解"法，以茶为媒，缓解紧张情绪，化解民忧。关注重点诉求，组成攻坚专班集体分析研究并稳妥解决高频重点诉求。实行民事民评、民事民定，将评议结果与文明积分制挂钩，正向激励，反向约束，引导群众积极向善。

三是解难题促发展推进乡村振兴。聚焦培育产业发展、群众就近就业、农民增收致富等关键问题，构建"一村一策一产业"各具特色的发展布局，做好博士农场、科技小院创新科技成果转化，发展林下生产基地、红色试点村、高品质乡村休闲综合体等，带动周边群众增收，经济薄弱村成为脱贫致富村。让群众口袋鼓起来，心情舒畅起来，邻里关系融洽起来，这才是基层治理的硬道理。

附　录
2023年北京接诉即办改革大事记

1月29日　北京市委召开2023年首次月度工作点评会，市委书记尹力主持会议。会议要求，新的一年，要进一步提高接诉即办工作水平和为民服务能力。

1月31日　经市委、市政府主要领导同意，以市委深改委"接诉即办"改革专项小组名义印发《2023年北京市接诉即办改革工作要点》。

2月22日　北京市委平安北京建设领导小组全体（扩大）会议召开。市委书记、市委平安北京建设领导小组组长尹力主持会议。会议要求，深入推进市域社会治理现代化，深化诉源治理与接诉即办机制衔接，坚持"每月一题"集中破解高频共性难题，及时把矛盾纠纷化解在基层、化解在萌芽状态。

3月1日　北京市委召开月度工作点评会，市委书记尹力主持会议。会议指出，接诉即办是坚持人民立场与超大城市治理有机结合的生动实践。各级各部门要深入实施接诉即办工作条例，既扎实办好每一个诉求，又强化主动治理、未诉先办，不断增强群众获得感。

3月29日　北京市委常委会召开会议，市委书记尹力主持会议。会议要求，持续深化党建引领基层治理，总结运用疫情防控经验，巩固深化接诉即办改革成果。

3月31日　北京市委召开月度工作点评会，市委书记尹力主持会议。会议指出，接诉即办是立足首都城市特点，以市民诉求小切口撬动城市治理大变革的生动实践；各级各部门要对照新版考评办法抓好落实，坚定沿着这条路走下去，将接诉即办不断引向深入。

4月5日 北京市政务服务工作会议召开。会议指出，2023年将优化接诉即办考评体系，把首接负责、主动治理、解决疑难问题激励等纳入考评，鼓励基层改革创新破解难题；"每月一题"重点攻坚高频共性难题。

4月25日 市委书记尹力围绕"深入学习贯彻习近平新时代中国特色社会主义思想，深化接诉即办，办好民生实事"主题，到市政务服务中心调研。

4月27日 北京市委召开月度工作点评会，市委书记尹力主持会议。会议指出，接诉即办是今年主题教育中办实事、解民忧的主抓手；各级各部门各单位要站稳人民立场，牢固树立到基层一线解决问题的鲜明导向，把接诉即办不断引向深入；发挥好接诉即办"探针"作用，善于发现安全生产相关的苗头性、倾向性问题，更好服务全市重点工作。

5月31日 北京市委召开月度工作点评会，市委书记尹力主持会议。会议指出，接诉即办坚持人民立场，办的是群众"急难愁盼"，看的是干部能力作风；要结合主题教育，提升接诉即办科学化精细化水平，把惠民生、暖民心、顺民意的工作做到群众心坎上。

6月10日 北京市委副书记、市长殷勇围绕"学习贯彻习近平新时代中国特色社会主义思想，深化接诉即办，办好民生实事"主题，到市民热线服务中心调研座谈。

6月29日 北京市委召开月度工作点评会，市委书记尹力主持会议。会议指出，接诉即办要与当前正在开展的主题教育紧密结合起来，更好服务全市中心工作，持续发挥办实事、解民忧的主抓手作用，对经常性问题盯住不放，让市民群众有更多获得感。

6月30日 由北京市政务服务管理局联合首都高校、科研机构等共同编写的《北京接诉即办改革发展报告（2022~2023）》正式出版发行，这是"北京基层治理蓝皮书"的第二部。

7月5日 北京市委常委会召开会议，市委书记尹力主持会议。会议要求，坚持以防为主、防抗救相结合，及时处置各类突发情况，充分发挥12345热线作用，及时办理群众涉讯各类诉求。

7月19日 北京市委常委会召开会议，市委书记尹力主持会议。会议要求，紧扣"七有""五性"，抓好接诉即办，深化主动治理、未诉先办，切实保障和改善民生。

8月30日 北京市委召开月度工作点评会，市委书记尹力主持会议。会议指出，接诉即办是社情民意的晴雨表，是送上门来的群众工作；要结合学习借鉴"浦江经验"，加强和改进接诉即办工作，以实际行动换来群众的幸福感和满意度；加强企业诉求分析，解决好企业反映的高频问题。

9月29日 北京市委召开月度工作点评会，市委书记尹力主持会议。会议指出，接诉即办是推进超大城市治理、服务市民群众的生动实践；各级各部门要提高能力水平，发挥接诉即办主抓手作用，在主题教育中更好服务群众、推动发展。

10月7日 北京市政务服务管理局向市政府报送《关于〈市十五届人大常委会第四十三次会议对"北京市人民代表大会常务委员会执法检查组关于检查《北京市接诉即办工作条例》实施情况的报告"的审议意见〉处理情况报告》。

10月11日 北京市委常委会召开会议，市委书记尹力主持会议。会议强调，深化接诉即办改革，构建更加有效的超大城市治理体系。

10月23日 北京市委常委会召开会议，市委书记尹力主持会议。会议要求，持续保障和改善民生，以接诉即办为抓手解决好群众急难愁盼问题。

11月4日 北京市委召开月度工作点评会，市委书记尹力主持会议。会议要求，深化接诉即办，探索更多有效办法，进一步提高工作效能。

12月6日 北京市委召开月度工作点评会，市委书记尹力主持会议。会议指出，要总结规律、完善工作，尽量减少问题的重复发生；增强预判性，提高办诉的主动性、精准性、有效性，尽量把问题解决在萌芽状态；抓好接诉即办专项监督，完善考评体系，优化提升企业服务热线，及时有效解决企业急难愁盼问题。

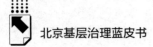

北京市委常委会召开会议，传达学习习近平总书记重要讲话重要指示精神，研究接诉即办工作和2024年重要民生实事项目等事项。会议强调，接诉即办改革是践行以人民为中心发展思想的生动实践，是北京改革的"金名片"。要"继续沿着这条路走下去"，坚持民有所呼、我有所应，以市民诉求驱动超大城市治理，把我们这座伟大的城市建设好、管理好、发展好。继续抓好接诉即办改革，持续完善全流程工作机制，深度挖掘市民诉求大数据富矿，建好民生"智库"。加强接诉即办文化建设，办好接诉即办改革论坛。要扎实推进"每月一题"，聚焦高频共性难点问题，深化主动治理、未诉先办，切实提升城市治理精准性、有效性。各主责单位抓紧制定"一方案三清单"，不断巩固扩大治理成果。要树立到基层一线抓落实、在群众身边抓实事的鲜明导向。坚持党建引领，强化"书记抓、抓书记"，压实各级党组织责任。严肃工作纪律，严禁弄虚作假，鼓励各级干部担当作为。

12月14日　北京市委全面深化改革委员会第八次会议召开，市委书记尹力主持会议。会议要求，坚持人民至上，推广接诉即办"每月一题"主动破解群众高频诉求难题的经验，多从群众急难愁盼问题上找突破口，以"微改革、微创新"提升群众获得感。

12月18日　经北京市委常委会审议通过，《2024年接诉即办"每月一题"推动解决重点民生诉求问题工作方案》以市委深改委"接诉即办"改革专项小组名义正式印发实施。

12月19~20日　中国共产党北京市第十三届委员会第四次全体会议召开，市委常委会主持会议。市委书记尹力代表市委常委会作工作报告。全会要求，深化接诉即办改革，强化主动治理、未诉先办，办好2024接诉即办改革论坛。

12月20日　《人民日报》发表长篇报道《北京市创新开展"党建引领接诉即办"——实招解民生诉求　新路探城市治理》，并在头版以《北京以群众诉求驱动超大城市治理变革》为题进行摘要报道。

Abstract

2023 is the beginning year of fully implementing the spirit of the 20th National Congress of the Communist Party of China, and it is also a year of solidly promoting the reform of swift response to public complaints. Beijing takes swift response to public complaints as the main focus, and serves to ensure the study and implementation of Xi Jinping's Thought on Socialism with Chinese Characteristics for a New Era; strengthen the construction of resilience hotlines to assist in flood prevention and disaster relief and improve emergency response levels; deepen proactive governance, address both symptoms and root causes, and solve high-frequency common problems; deeply implement the "Beijing Regulations on Swift Response to Public Complaints" and enhance the standardization and institutionalization level of swift response to public complaints; promote diversified participation, create a social governance pattern of co-construction, co-governance, and sharing, and pave the way for modern governance of mega cities driven by citizen demands.

In order to summarize the sustained research results on the practical and theoretical value of swift response to public complaints in various sectors of society, the Beijing Municipal Government Service and Data Management Bureau, in conjunction with relevant government departments, universities, research institutions, and think tank experts in Beijing, has launched *Annual Reports on Beijing's Swift Response to Public Complaints Reform and Development (2023–2024)*. This book is divided into five parts: general report, sub reports, special reports, typical cases, and chronicle of events. It comprehensively utilizes big data analysis, quantitative analysis, qualitative analysis, comparative analysis, and visualization technology to sort out and summarize the reform work of swift response to public

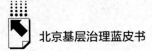

complaints, and conducts in-depth research on the governance model of super large cities in Beijing, providing suggestions and suggestions for further deepening reform and innovation and promoting modernization of urban governance.

Keywords: Swift Response to Public Complaints; Proactive Governance; Beijing Mode; Chinese Modernization

Contents

I General Report

Abstract: Since January 2019, the Beijing Municipality has started the reform of swift response to public complaints with the 12345 Citizen Service Hotline as the main channel, and has formed a new paradigm of citizen's demand-driven mega-city governance by providing swift response, efficient handling, timely feedback and proactive governance, and handling the case before it is filed. The reform of swift response to public complaints is a revolution in modernized urban governance in China. From the perspective of cognitive choice, swift response to public complaints is a revolution in governance thinking, which replaces the old governance thinking with a new one, thus opening up a revolution in modernized governance in China and realizing a paradigm shift in governance. From the practice of the swift response to public complaints reform, the revolution in governance mindset of it is mainly reflected in the following 10 aspects: (1) from an official-centered mindset to a people-oriented mindset; (2) from a top-down mindset to a grassroots-oriented mindset; (3) from a sluggish mindset to an agile mindset; (4) from an empirical mindset to a scientific mindset; (5) from a territorial mindset to a collaborative mindset; (6) from a reactive mindset to a proactive mindset; (7) from a textual mindset to a digital mindset; (8) from a localized mindset to a systemic mindset; (9) from a conservative mindset to an innovative mindset; (10) from a rule-by-man mindset to a rule-of-law mindset. Fundamentally, the governance mindset revolution of swift response to public complaints embodies the worldview and methodology of Xi Jinping's Thoughts on Socialism with Chinese Characteristics for a new era, which is not only of guiding significance for the handling of complaints, but can also be used in a wider range of broader governance practices, with replaceable, propagable and adaptable value.

Keywords: Chinese Path to Modernization; Swift Response to Public Complaints; Governance Thinking; Thinking Revolution

Ⅱ Sub Reports

B. 2 Beijing 12345 Citizen Service Hotline Annual Data Analysis Report in 2023

Research Group of Beijing Citizen Hotline Service Center / 026

Abstract: In the past five years, the reform work of swift response to public complaints in Beijing has experienced rapid development and continuous deepening. Based on the data from the 12345 Citizen Service Hotline in 2023, a comprehensive analysis is conducted on the characteristics of acceptance throughout the year. The complaints of the masses presents new characteristics. The number of complaints such as "food, accommodation, transportation, travel, shopping, and learning" has increased. The proportion of municipal service and urban renewal issues has decreased, but the impact of consumption and economic disputes, hot events, extreme weather, and other factors is prominent, and the regularity and uncertainty reflected by the public are intertwined. Further solve the livelihood problems in areas such as healthcare, education, employment, and social security, in order to enhance the government's ability to respond to challenges such as economic development and grassroots autonomy.

Keywords: Swift Response to Public Complaints; Citizen Hotline; Data Mining

B.3   Further Improving the Development of Mega-Cities of
Modern Governance Driven by Citizen Demands
—*Evaluation Report on Swift Response to*
Public Complaints Reform of Beijing in 2023
Research Group of Tsinghua University Data Governance Research Center / 088

Abstract: A comprehensive summary and key analysis of the reform work of swift response to public complaints in 2023 is conducted from four aspects: reform subjects, governance scenarios, resource integration, and coordination among the Beijing-Tianjin-Hebei region. Theoretical explanation and model refinement for the reform of swift response to public complaints lawsuits after docking. Write the chapter of Chinese path to modernization in Beijing on the new journey, better coordinate the implementation of the concept, system guarantee, mechanism operation, service provision, technical support and exchange and mutual learning, focus on promoting the construction of six mechanisms, including organization, incentive and coupling, rich in practical and action significance, and promote "active governance" to a new stage of " complaint based unified management, efficient and excellent operation".

Keywords: Citizen Demands; Mega-Cities; Swift Response to Public Complaints; Complaint-based Unified Management; Efficient and Excellent Operation

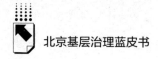
B.4   Practice and Exploration of the Digitalization of Swift

Response to Public Complaints in Beijing

Research Group of Beijing Citizen Hotline Service Center / 106

Abstract: Beijing adheres to the guidance of Xi Jinping's socialist ideology with Chinese characteristics for the new era, under the overall framework of smart cities and digital governance, by promoting the expansion and full coverage of data resources, open sharing of data in application scenarios, data analysis services for government decision-making, reform of government governance service models, and collaborative linkage of "hotline +" governance, we aim to expand the intelligence of the entire process of swift response to public complaints. In the future, continuous efforts are needed in top-level design and new technology applications, providing convenient services through vertical scene optimization, improving data computing power to accurately assist decision-making, and further strengthening data security guarantees in digital development.

Keywords: Swift Response to Public Complaints; Digitalization; Social Governance

Ⅲ   Special Reports

B.5   An Ecological Model of Megacity Wisdom Governance

—*The Case of Beijing's Swift Response to Public Complaints Reform*

Meng Tianguang / 120

Abstract: Since the Opening and Reform, three overlapping modernization processes, including marketization, urbanization, and digitalization, have profoundly influenced China's city governance. For a long time, smart city was mainly driven by digital technology to sense the objective and physical world of the city, forming a model of "ICT-enabled City". However, this model ignores the subjectivity and purpose of human beings, and then makes it difficult to perceive the subjective world and social system of urban space. After five years of reform exploration, Beijing's reform of swift response to public complaints has achieved a governance transformation from managerial to service-oriented, extensive to refined, single-operational to collaborative interactive, and reactive to proactive. It establishes a governance model with technological empowerment and enable, using citizen demands as sensors, aiming to enhance people-oriented urban governance by improving public opinion identification, risk assessment, issue deliberation, scientific decision-making, and policy evaluation. In the digital era, China's urban governance should move towards a synthesized path combining the models of "ICT-enabled City" and "People-oriented City". This combination not only senses the physical space of cities, but also understands the social system of human society, so that we can fully understand the complexity and multi-dimensionality of urban space and form solutions to complex governance problems.

Keywords: People-oriented City; Citizen Demands; Swift Response to Public Complaints; Smart City; Governance Ecology

B.6   Establish the Thought of People's City, Improve

the People's Supervision System

—*A Study Based on the Experience of Beijing's*

Swift Response to Public Complaints Reform

Wang Lei, Ren Dekun, Zhou Xiaoqi and Tie Jingke / 131

Abstract: The people's supervision system formed based on the system of swift response to public complaints combines the two elements of "people's supervision" and "self revolution", achieving coordination between the external form of public supervision and various forms of public power supervision as internal supervision. It not only highlights the value concept of "people first", reflects the distinct people-oriented nature, but also forms a strong supervisory force, ensuring significant supervisory effectiveness. At the same time, it also integrates various

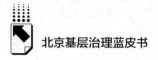
types of supervision, such as bottom line supervision and performance supervision, discovery supervision and response supervision, as well as pre − preventive supervision, participatory supervision during the process, and post accountability supervision, vividly interpreting the full chain, all −round, and full coverage of people's supervision under the full process of people's democracy. The people's supervision system formed based on the system of swift response to public complaints in Beijing adheres to the leadership of the Party, implements the important concept of a people's city in the new era, and effectively implements the local regulations of the Beijing Regulations on swift response to public complaints. This supervision system is a vivid reflection of the modernization of the national governance system and governance capacity, and provides the Chinese path to modernization people's supervision system with Beijing experience in the new era.

Keywords: Swift Response to Public Complaints; People's Supervision System; Chinese-style Modernization

B.7 "One Question Per Month": Exploring the Modernization of Urban Social Governance Driven by Demands

Yang Rong, Chen Feng, An Yongjun, Li Xi and Liang Wei / 144

Abstract: Promoting the modernization of urban social governance is an important part of national governance modernization. The " one question per month" mechanism established by Beijing on the basis of the reform of swift response to public complaints is an active governance focused on the urgent and difficult problems of the general public and the difficult and painful points of grassroots governance in mega cities. It is an important exploration to deepen the modernization of urban social governance. The operation mechanism of " one question per month" can be divided into three steps: policy driven topic selection, block linkage governance problem solving, multi-dimensional evaluation conclusion and continuous tracking, thereby achieving closed-loop governance for each issue.

"One question per month" is a special governance mechanism driven by the demands of citizens in the city, which relies on three mechanisms: problem oriented linkage, targeted treatment, and high-level system governance to play a role. "One question per month" not only significantly enhances the sense of gain for the public through proactive governance, but also promotes the modernization transformation of the urban social governance system and governance capacity through problem-solving, achieving precise screening of urban governance issues, efficient resolution of complex urban problems, and long-term results of urban problem governance.

Keywords: Urban Social Governance; "One Question Per Month"; Swift Response to Public Complaints; Special Governance

B.8 Improving Governance Level of Sub-districts and Townships by Swift Response to Public Complaints Reform
—Innovative Practice of Sub-districts and Townships

Shan Aihong, Li Lanjia / 160

Abstract: The practice of sub-districts and townships is the important component of swift response to public complaints reform in Beijing. Sub-districts and townships are a major source of issues raised by residents and therefore, a focus in city governance. The practice of sub-districts and townships is a kind of special governance that carries on dynamic management according to the situation of appeals. Based on the introduction of the origin, characteristics and practices of the sub-districts and townships, this paper summarizes the experience from the perspective of dynamic capabilities theory. The experience of the practice of sub-districts and townships can be summarized as follows: perceiving problems through demands, perceiving shortcomings in ability; make good use of the pressure addition and reduction valve, activate the governance power; reorganize governance resources and enhance governance capacity; solidify the system

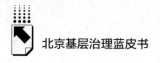

mechanism and promote knowledge production. In the future, the practice of sub-districts and townships also needs to further balance the relationship between governance and development, governance and service, governance and management, and promote the continuous improvement of governance capacity.

Keywords: Swift Response to Public Complaints; The Sub-districts and Townships; Dynamic Capabilities Theory

B.9 Research on Deepening the Reform of Swift Response to Public Complaints and Optimizing the Linkage of Beijing's Business Environment

Zhang Zelin, Wang Jianren and An Hui / 177

Abstract: The combination of swift response to public complaints and optimization of the business environment not only means that the government should provide better public services, but also means that the two should be integrated into a unified governance interface. This requires the establishment of a new governance unit, the implementation of internal structural changes, the stimulation and promotion of the participation of corporate entities and relevant government management departments. Based on deepening the reform of swift response to public complaints in order to optimize the business environment, the main paths include integrating entities and strengthening business collaboration; reducing administrative costs and improving fiscal efficiency; enhancing the quality of government-enterprise interaction.

Keywords: Swift Response to Public Complaints; Business Environment; Interface Governance; Digital Governance

B.10 Strengthen Social Recognition and Improve the Governance
Level of Swift Response to Public Complaints   *Tan Rihui* / 190

Abstract: The swift response to public complaints is a major social project to warm the hearts of the people and unite them. Over the years, a large number of difficult and important issues have been solved through the swift response to public complaints, and many good things have been done. Research shows that the streets have made a lot of positive and effective efforts, and the people's sense of gain, happiness and security has greatly improved. To further improve the effectiveness of grassroots governance, we should further strengthen the institutional, ability, and psychological recognition of swift response to public complaints, so as to further implement the people-first concept and promote the vivid practice of Xi Jinping's thought of socialism with Chinese characteristics for a new era in Beijing and across the country.

Keywords: Swift Response to Public Complaints; Social Recognition; Institutional Recognition; Ability Recognition; Psychological Recognition

B.11 Innovation in the Practice of the Mass Line and Swift
Response to Public Complaints from the Perspective of
Interaction Between the Government and the People
Chen Hanfei / 203

Abstract: The mass line is the lifeline and fundamental work line of the party, and its connotations include "all for the masses, all rely on the masses" and "from the masses, to the masses". The concept of "mass" retains the meaning of "people" under the traditional "official-people" structure. The relationship between the party and the masses is expressed as the interaction between cadres and masses under the discourse of the mass line, and the interaction between the government and the people under the discourse of bureaucracy. Observing the evolution history of the mass line

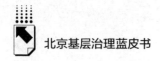
from the perspective of changes in the interaction between the government and the people, we can find the basic laws of the mass line's inception, development and reconstruction. It has successively formed a mass movement type, a function division type and a government-civilian interaction model that the mechanism of swift response to public complaints. The third type is a transcendence of the first two.

Keywords: Mass Line; Interaction Between the Government and the People; Swift Response to Public Complaints; Mass Request

B.12 The Interactive Relationships and Strategic Choices
of Swift Response to Public Complaints *Yuan Zhenlong* / 215

Abstract: Seizing the key link in handling requests in the process of swift response to public complaints, this paper analyzes the sustained interactive relationship between different actors such as the initiator and the undertaker of requests in the process of handling requests from an interactive perspective, and studies the differentiated strategy choices of different actors in the interactive process and the consequences of different strategy choices. The initiators of the requests mainly have situations such as satisfactory interaction, ineffective interaction, and misplaced interaction, while the undertakers of the requests have situations such as efficient interaction, promotion interaction, internal interaction, circular interaction, and evasive interaction. Focusing on the modernization of the governance system and governance capacity, corresponding response strategies are proposed from four aspects: self-awareness of responsibility for initiating requests, precise pursuit of request dispatching, collaborative governance of difficult requests, and optimization and adjustment of work order removal.

Keywords: Swift Response to Public Complaints; Handling Requests; Interactive Relationships; Strategic Choices

B. 13　The Implementation Dilemmas and Improvement Paths

of the Diversified Participation Mechanism

in Swift Response to Public Complaints Reform

—Analysis of Experience from Social Governance in the Capital

Chen Lei, *Zheng Miao* / 228

Abstract: At present, in the exploration and attempts of diversified participation in grassroots governance reform in China, there are generally practical difficulties such as low public participation enthusiasm, lack of social organization autonomy function, lack of grassroots governance workers and the need to improve their abilities, and incomplete technological advancement of diversified participation in governance. In swift response to public complaints reform, it is necessary to fully leverage the leading and supervisory role of party building, steadily improve the service level of grassroots governance organizations and administrators, fully mobilize the enthusiasm of the public to participate in grassroots governance, and systematically build a diversified and intelligent platform for grassroots governance, actively guide big data to empower the collaborative governance of multiple entities in smart communities.

Keywords: Grassroots Governance; Swift Response to Public Complaints; Diversified Participation; Proactive Governance

B. 14　From Convenience to Benefit Enterprises: Development of

Government Hotlines and Optimization of

Business Environment　　　　　　　　　　*Ma Liang* / 240

Abstract: Government hotline is mainly used to serve citizens, but it is also relevant for doing business. This chapter analyzed the World Bank's business environment assessment framework and explored how government hotline can help to improve the business environment. Explore the role of government hotlines in optimizing the business environment, including the formulation of policies related to enterprises, the implementation of policies that benefit enterprises, and the evaluation of the business environment; and propose countermeasures and suggestions to further optimize the business environment by using government hotlines from the perspectives of intensive and linked communication channels, interconnectivity and development of enterprise big data, and precise profiling services for enterprises. Government hotline can well respond to and address enterprises' grievances, help diagnose policy loopholes and perfect polices, and use big data analytics to better serve enterprises.

Keywords: Government Hotline; Doing Business; Administrative Service; State-Business Relations

B.15 Government Hotline Promote the Efficiency of Digital Government Governance *Li Zhihong* / 252

Abstract: With the rapid development of information technology, the use of government hotline is becoming increasingly widespread. The government hotline provides a good service platform for the public, effectively promoting public services. The widespread use of government hotline can promote the improvement of digital government governance efficiency. The use of government hotline is influenced by factors such as mindset, urban governance system, departmental and territorial cooperation. We need to strengthen the effective use of government hotline, strengthen the construction of government public service platforms, and enhance the efficiency of digital government governance.

Keywords: Government Hotline; Digital Government; Governance Efficiency

B.16 Relying on "Hotline+Grid" to Promote Innovation in Grassroots Governance

Xie Jinqiang, Sun Jie / 259

Abstract: Beijing actively explores the reform of the "hotline+grid" social governance system, and the deep integration of "hotline+grid" has become an inherent requirement and effective path to improve the grassroots governance system of mega cities. By building a fast response and efficient "hotline+grid" integrated platform, on the one hand, we will play a good role in the swift response to public complaints mechanism, focus on problems with high complaint rates, conduct root cause analysis, study the causes of repetitive problems, and promote rectification; on the other hand, effectively connecting with grid governance, focusing on the construction of grassroots grid systems and empowering grid personnel, leveraging the advantages of grid personnel being familiar with people, places, and matters, and continuously improving the efficiency of handling public requests.

Keywords: "Hotline+Grid"; Handling Requests; Grid Based Governance

B.17 The Modernization of Urban Governance Driven by Government Hotlines

—Perception, Cognition, and Prediction

Wu Yansong / 274

Abstract: This paper explores the development of government hotline and the value of government hotline, analyzing the data quality, system platform, standard construction, analytical application, and talent cultivation issues faced by government hotline data governance, solutions and paths were proposed from the perspectives of improving data collection and management, building independent professional data platforms, drafting data standards, strengthening data analysis, and strengthening talent cultivation and utilization, and researches the experience of the government hotline data governance. It aims to optimize the quality of data analysis, data application and data governance of the government hotline, assist government decision – making more accurately and effectively, improve the efficiency of government governance, provide strong support for urban management and social governance, and make the people feel a fuller sense of gain, happiness and security. The conclusion of this paper includes a summary of the main findings and contributions, as well as the suggestions and prospects for future research directions.

Keywords: Government Hotline; Data Analysis; Data Governance; Urban Governance; Social Governance

B.18 The Collaborative Governance of Regional

Data Driven by Digital Technology:

Value Review and Logical Path

Jiang Minjuan / 287

Abstract: Regional government data sharing is a prerequisite for regional collaborative development. With the rapid development of digital technology, data sharing faces unprecedented opportunities. Digital technology not only provides a broad platform for data sharing, but also significantly improves the efficiency of regional collaborative governance. In addition, digital technology is also expected to solve the risks and security issues of data sharing, and reduce transaction costs. The inherent logic of digital technology driving regional data collaborative governance lies in the deep integration of subject, resource and technical elements, which triggers organizational structure and process model changes. It achieves the networked, integrated and collaborative changes of data governance with the inherent logic of "point-line-surface" gradual progression, and provides impetus for regional data collaborative governance through "empowerment and efficiency"

B.19   Boosting the Coordinated Development of Public Services
in the Beijing-Tianjin-Hebei Region
through "Public Demands"

Gao Yan, Peng Shijian and Wang Fengming / 300

Abstract: The people are a crucial entity and determining factor in achieving coordinated development in the Beijing-Tianjin-Hebei region. Behind the call for "Shanhe University" is the expression of the public's demand for further coordination of public services in the Beijing-Tianjin-Hebei region. In the ten-year collaboration of "striving to bridge", the overall imbalance in the development of public services in the Beijing-Tianjin-Hebei region has been significantly alleviated, but there is still a certain gap within the region. Starting from demographic indicators and considering both the local context of Hebei Province and the broader perspective of the Beijing-Tianjin-Hebei region, it is found that the imbalance and internal disparities are highly related to a strong internal siphoning effect, while a gradually emerging weak external siphoning effect of the region as a whole is also observed. So, by promoting the trend of investigation and research, accurately capturing and actively responding to the demands of the masses, deepening the linkage mechanism, drawing on the fine experience of the integration of the Yangtze River Delta, and accurately providing equal public services, we aim to promote further precise coordination of public services.

Keywords: Public Demands; Beijing-Tianjin-Hebei Coordination; Public Service Coordination; Siphoning Effect

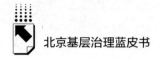
IV   Typical Cases

B. 20   Innovation Cases of Grassroots Governance Path

in Beijing's Swift Response to Public Complaints Reform / 310

Abstract: In the process of promoting swift response to public complaints reform, various grassroots units in Beijing actively exploring new paths for grassroots co-construction and co-governance, as well as consultation and co-governance, draw the brightest "concentric circle" serving the people, through party building guidance, and maximize the enthusiasm, initiative, and innovation of all sectors of society to participate in social governance, achieving good governance results.

Keywords: Party Building Guidance; Co-Governance and Sharing; Consultation and Co-Governance; Popular Opinion Answer Sheet

B. 21   Innovation Cases of Grassroots Governance Mechanism

in Beijing's Swift Response to Public Complaints Reform / 324

Abstract: In the process of promoting swift response to public complaints reform, various grassroots units in Beijing have continuously promoted mechanism innovation, explored good working mechanisms such as digital empowerment, proactive governance, comprehensive implementation of policies, port forward, and the four cardinal principles, and achieved good results.

Keywords: Digital Empowerment; Comprehensive Implementation of Policies; The Port Forward; Four Cardinal Principles

Abstract: In the process of promoting swift response to public complaints reform, various grassroots units in Beijing have explored and practiced effective work methods such as "three realities and three truths", "four matters and four handling", "three handling", and "three meetings", which have improved the quality of complaint handling and effectively improved grassroots governance work.

Keywords: "Three Realities and Three Truths"; "Four Things and Four Handling"; "Three Handling"; "Three Meetings"

皮 书

智库成果出版与传播平台

❖ 皮书定义 ❖

皮书是对中国与世界发展状况和热点问题进行年度监测，以专业的角度、专家的视野和实证研究方法，针对某一领域或区域现状与发展态势展开分析和预测，具备前沿性、原创性、实证性、连续性、时效性等特点的公开出版物，由一系列权威研究报告组成。

❖ 皮书作者 ❖

皮书系列报告作者以国内外一流研究机构、知名高校等重点智库的研究人员为主，多为相关领域一流专家学者，他们的观点代表了当下学界对中国与世界的现实和未来最高水平的解读与分析。

❖ 皮书荣誉 ❖

皮书作为中国社会科学院基础理论研究与应用对策研究融合发展的代表性成果，不仅是哲学社会科学工作者服务中国特色社会主义现代化建设的重要成果，更是助力中国特色新型智库建设、构建中国特色哲学社会科学"三大体系"的重要平台。皮书系列先后被列入"十二五""十三五""十四五"时期国家重点出版物出版专项规划项目；自2013年起，重点皮书被列入中国社会科学院国家哲学社会科学创新工程项目。

皮书网

（网址：www.pishu.cn）

发布皮书研创资讯，传播皮书精彩内容
引领皮书出版潮流，打造皮书服务平台

栏目设置

◆关于皮书

何谓皮书、皮书分类、皮书大事记、
皮书荣誉、皮书出版第一人、皮书编辑部

◆最新资讯

通知公告、新闻动态、媒体聚焦、
网站专题、视频直播、下载专区

◆皮书研创

皮书规范、皮书出版、
皮书研究、研创团队

◆皮书评奖评价

指标体系、皮书评价、皮书评奖

所获荣誉

◆2008年、2011年、2014年，皮书网均
在全国新闻出版业网站荣誉评选中获得
"最具商业价值网站"称号；
◆2012年，获得"出版业网站百强"称号。

网库合一

2014年，皮书网与皮书数据库端口合
一，实现资源共享，搭建智库成果融合创
新平台。

皮书网

"皮书说"
微信公众号

权威报告·连续出版·独家资源

皮书数据库
ANNUAL REPORT(YEARBOOK)
DATABASE

分析解读当下中国发展变迁的高端智库平台

所获荣誉

- 2022年，入选技术赋能"新闻+"推荐案例
- 2020年，入选全国新闻出版深度融合发展创新案例
- 2019年，入选国家新闻出版署数字出版精品遴选推荐计划
- 2016年，入选"十三五"国家重点电子出版物出版规划骨干工程
- 2013年，荣获"中国出版政府奖·网络出版物奖"提名奖

皮书数据库

"社科数托邦"
微信公众号

成为用户

　　登录网址www.pishu.com.cn访问皮书数据库网站或下载皮书数据库APP，通过手机号码验证或邮箱验证即可成为皮书数据库用户。

用户福利

- 已注册用户购书后可免费获赠100元皮书数据库充值卡。刮开充值卡涂层获取充值密码，登录并进入"会员中心"—"在线充值"—"充值卡充值"，充值成功即可购买和查看数据库内容。
- 用户福利最终解释权归社会科学文献出版社所有。

数据库服务热线：010-59367265
数据库服务QQ：2475522410
数据库服务邮箱：database@ssap.cn
图书销售热线：010-59367070/7028
图书服务QQ：1265056568
图书服务邮箱：duzhe@ssap.cn

S 基本子库
UB DATABASE

中国社会发展数据库（下设 12 个专题子库）

紧扣人口、政治、外交、法律、教育、医疗卫生、资源环境等 12 个社会发展领域的前沿和热点，全面整合专业著作、智库报告、学术资讯、调研数据等类型资源，帮助用户追踪中国社会发展动态、研究社会发展战略与政策、了解社会热点问题、分析社会发展趋势。

中国经济发展数据库（下设 12 专题子库）

内容涵盖宏观经济、产业经济、工业经济、农业经济、财政金融、房地产经济、城市经济、商业贸易等 12 个重点经济领域，为把握经济运行态势、洞察经济发展规律、研判经济发展趋势、进行经济调控决策提供参考和依据。

中国行业发展数据库（下设 17 个专题子库）

以中国国民经济行业分类为依据，覆盖金融业、旅游业、交通运输业、能源矿产业、制造业等 100 多个行业，跟踪分析国民经济相关行业市场运行状况和政策导向，汇集行业发展前沿资讯，为投资、从业及各种经济决策提供理论支撑和实践指导。

中国区域发展数据库（下设 4 个专题子库）

对中国特定区域内的经济、社会、文化等领域现状与发展情况进行深度分析和预测，涉及省级行政区、城市群、城市、农村等不同维度，研究层级至县及县以下行政区，为学者研究地方经济社会宏观态势、经验模式、发展案例提供支撑，为地方政府决策提供参考。

中国文化传媒数据库（下设 18 个专题子库）

内容覆盖文化产业、新闻传播、电影娱乐、文学艺术、群众文化、图书情报等 18 个重点研究领域，聚焦文化传媒领域发展前沿、热点话题、行业实践，服务用户的教学科研、文化投资、企业规划等需要。

世界经济与国际关系数据库（下设 6 个专题子库）

整合世界经济、国际政治、世界文化与科技、全球性问题、国际组织与国际法、区域研究 6 大领域研究成果，对世界经济形势、国际形势进行连续性深度分析，对年度热点问题进行专题解读，为研判全球发展趋势提供事实和数据支持。

法律声明

"皮书系列"（含蓝皮书、绿皮书、黄皮书）之品牌由社会科学文献出版社最早使用并持续至今，现已被中国图书行业所熟知。"皮书系列"的相关商标已在国家商标管理部门商标局注册，包括但不限于 LOGO（📱）、皮书、Pishu、经济蓝皮书、社会蓝皮书等。"皮书系列"图书的注册商标专用权及封面设计、版式设计的著作权均为社会科学文献出版社所有。未经社会科学文献出版社书面授权许可，任何使用与"皮书系列"图书注册商标、封面设计、版式设计相同或者近似的文字、图形或其组合的行为均系侵权行为。

经作者授权，本书的专有出版权及信息网络传播权等为社会科学文献出版社享有。未经社会科学文献出版社书面授权许可，任何就本书内容的复制、发行或以数字形式进行网络传播的行为均系侵权行为。

社会科学文献出版社将通过法律途径追究上述侵权行为的法律责任，维护自身合法权益。

欢迎社会各界人士对侵犯社会科学文献出版社上述权利的侵权行为进行举报。电话：010-59367121，电子邮箱：fawubu@ssap.cn。

社会科学文献出版社